edition suhrkamp 2796

Seit wann und aus welcher Interessenlage heraus ist der Begriff der liberalen Demokratie eigentlich politisch sinnfällig geworden? Und wie hängen unsere analytischen Konzepte mit den institutionellen Kontexten sowie mit den Konflikten zusammen, die sie bloß zu beschreiben vorgeben?

Philip Manow skizziert eine mit der jüngsten Entwicklung der politischen Institutionen sowie der dadurch ausgelösten Krise systematisch verwobene Begriffsgeschichte unserer demokratischen Gegenwart. Dabei deutet der Politikwissenschaftler die derzeitige Krise als Konsequenz der Epochenschwelle von 1989/90. Generell zeigt sich: Unsere Ontologien sind immer historisch und deswegen auch immer politisch. Dies gilt im Besonderen, wenn es sich um Ontologien des Politischen handelt.

Philip Manow, geboren 1963, ist Professor für Politikwissenschaft an der Universität Siegen. In der edition suhrkamp erschien zuletzt *(Ent-)Demokratisierung der Demokratie* (es 2753).

Philip Manow

Unter Beobachtung

Die Bestimmung der liberalen Demokratie und ihrer Freunde

Suhrkamp

Klimaneutral
Druckprodukt
ClimatePartner.com/14438-2110-1001

2. Auflage 2024

Erste Auflage 2024
edition suhrkamp 2796
Originalausgabe

Umschlaggestaltung nach einem Konzept von Willy Fleckhaus: Rolf Staudt
Satz: Satz-Offizin Hümmer GmbH, Waldbüttelbrunn
Druck: C.H. Beck, Nördlingen
Printed in Germany
ISBN 978-3-518-12796-4

www.suhrkamp.de

Inhalt

Für Flynn

1. Warum wir die Demokratie, einschließlich unseres Verständnisses von ihr, historisieren müssen

Hat es eigentlich vor – sagen wir – 1990 Feinde der liberalen Demokratie gegeben? Die Frage mag überraschen oder irritieren, und vielleicht meine Antwort auf sie noch mehr, denn wie ich im Folgenden argumentieren möchte, sollte die Antwort lauten: Nein, die hat es nicht gegeben.

Die erläuterungsbedürftige Ausgangsfrage paraphrasiert den ersten Satz eines einflussreichen Aufsatzes des Philosophen Ian Hacking. Er beginnt seinen ursprünglich 1986 erschienenen Essay »Making up people« (»Leute erfinden«) mit der Frage: »Gab es vor dem ausgehenden neunzehnten Jahrhundert Perverse?« (Hacking 2006b [2002], S. 119) Nun sollen hier keine Parallelen zwischen ›Feinden der liberalen Demokratie‹ und ›Perversen‹ nahegelegt werden. Was aber heißt es, dass es solche Gruppen ›gibt‹? Was bedeutet es, dass es in bestimmten Gesellschaften zu bestimmten Zeiten Trauma, Teenager-Schwangerschaft, Anorexie, Adoleszenz, Fettleibigkeit usw. ›gibt‹? Es gibt keine menschliche Gesellschaft ohne Siebzehnjährige, aber nicht alle fassen sie mit Zwanzigjährigen zur Kategorie der ›Heranwachsenden‹ zusammen. Um also herauszufinden, was eine Gruppe wie eben die der ›Feinde der liberalen Demokratie‹ ist, muss man nicht nach ihren Merkmalen fragen, sondern nach den Beobachtungen, die sie überhaupt erst erzeugen. Mit dieser Art des Fragens eröffnet sich daher die Möglichkeit, über die Geschichtlichkeit unserer Begriffe und Konzepte und die Konsequenzen der mit ihnen jeweils erfolgten Gegenstandskonstituierung nachzudenken.

Die Antwort auf die Frage, ob es vor dem Ende des 19. Jahrhunderts eigentlich Perverse gegeben habe, fällt bei Hacking (wie bei Arnold Davidson, auf den er sich an dieser Stelle bezieht) negativ aus: Nein, es gab sie nicht. »Perversion war keine Krankheit, die in der Natur lauerte und auf einen Psychiater wartete, der mit einem besonders scharfen Blick gesegnet war und entdeckte, dass sie überall verborgen lag. Es war eine Krankheit, die durch ein neues (funktionales) Krankheitsverständnis erschaffen wurde.« (Davidson 2001, S. 24) Es hat ohne Zweifel zu jeder Zeit Menschen mit abweichendem, bizarrem (Sexual-)Verhalten gegeben, aber die Kategorie des ›Perversen‹, die ›Perversion‹ als Krankheit, der ›Perverse‹ als kranke Person, sie sind allesamt ein Konstrukt eben jener Zeit, des späten 19. Jahrhunderts, das entlang der zentral werdenden Kategorien ›abweichend‹ und ›normal‹ unzählige Unterscheidungen trifft.

Exakt so verhält es sich mit vielen anderen uns heute ganz selbstverständlich erscheinenden Kategorien. Man konnte zum Beispiel auch erst ab dem Ende des 19. Jahrhunderts im Sinne einer Person, eines Typus von Person, ›homosexuell‹ sein (wie man deswegen auch erst ab dann im eigentlichen Sinne ›heterosexuell‹ sein konnte). Bekanntlich sind gleichgeschlechtliche Praktiken alt, aber *the making of the modern homosexual* (Plummer

1981) bleibt dennoch ein Ereignis, das erst vor Kurzem, vor etwa 140 Jahren stattgefunden hat.

Doch was bedeutet das für unseren Kontext, für die Diskussion über die aktuelle Krise der (liberalen) Demokratie? Ich möchte argumentieren, dass die Frage, ob es vor 1990 Gegner oder Anhänger der liberalen Demokratie gegeben habe, tatsächlich so verneint werden muss, wie es Hacking in Bezug auf die von ihm gestellte Frage tut: Nein, es hat sie nicht gegeben. Und zwar aus dem analogen Grund, weil es die liberale Demokratie weder als spezifische Vorstellung noch als distinktes institutionelles Ensemble gab. Selbstverständlich kannten auch schon vor 1990 einige Länder, um nur ein besonders prominentes Element (einer Vorstellung von) einer liberalen Demokratie zu nennen, Verfassungsgerichte mit Normenkontrollkompetenzen[1] und damit sicher auch ›Gegner‹ dieser spezifischen Konstellation von Institutionen und Befugnissen. Zur explizit gemachten Modellvorstellung der liberalen Demokratie wurde dies jedoch erst später. Ebenfalls erst später hat sich dieses Modell institutionell in einer großen Anzahl von Ländern durchgesetzt. Und beide Entwicklungen hängen auf eine vertrackte Weise zusammen und hören nicht auf, die Konflikte unserer Gegenwart zu prägen.[2]

Man konnte sich also – zugespitzt formuliert – vor 1990 weder für noch gegen die liberale Demokratie entscheiden, sehr wohl aber für oder gegen die Demokratie. Ein Orbán ›vor seiner Zeit‹, der etwa in den 1970ern verkündet hätte, er strebe eine ›illiberale Demokratie‹ an, wäre wohl lediglich auf Unverständnis gestoßen. Ein solches Bekenntnis wäre eines ohne besonderes Provokationspotenzial geblieben, ein politisches *Coming-out* ohne Referenzpunkt. Dieser Referenzpunkt entstand erst im Kontext spezifischer politischer Konflikte und Brüche, er ist das Resultat einer beschreibbaren historischen Konstellation, in der die illiberale Demokratie als Antwort auf konkrete Problemlagen erscheinen konnte – wie das gleichermaßen zuvor für die liberale Demokratie galt.

Aber was ist zu gewinnen, wenn wir die Frage nach dem historischen Auftritt der Feinde der liberalen Demokratie im Kontext aktueller Krisendiagnosen stellen? Eine der Thesen dieses Buches lautet, dass der mögliche Gewinn einer solchen Fragestellung nicht weniger als die analytische Durchdringung der historischen Auftritts- und Erfolgswahrscheinlichkeit unterschiedlicher Demokratieverständnisse in konkreten Umgebungen mit benennbaren Akteuren in manifesten institutionellen Settings betrifft. Und dass dies die Voraussetzung dafür ist, unsere gegenwärtige politische Krise zu verstehen.

Es ließe sich hiergegen einwenden, dass die historisch differenzierende Unterscheidung von Verständnissen der Demokratie angesichts der ihr gegenwärtig drohenden Gefahren ein bloßes Spiel mit Worten sei. Hat es denn im 20. Jahrhundert nicht genügend ganz *grundsätzliche* Gegner der Demokratie gegeben, der Demokratie *tout court* – mit welchen Zusatzattributen wir sie sonst noch versehen mögen (Hanson 1989)?[3] Und da unter einen solchen generischen Begriff der Demokratie dann ja auch liberale Spielarten fallen würden, müsste es doch schon immer auch Gegner der liberalen Demokratie gegeben haben. Und überhaupt und noch grundsätzlicher: Ist es nicht eine in die Irre führende Differenzierung, zwischen Gegnern der Demokratie und Gegnern der liberalen Demokratie unterscheiden zu wollen, wenn für die überwiegende Zahl der Beobachter heute vollkommen evident ist, dass eine Demokratie entweder liberal oder gar nicht demokratisch ist, wenn der Begriff der liberalen Demokratie uns nun als Pleonasmus, der der illiberalen hingegen als Oxymoron erscheint?[4]

Exakt darum geht es aber gerade – um ein Verständnis der Zeitspezifik eines Konflikts, aus dem heraus die Konzepte geprägt werden und in dessen Kontext sie daher auch zu verstehen sind, verstanden werden müssen, sprich um die Zeitspezifik der Konzepte selber. Denn nur mit einer solchen Einsicht lässt sich über die Beschränkungen und Fixierungen vermeintlich unabdingbarer, starrer Konfliktlinien und Konfliktverläufe hinausgelangen. Anders formuliert: Es geht darum, das vorgeblich Selbstverständliche als das nur für eine gewisse Zeit als selbstverständlich Erscheinende auszuweisen, darum, die Naivität der unmittelbaren, der unvermittelten Anschauung hinter sich zu lassen – die unsere gegenwärtige Debatte über die Krise der liberalen Demokratie prägt. Denn der Satz, dass es sich bei der ›liberalen Demokratie‹ ja eigentlich um einen Pleonasmus handele, wäre um 1970 vermutlich genauso unverständlich gewesen wie Orbáns Satz von der ›illiberalen Demokratie‹.

Daher möchte ich der von Hacking inspirierten Ausgangsfrage folgen und darauf beharren, dass es sinnvoll ist, sie zu stellen und zu verneinen, dass sie also nicht nur einer akademischen Lust entspringt, Dinge, die doch eigentlich ganz klar und einfach liegen, unnötig zu verkomplizieren, vermutlich um des intellektuellen Distinktionsgewinns willen. Die Frage kann uns gerade dadurch, dass sie Zeiten und Konzepte auf zunächst kontraintuitive Weise gegeneinanderstellt, auf drei wichtige Umstände aufmerksam machen, die in der aktuellen Auseinandersetzung über die Krise der Demokratie und die Folgerungen, die aus dieser Krise zu ziehen sind, eine Rolle spielen sollten.

Sie macht uns *erstens* darauf aufmerksam, dass Demokratie sowohl als konkrete Herrschaftsform *als auch als unser Verständnis von ihr* immer nur historisch zu verstehen ist, eben nicht als abstraktes, zeitloses Konzept, nicht als eine spezifische Institutionalisierung selbst nicht historischer, weil überzeitlicher ›Werte‹, nicht als ein einmal vollständiges, einmal eher unvollständiges Ensemble unerlässlicher Institutionen und Regeln. Wichtiger noch: Wir erkennen, dass unsere ›Klassen‹ und unsere ›Klassifikationen‹ oftmals zugleich entstehen und sich wechselseitig beeinflussen.[5] Die liberale Demokratie und unser Verständnis von ihr entstehen zusammen. Für die Demokratie gilt, was laut Hacking für alle unsere Konzepte gilt: Sie ist »historisch und in Entwicklung begriffen« (Hacking 2012 [1995], S. 35 f.), und zwar institutionell *und gleichzeitig* ›begrifflich‹ in Entwicklung begriffen, und schließlich (um alles noch etwas komplizierter zu machen) in diesen beiden Dimensionen in politisch *umstrittener* und sich wechselseitig beeinflussender Entwicklung begriffen.

Unsere Ontologien sind historisch und damit auch immer politisch. Versteht man das nicht, versteht man unsere gegenwärtigen Krisendiagnosen nicht – und damit auch nicht unsere gegenwärtigen Krisen. Die Erzählung von der Krise der Demokratie kam in die Welt, bevor es empirische Evidenz für sie gab (Levitsky/Way 2015). Erst im nächsten Schritt formierte und informierte sie die neuen Konzepte und Instrumente, an denen die Krise abgelesen werden sollte – und schließlich auch wurde.[6] Kann man sagen, die Krise der Demokratie wurde erst erfunden und dann entdeckt (Kuhn 1996 [1962], S. 79)? Nirgends mehr als bei der Betrachtung der Politik gilt, dass »Wahrheit nicht außerhalb politischer Kämpfe lokalisiert und diesen entgegengesetzt werden« kann (Vogelmann 2022, S. 9).[7] Inwieweit die politischen Konflikte der Gegenwart mit den Begriffen der Gegenwart verstanden werden können (wenn diese Begriffe sich wiederum vor dem Hintergrund gegenwärtiger Konflikte ausbilden), ist dann eine Frage, die *nicht* zu stellen lediglich darauf hinausläuft, dass man diesen Konflikten weiterhin verständnislos gegenübersteht.

Eine Historisierung unserer Konzeptionen öffnet den Blick auch dafür, dass ein neues Konzept jeweils neue Vergangenheiten hervorruft, retrospektiv neue Zuschreibungen impliziert. Briten, die lange von sich gedacht haben mögen, sie würden im Mutterland der Demokratie leben, mussten nach 1990 verwundert lernen, dass sie doch eigentlich bis vor nicht allzu langer Zeit – zumindest wenn man eine Verfassung und Verfassungsrechtsprechung zum Maßstab einer liberalen, reifen Demokratie nimmt – ›nur‹ in einer elektoralen Demokratie gelebt hatten (in die sie nach dem Brexit auch wieder zurückgefallen sind).

Zweitens werden wir darauf aufmerksam gemacht, dass mit ›liberale Demokratie‹ dann doch etwas anderes beschrieben wird als einfach nur mit ›Demokratie‹. Und dass das, was der Begriff beschreibt, erst vor Kurzem und nicht von ungefähr in die Welt gekommen ist – wodurch die Möglichkeit in den Blick gerät, dass die liberale Demokratie sich ihre Feinde erst erschaffen haben könnte. Das wäre eine neue und überraschende Antwort auf die Frage, warum es heute so viele von ihnen gibt (und ihre Zahl täglich zuzunehmen scheint). Erweitert sich das Institutionenensemble, bekommen wir neue Akteurskonstellationen, ändert sich das politische Spiel – und aus diesem veränderten Spiel heraus entstehen dann auch die neuen Konflikte sowie die neuen Begriffe und Konzepte.

Um es abermals zu konkretisieren: Mit einem Verfassungsgericht formieren sich im Regelfall früher oder später Gegner eines Verfassungsgerichts, etwa solche, die gegen einige seiner politisch zentralen Entscheidungen mobilisieren (siehe »Roe v. Wade«). Man erschafft aber auf alle Fälle einen eigenständigen Akteur mit einer eigenen Agenda und einem ›Interesse an sich selbst‹.[8] Dieses Interesse mag politisch unterschiedlich effektiv begrenzt werden können (Stone Sweet 1992, 1996; Vanberg 1998, 2001, 2005a, 2005b), aber es besteht immer. Ein Verfassungsgericht, mit der Aufgabe, *die* Demokratie zu schützen, vor *den* Anti-Demokraten, ändert damit zugleich diese Demokratie, und nicht notwendigerweise zum Demokratischen (Waldron 2006, 2016a). Die wehrhafte Demokratie steht vor dem Problem eines performativen Widerspruchs: »demokratische Verfahren zu perfektionieren, indem man demokratische Institutionen lähmt« (Gardbaum 2001, S. 754).[9] Damit aber stellt sich neben die dominant gewordene Erzählung von der Gefährdung, die der Demokratie durch die rohe, uneingeschränkte Dynamik des Politischen (den Demos, den Populismus) droht, eine weniger prominente, aber deswegen nicht minder plausible, nämlich die von der Gefahr des Umschlags bei der Einschränkung des Politischen im Namen seiner umfassenden institutionellen und rechtlichen Beschützung und Begrenzung – gegen die die Populisten zunehmend aufbegehren.

Erst mit dieser erneut historisierenden Perspektive wird diese mögliche Ironie im Verhältnis zwischen der Ausweitung demokratischer Schutzzonen und der Ausweitung politischer Kampfzonen erkennbar. Einem enumerativ-institutionellen Verständnis von Demokratie muss diese Ironie ebenso entgehen wie einem normativableitenden und einem auf *ein* Idealmodell hinauslaufenden – und zwar weil sie es versäumen, eine Vorstellung der akteurtheoretischen Implikationen eines konkreten Institutionensettings mit Namen ›liberale Demokratie‹ zu entwickeln, eine Vorstellung, die das entsprechende Konfliktpotenzial zwischen spezifischen Akteuren einschließt (Warren 2017). Keine dieser drei Herangehensweisen bekommt strategisches, adaptives Akteurshandeln in den Blick, und damit auch nicht die Möglichkeit, dass das, was heute als ›Krise der Demokratie‹ erscheint, wesentlich als Folge ihres letzten großen Triumphs in den späten 1980er und den 1990er Jahren verstanden werden könnte, weil die Demokratie im Zuge dieses Triumphs eine sehr spezifische, konstitutionalistische Gestalt angenommen hat (siehe Abschnitt 3 unten).

Drittens schließlich lenkt die Ausgangsfrage die Aufmerksamkeit darauf, dass unsere Kategorisierungen der Politik immer und unvermeidlich politisch sind, allein schon deshalb, weil sie immer auf den Gegenstand selbst zurückwirken (können), sich dieser Gegenstand zu ihnen immer verhalten kann (»dynamischer Nominalismus«, Hacking 2006b [2002], S. 62), oft muss, sie übernehmen oder ablehnen und sie eigentlich nicht ignorieren kann, was dann die Beziehung zwischen ›Klassifikation‹ und ›Klasse‹ verändert, in sich wiederholenden Schlaufen (*looping effects*).

Eben das ist mit dem oben genannten Beispiel Orbáns angesprochen: Erst wenn die liberale Demokratie zur dominanten Vorstellung geworden ist, ergibt es Sinn, sich zu ihr zu verhalten, affirmativ oder ablehnend, so dass es auch erst jetzt politisch sinnvoll wird, für ein illiberales Gegenmodell einzustehen. Matteo Salvini lädt auf seinem Facebook-Account ein Selfie hoch, im T-Shirt mit der Aufschrift »Sono un populista«, »Ich bin ein Populist«. Offenkundig ist das etwas, was 2018 keiner weiteren Erläuterung bedarf, aber nicht notwendigerweise bereits 1978 gleichermaßen verstanden worden wäre – insbesondere nicht als positive Aneignung. Unsere Klassen und unsere Klassifikationen sind also nicht nur *zeitlich*, sondern auch *kausal* nicht voneinander unabhängig. Eine neue Normalität schafft neue Möglichkeiten und Tatbestände der Abweichung. Wir therapieren nicht mit Hinblick auf eine Krankheit, sondern mit Hinblick auf eine (sich aber historisch wandelnde) Vorstellung von Normalität (Foucault 1988, 1994 [1975]). Und das, was wir als Normalität definieren, bildet sich vor allem in den Konflikten mit dem Bestehenden aus, wird in diesen zur Norm.

Das hat spezifische Folgen für die politikwissenschaftliche Beobachtung von Demokratie. Methodisch münden die vorliegenden Überlegungen daher in die Empfehlung an die politikwissenschaftliche Demokratieforschung, sich benachbarten Disziplinen zu öffnen, die eigene, teils naive, teils arrogante, auf alle Fälle aber problematische Selbstgenügsamkeit und Reflexionslosigkeit in Fragen der Kategorienbildung und ›Messung‹ zu überwinden, die Illusion der unschuldigen Fremdbeobachtung aufzugeben, sich einzugestehen – und die methodischen Konsequenzen dieses Eingeständnisses zu ziehen –, dass es sich dabei wohl doch immer nur um Formen der Selbstbeobachtung handelt.[10]

Die konkreten Beispiele, an denen ich die ersten beiden Zusammenhänge demonstrieren möchte, nämlich (1) die historische Spezifizität der Demokratie *und* unseres Verständnisses von ihr *und* das Zusammenspiel dieser beiden Ebenen, das heißt die Involviertheit jeder Beschreibung in die von ihr beschriebene politische Ordnung und deren Konflikte, sowie (2) die spezifischen akteurtheoretischen Implikationen eines liberalen politischen Institutionensettings mit seinem spezifischen Konfliktpotenzial, das dann wiederum unsere Wahrnehmung von ihm prägt, sind einem weitreichenden Transformationsvorgang entnommen, den man als ›Konstitutionalisierung der Demokratie‹ bezeichnen kann (Elster/

Slagstad 1993; Ginsburg 2009; Tate/Valänder 1995; Waldron 2016c). Gekennzeichnet ist dieser Prozess insbesondere durch die Einführung eines Vorrangs der Verfassung vor dem Gesetz und zugleich einer Institution, die diesen Vorrang sichern soll, nämlich von Verfassungsgerichten mit Befugnissen zur Normenkontrolle, also insbesondere mit einem verfassungsrechtlichen Prüfmandat gegenüber Parlamentsgesetzen als *einem*, wenngleich besonders folgenreichen und besonders weitverbreiteten Beispiel einer Delegation politischer Entscheidungen an nichtmajoritäre Institutionen (vgl. Ginsburg 2009; Hirschl 2007, 2008; Linzer/Staton 2015; Schäfer/Zürn 2021; Zürn et al. 2021).

Unsere gegenwärtigen Debatten über die Gefährdung der liberalen Demokratie machen sich im Regelfall keine Vorstellung davon, wie umfassend dieser Wandel gewesen ist, von dem die Demokratie vor nicht allzu langer Zeit erfasst wurde. Was üblicherweise als ›Konstitutionalisierung‹ oder auch – wesentlich zutreffender – als ›konstitutionelle Revolution‹ bezeichnet wird, vollzog sich in dem kurzen Zeitraum von Beginn der achtziger bis Ende der neunziger Jahre als »eine, wie man mit gutem Recht argumentieren könnte, der bedeutendsten Entwicklungen, die Regierungssysteme im späten 20. und frühen 21. Jahrhundert genommen haben« (Hirschl 2007, S. 1). Diese Entwicklung hat erhebliche Folgen für die Funktionsweise moderner Demokratien und das, was wir gegenwärtig als ihre Krisenanfälligkeit wahrnehmen, also sozusagen ihre Dysfunktionsweise. Unter Vorgriff auf die genauere Rekonstruktion dieses Prozesses, der ihm zugrunde liegenden Motive so-

Abb. 1: Zahl der Länder mit Verfassungsgerichten (siehe Elkins/Ginsburg 2022)

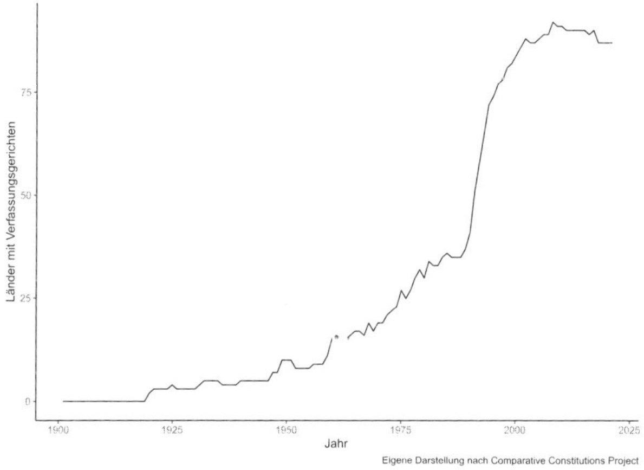

wie der politischen Konsequenzen, die er zeitigt (Abschnitt 3), soll hier ein Schaubild das Ausmaß der Veränderung in einer einzigen Dimension verdeutlichen, nämlich jener der Gründung von Verfassungsgerichten – dann im Regelfall mit Normenkontrollrechten gegenüber parlamentarisch beschlossenen Gesetzen (siehe Abbildung 1).

Es ist offenkundig, dass um 1990 etwas Substanzielles passiert – man könnte es die Geburt der ›liberalen Demokratie‹ nennen. Mit ihr kommt eine neue politische Konfliktkonstellation in die Welt. Bislang dominiert in der Deutung der Zeit der Blick auf Prozesse der wirtschaftlichen Liberalisierung und Globalisierung (für viele Biebricher 2013; Brown 2015; Fraser 2023; Slobodian 2019), die ebenfalls in den achtziger und neunziger Jahren an Fahrt aufnehmen, und auf deren Folgen. Mit dem Fokus auf den enormen Konstitutionalisierungsschub im letzten Jahrzehnt des 20. Jahrhunderts wende ich mich gegen die vorherrschende Neigung, alle Krisen unserer Zeit pauschal einem wirtschaftlichen Neoliberalismus zuzurechnen. Die diesbezügliche Beweisführung erscheint wenig überzeugend – weder, was ihr empirisches Fundament betrifft (als seien die meisten Länder in den letzten vierzig Jahren alle einem sehr ähnlichen, gleichgerichteten und dabei grundsätzlichen Prozess der Liberalisierung ihrer Ökonomien gefolgt), noch, was die Charakterisierung unserer gegenwärtigen Konflikte betrifft (als kreisten sie alle um zu viel Markt und zu wenig Staat).

Ein Teil der Erklärung könnte im Selbstverständnis und in der sozialen Wahrnehmung der Interpreten selbst liegen, die emphatisch proliberal *in matters constitutional* und dezidiert antiliberal *in matters economical* sind, mit der Tendenz zur Überbewertung der Problematik der ökonomischen bei Unterbewertung der Problematik der politisch konstitutionellen Entwicklung bzw. dazu, jede wechselseitige Verstärkung beider Liberalismen zu übersehen oder abzustreiten.[11] Mir scheint das Geschehen in dieser Lesart auf schon dramatische Weise unterschätzt, denn wir haben es doch mittlerweile eher mit dem zu tun, was man die Metaphysik unserer Gegenwart nennen könnte, in der Macht, Recht, unsere moralischen Selbstgewissheiten und unsere Wissensproduktionen (für den Kontext dieses Buches: die neuen Verifikationsverfahren zur Feststellung von ›Demokratie‹) aufs Engste miteinander verflochten sind.

Ausführlicher rekonstruiert Abschnitt 3 die entsprechenden *institutionellen* Ursachen und Folgen. Hier muss der Hinweis genügen, dass es unerlässlich ist, sich mit der jüngsten Institutionengeschichte der Demokratie zu befassen, wenn man ihre anhaltende Konfliktgeschichte – und damit auch ihre Begriffsgeschichte – verstehen will. Die Konstitutionalisierung der Demokratie[12] bekommt, auch das wird in Abschnitt 3 zu zeigen sein, eine besondere Durchschlagskraft und damit spezifische politische Virulenz, wenn sie sich, wie in Europa, als Etablierung einer suprastaatlichen – und das bedeutet besonders unveränderlichen, oder man könnte auch sagen: ent-positivierten (und damit in einem spezifischen Sinne ent-demokratisierten) – Rechtsordnung vollzieht.[13]

Zuvor scheint mir jedoch eine abschließende Vorbemerkung notwendig. Vieles von dem Folgenden argumentiert angeregt von und in Parallele zu Argumenten, die Ian Hacking in Bezug auf das gemacht hat, was er *human kinds*, »Menschenarten«, nennt, in Anlehnung an den Begriff der »natürlichen Arten«, der *natural kinds*. Demokratie bezieht sich nun ganz offensichtlich nicht auf eine Menschenart – sondern auf ein Kollektiv, in Hinblick auf das so etwas wie Menschenarten unterschieden wurden. Während die *human kinds* im Regelfall *zunächst* eine Abweichung von einer unterstellten gesellschaftlichen Normalität bezeichneten, historisch aus einem – wenn man so will – biopolitischen Interesse des Nationalstaats an Normalisierung heraus entstanden sind (vgl. Hacking 2023 [1990]; 2006b [2002], S. 63), es sich dabei also um als Abweichung markierte Phänomene handelt, auf die der Staat regelmäßig repressiv, medizinisch, therapeutisch, pädagogisch oder ›reformerisch‹ reagierte,[14] war mit dem Kollektiv die oft unausgesprochene, als selbstverständlich vorausgesetzte Normalität einer Gemeinschaft gesetzt, von der jeweils abgewichen wird. Zumindest ist diese Gemeinschaft, und hier liegt ein wichtiger Unterschied zu den *human kinds*, ursprünglich meist positiv besetzt. Historisch verbunden war mit ihr in der Regel ein Emanzipationsanspruch.

Wichtigster politischer Kollektivbegriff der Moderne ist (oder: war) vermutlich der der Gesellschaft – dessen Attraktivität nicht zuletzt darin begründet lag, dass mit ihm die Spannung zwischen dem universalen Anspruch und der partikularen (nämlich: nationalstaatlichen) Verwirklichung von Freiheit und Gleichheit verdeckt bleiben konnte.[15] Bezeichnend ist aus meiner Sicht allerdings, dass der Begriff der Demokratie ursprünglich mit dem der Nation verbunden war, sich auf ihn bezog, sich zumindest als Praxis auf die Nation beziehen *musste* (Furet 1989 [1978], 1998; Hont 2010; vgl. Manow 2020), dies aber nun zunehmend nicht mehr der Fall zu sein scheint. Die Konzeption einer liberalen Demokratie bekommt offensichtlich gerade im Kontext dieses Ablösungsprozesses ihre besondere Attraktivität, weil sie es vermeintlich erlaubt, die Demokratie ohne die Nation zu denken, die ja in Misskredit geraten ist. Das Konzept der liberalen Demokratie eröffnet die Möglichkeit, Demokratie nur noch als funktionierende Rechtsordnung zu denken, als effektive Verteidigerin subjektiver Rechte, die von der notwendig strittigen

Frage ihrer politischen Ausgestaltung nicht länger berührt wird.[16] Dieses Verständnis hat für die Demokratie als Modus kollektiver Entscheidungsfindung und als Garant der Teilhabe an der gesellschaftlichen Selbstverständigung tendenziell keinen Platz mehr. In diesem Prozess einer kompletten Umkehrung der Valenzen finden sich jetzt die *human kinds* unter dem Label ›Minderheit‹ emphatisch positiv besetzt, nicht zuletzt, weil man die Geschichte der Nation nur noch als Geschichte der von ihr zu verantwortenden Unterdrückungsverhältnisse erzählen zu können meint. Eine abstrakte Gemeinschaft der Rechteträger, als Gesellschaft der politischen Singularitäten, offenbart allerdings gegenwärtig ihre besonderen Pathologien.

Auch so verstanden schafft ein politisches Konzept wie das der ›liberalen Demokratie‹ in einem nicht nur tautologischen Sinne zugleich die Feinde der liberalen Demokratie, weil es nun die neue Norm(alität) bezeichnet, die als Folie zur Identifizierung von Abweichungen von einem allgemein anerkannten Zukunftspfad dient. Insofern ist es ungleich wichtiger zu bestimmen, wogegen sich der Begriff der ›liberalen Demokratie‹ wendet, seinen Gegenbegriff zu erkennen. Wie wir sehen werden, ist dieser Gegenbegriff nicht zwingend jener der ›Nicht-Demokratie‹, sondern eher der der ›elektoralen Demokratie‹ (die damit zugleich als defizient – ›defekt‹, ›beschädigt‹, ›fehlerhaft‹, siehe unten Tabelle 1 – markiert wird, als eine instabile Demokratie mit beständiger autokratischer Gefährdung, also dem stets drohenden Umschlag in die elektorale Autokratie) bzw.: der Populismus. Das ist aber ohne Zweifel eine sehr spezifische, vor allem sehr zeitspezifische Vorstellung von Demokratie und ihrem ›Anderen‹ – der Einbruch der Zeit in unsere Begriffe, und damit wiederum in das politische Spiel, das diese Begriffe in Gang setzen. Wir können jetzt den oben zitierten Satz Arnold Davidsons für unsere Zwecke reformulieren: Der Populismus ist eine Krankheit, die von einem neuen (liberalen) Verständnis der Demokratie hervorgebracht wird. Wie wir sehen werden, gilt dieser Satz sowohl konzeptionell als auch real-institutionell wie dann auch in der Rückwirkung der Konzepte auf die in ihnen und mit ihnen handelnden Akteure. Und dieser Satz führt zu einem zweiten, für dieses Buch zentralen Satz: Der Populismus ist nicht der Gegner, sondern das Gespenst der liberalen Demokratie (Manow 2023a) – weil er als Wiedergänger der vom Liberalismus erstickten Politik verstanden werden muss. Das identische Argument als historischer Zusammenhang formuliert: Die Form des Triumphs der Demokratie in den 1980er und 1990er Jahren bedingt die politische Erscheinungsform ihrer gegenwärtigen Krise.

2. Die Beobachtung der Demokratie I: Konzepte & Kontexte

2.1 Komplizenschaft: Warum unsere Begriffe nicht unabhängig sind von dem, was mit ihnen begriffen werden soll

Das Wort »Populismus« hatte ein ironisches Schicksal:
Es wurde populär.
Taguieff 1995, S. 9

Fragt man also, ob es vor 1990 Feinde der liberalen Demokratie gegeben hat, so folgt daraus eine erste Konsequenz, nämlich die Historisierung anstelle der Essenzialisierung einer bestimmten Vorstellung von Demokratie. Es ist selbstverständlich alles andere als eine grundstürzend neue oder besonders kontroverse Einsicht, dass die Demokratie als ein sich ständig fortentwickelndes System eigentlich nur historisch zu verstehen ist.[1] Was aber mit allgemeiner Zustimmung rechnen kann, muss nicht erst zu Bewusstsein gebracht werden, könnte man meinen.

Doch der Gemeinplatz, dass die Demokratie eine beständig herausgeforderte, immer wieder neu zu begründende politische Herrschaftsform sei (»Demokratie […] nicht als gefestigte Ordnung, sondern als ein Projekt mit offenem Ende, das Gesellschaften auf sich nehmen« [Dryzek 2016]; »Demokratie, eine Reise, die nie an ihr Ziel gelangt« [Dunn 1992], *Democratia sem-*

per reformanda;[2] *democracy as a project*; *promesse indefinie, la démocratie inachevée* [Rosanvallon 2000]; »Demokratie als Verkündung, die von keinem Ereignis erfüllt werden kann« [Furet 1989 [1978], S. 14], Demokratie nicht »als eine Gesamtheit von Regeln und Verfahrensweisen, die dazu bestimmt sind, [...] die Tätigkeit der öffentlichen Gewalten zu organisieren«, sondern als »Glaubenssystem [...] dem zufolge das ›Volk‹ [berufen ist,] [...] die Freiheit und Gleichheit einzuführen, die der Endzweck des kollektiven Handelns sind« [ebd., S. 37f.]), bleibt als Prämisse ihrer Erforschung im Regelfall deswegen proklamatorisch und führt gerade *nicht* dazu, die spezifisch historische Dimension der Demokratie und unseres Verständnisses von ihr zu erschließen, weil das Unvollendete der Demokratie aus dieser Perspektive in der immer nur unvollkommenen Realisierung ihrer ehernen Werte begründet liegt.

Schlegels Bemerkung, Demokratie könne nur »durch eine ins Unendliche fortschreitende Annäherung wirklich gemacht werden« (1796, zitiert nach Koselleck 1989 [1977], S. 340), und Derridas Formel von der »erst noch kommenden Demokratie«, der *démocratie à venir* (2004), stehen in der Kontinuität *einer* Vorstellung, auch wenn mehr als 200 Jahre sie trennen. Diese Perspektive verwandelt die Demokratie in eine Utopie, dazu verurteilt, immer zu werden und nie zu sein, ein sich bei Annäherung stets weiter in die Zukunft verschiebender »Erwartungshorizont« (Reinhart Koselleck), der nach immerwährender intellektueller und praktischer Arbeit am Fundament seiner Voraussetzungen verlangt: »Demokratie ist als Praxis stets eine der *Demokratisierung* –

des Prozesses der Ausweitung und Egalisierung von Rechtfertigungsmacht.« (Forst 2015, S. 233) »Die Arbeit der Demokratie ist nie erledigt.« (Saward 1998, S. 146) Das ist die Geschichtsphilosophie vorherrschender Demokratievorstellungen.

Komplementär zu dieser Vorstellung von Werten mit sich stetig ausweitenden und dabei nie endgültig auszufüllenden Geltungsbereichen sind unsere gegenwärtigen Debatten über die Gefährdung der Demokratie von der Sicht geprägt, sie sei vor allem hervorgerufen durch Gegner der Demokratie, ›Feinde unserer Werteordnung‹, denen gegenüber es ›unsere Werte zu verteidigen‹ gelte. *Kritik* – an dem ewigen praktischen Verfehlen der demokratischen Ideale von Gleichheit und Freiheit – wie *Krise* – das Szenario der Gefährdung ebendieser Ideale durch jene, die sie nicht zu teilen scheinen – sind geeint im »Blick nach vorn«, leiten aus den aktuellen Erfahrungen weitreichende Erwartungen ab (Geulen 2023, S. 19). Dabei geht es nicht um Demokratie als konkrete institutionelle Ordnung mit einem spezifischen Konfliktpotenzial, sondern um einen »sich in die Zukunft erstreckenden Prozess der Demokratisierung« (Geulen 2023, S. 21; Selk 2023) – ›Wie wir die Demokratie zu unserer Zukunft machen‹[3] – oder eben der drohenden Entdemokratisierung, des *backsliding*, der Regression, der Rezession (Niesen 2023). Dann wird die Gegenwart zu dem Ort, an dem nur noch die ›Trümmerteile eines kommenden Krieges‹ aufzusammeln sind, Sozialwissenschaftler zu ›Archäologen zukünftiger Dinge‹ (Jameson 2007). So entsteht die Einheit der Welt aus der selbstbezogenen Verschränkung utopischer oder dystopischer Zukunftsentwürfe, nicht aber aus der Geschichte von Institutionen und Akteuren.

Demokratie zeigt sich als »Bewegungsbegriff« (Koselleck), geschichtsphilosophisch aufgeladen wie kaum ein anderer, und die Sozialwissenschaften begreifen sich als Teil ebendieser Bewegung (ohne aber die Bewegung als solche recht zu begreifen). Selbst der Befund einer ›Demokratiedämmerung‹, mit dem schon im Begriff ausgeflaggten Hegelianismus, sieht sich durch seine These, dass die demokratische Herrschaftsform historisch geworden sei, dazu gezwungen, noch in Form der Negation die Erwartung der stetigen demokratischen Progression zu bestätigen (Selk 2023) – und *der* Geschichte das jeweilige Urteil über den endgültigen Sieg oder die endgültige Niederlage der Demokratie zu überantworten.

Angesichts einer solchen Debattenlage verspricht die *wirkliche* Historisierung von Standpunkten und Überzeugungen, und eine wirklich historische Betrachtung der Institutionenentwicklung der Demokratie, eine tatsächliche Erweiterung der Perspektive. Unter anderem weil eine solche Historisierung zu fragen erlaubt, ob die demokratischen Werte, oder die Diskurse, die auf sie verweisen, umso weniger in Gefahr sind, desto mehr *die* Demokratie es ist (Möllers 2022). Denn der Rekurs auf unveräußerliche und unveränderbare Werte ist ja erfolgreich darin, die inkrementellen, aber im Saldo dramatischen Veränderungen dieses vorgeblichen Status quo während der letzten dreißig, vierzig Jahre unsichtbar zu machen (siehe unten Abschnitt 3), eröffnet doch die gängige Gegenüberstellung von zukunftsgewisser Wertearbeit und rückwärtsgewandter Werteverweigerung gerade *keine* historische Tiefendimension unseres Demokratieverständnisses. Vielmehr variiert sie eine Auffassung von exklusiver Bewahrung und Verkündigung, deren soziale Implikationen quer stehen zu jedem Konzept von Demokratie. Ein solches müsste die *gemeinsame* Geschichtlichkeit von Institutionen *und* den gesellschaftlichen Vorstellungen von ihnen in den Blick nehmen als ineinander verwobene Institutionen- und Begriffsgeschichte der gegenwärtigen Demokratie. Und eine solche Begriffsgeschichte müsste eben zugleich die Begriffe einer ›soziologischen Bedingungsanalyse‹ (Koselleck) unterziehen und folglich danach fragen, seit wann, warum und mit welchen Folgen der Begriff der liberalen Demokratie eigentlich politisch sinnfällig geworden ist.

Die ›wehrhafte Demokratie‹, als Idee, aber auch als Institution, ist hier ein instruktives Beispiel (vgl. Müller 2013b). Nehmen wir eine Beschreibung der politischen Situation der Türkei (ich werde auf dieses Beispiel zurückkommen). In einem aktuellen Artikel heißt es:

> Der politische Islam als Gefahr für die säkulare, demokratisch-rechtsstaatliche Republik wurde mit Mitteln der »wehrhaften Demokratie« bis 2010 durch das Verfassungsgericht erfolgreich bekämpft. Der von Karl Loewenstein geprägte Begriff und seine Annahme, die Feinde der liberalen Demokratie benutzten die demokratischen Instrumente zur Zerstörung der Demokratie, weswegen Demokratien zum Zwecke der Selbstverteidigung gegen diese Saboteure der Demokratie vorgehen müssten, wurde vom Verfas-

sungsgericht absolut gesetzt und vollzogen. Seit der Gründung des Verfassungsgerichts mit der Verfassung von 1961 wurden insgesamt 27 Parteien verboten, davon 20 unter der Verfassung von 1982. Hauptsächlich die Parteien mit islamistischen, marxistisch-sozialistischen oder prokurdischen Parteiprogrammen galten als Feinde der Demokratie und wurden Gegenstand der Maßnahmen der wehrhaften Demokratie. (Göztepe 2021, S. 328)

Nun würde eine kurdische Wählerin einer solchen Darstellung und Selbstlegitimierung, die zahlreichen Parteienverbote des türkischen Verfassungsgerichts seien als Akte der Selbstverteidigung einer wehrhaften Demokratie gegen ihre (kurdischen) Feinde zu verstehen, wohl wenig abgewinnen können. Unvoreingenommene Beobachter würden das vermutlich ähnlich sehen. Inwieweit Parteien, die bestimmten islamischen Glaubensüberzeugungen politisch Geltung verschaffen wollen, *grundsätzlich* als Feinde der Demokratie zu gelten haben, dürfte ebenfalls kontrovers sein. Die politische Forderung, das Kopftuchverbot in öffentlichen Gebäuden aufzuheben, ist zumindest nicht per se Ausweis eines antidemokratischen Projekts – vor allem, wenn sechzig Prozent der Bevölkerung Parteien ihre Stimme gegeben haben, die eine solche Aufhebung zuvor explizit zu ihrem politischen Programm gemacht haben.[4] Das führt abermals zu der Frage, wessen Demokratie eigentlich genau verteidigt wird, wenn ›die‹ Demokratie verteidigt wird – und damit auch zu der Frage, wessen Demokratiekonzeption.

Es wäre ein seltsam naiver Nominalismus, wenn Demokrat schlicht derjenige sein sollte, der für sich beansprucht, ›im Namen der Demokratie‹ gegen die Gegner der Demokratie zu handeln. Was im Kontext des türkischen Beispiels vielleicht evident erscheint, gilt aber in anderen Kontexten nicht minder. Wer in einem solchen Konflikt Demokrat ist und wer nicht, ist damit noch nicht geklärt. (David Runciman [2020] hält es geradezu für das Charakteristische unserer Lage, dass sich nicht mehr eindeutig entscheiden lässt, ob die, die erklären, im Namen der Demokratie zu handeln, sie nicht zugleich unterminieren: Der versuchte türkische Militärputsch und Erdoğans Säuberungswellen danach fallen einem hier natürlich ein.) Offenkundig ist hingegen, wer jeweils die Macht hat, in dieser Frage zu entscheiden. Dass diese Frage aber selbst zur Machtfrage wird, sollte eine politikwissenschaftliche Betrachtung zumindest in Rechnung stellen können, und sie sollte einem Diskurs, der auf demokratische Werte abzielt, nicht durchgehen lassen, dass dabei dessen eigener Interessenstandpunkt unausgesprochen bleiben darf.

Damit sind aber bereits die akteurtheoretischen Implikationen eines Konzepts wie dem der ›liberalen Demokratie‹ angesprochen (Waldron 2016c), die im nächsten Abschnitt genauer beleuchtet werden sollen. Festhalten können wir hier zunächst jedoch auf methodischer Ebene, wie problematisch das gängige Vorgehen ist, per enumerativer Aufzählung, sozusagen als Checkliste, essenzielle und dann vielleicht weniger essenzielle Elemente oder Module (*defining elements* bzw. *partial regimes*) der Demokratie zu definieren und dann im jeweiligen Einzelfall ihr Vorhandensein oder Nicht-

Vorhandensein abzuhaken, um auf diesem Weg Demokratien als ›vollumfänglich‹ vs. nur ›unvollständig‹ (›semiliberal‹ oder ›illiberal‹), als ›eingebettet‹ vs. ›defekt‹ (Merkel 2004b) oder als ›liberal‹ vs. nur ›elektoral‹ (Coppedge et al. 2020) zu kategorisieren. Das ist ja aber die Standardprozedur eines »Modellismus«, bei dem »bestimmte Parameter, die wir als für die Demokratie zentral erachten«, ausgewählt werden, um dann »die Welt an ihnen zu messen« (Gagnon 2013, S. 77).

Die dahinterstehende Vorstellung eines mal engeren, mal weiteren *templates* als eines abstrakten institutionellen Sets (wie ein Baukasten) oder einer ›Demokratie-Matrix‹ (Lauth 2004)[5] bleibt blind gegenüber der Zeit- und Raumgebundenheit demokratischer Institutionen *und ihrer* Konzepte und verstellt zugleich den Blick auf das adaptive strategische Handeln der politischen Akteure innerhalb eines gegebenen Institutionensettings. Das betrifft gleichermaßen normative Herleitungen von Demokratie, ihre Ableitung aus einem überzeitlichen Werthimmel. Sie erlauben dann allenfalls, ganz ungläubig, nur noch das Abweichungsverhalten derjenigen zu registrieren, die ›unsere Werte‹ offensichtlich nicht teilen – wobei völlig rätselhaft bleiben muss, wie das denn überhaupt der Fall sein kann.[6]

Entwickelt man hingegen eine Vorstellung der Zeit- und Interessengebundenheit jeder Klassifikation, hat das konkrete Folgen für das, was unter dem Titel ›Demokratiemessung‹ überhaupt betrieben werden kann. Beobachtet und gemessen wird die Demokratie natürlich seit Längerem. In den frühen 1970er Jahren als *institutionalisierte* Messung etwa durch stiftungsähnliche

Organisationen wie Freedom House. Oder schon früher, in den 1960er Jahren, durch universitäre Forschungszusammenhänge wie das Polity Project. Geprägt waren diese Vorhaben von dem als vorherrschend wahrgenommenen Gegensatz zwischen Demokratien und Nicht-Demokratien im Kontext der Systemkonkurrenz von Ost und West. Seit den 1990er Jahren widmet sich auch eine zwischenstaatliche Organisation wie das International Institute for Democracy and Electoral Assistance (IDEA) solchen Themen. Seit Neuerem ist die Demokratiemessung zudem zum Betätigungsfeld kommerzieller Anbieter geworden (etwa der Economist Intelligence Unit [EIU] oder der Latana/Alliance of Democracy) oder eines großen internationalen akademischen Verbundprojekts, das mit einer supranationalen Institution wie der Europäischen Union kooperiert (Varieties of Democracy Project, V-Dem). In einer frühen Motivlage wollten diese jüngeren Unterfangen wohl den Siegeszug liberaler Institutionen nach dem ›Ende der Geschichte‹ nachzeichnen. Heute vermessen sie deren Krise.

Die vorherrschenden Messungen waren zunächst meist kategorialer, hoch aggregierter Natur und unterschieden beispielsweise grob zwischen ›freien‹, ›teilweise freien‹ und ›unfreien‹ Ländern (Freedom House), zwischen ›Demokratien‹, ›Anokratien‹ und ›Autokratien‹ (Polity Project) oder aber zwischen ›Demokratie‹, ›Autokratie‹ und ›hybriden Regimen‹ (so im »Global state of democracy report« des Institute for Democracy and Electoral Assistance[7]). Die Ergebnisse der betreffenden Messungen fügen sich allerdings bis heute nur eingeschränkt der dramatischen Diagnose vom momentan

Tabelle 1: Die Ausdifferenzierung der Demokratiekonzepte[8]

Vanhanen	Diktatur	Demokratie		
Przeworski	Diktatur	Demokratie		
Freedom House	unfrei	teilweise frei	frei	
Polity Project	Autokratie	Anokratie	Demokratie	
IDEA	Autokratie	hybrides Regime	Demokratie	
V-Dem/ Regimes of the World	vollausgebildete Autokratie	elektorale Autokratie	elektorale Demokratie	liberale Demokratie
Mudde/ Kaltwasser	vollständiger Autoritarismus	kompetitiver Autoritarismus	Wahldemokratie	liberale Demokratie
W. Merkel	autoritäres Regime	Fassadendemokratie	defekte Demokratie	eingebettete/ konsolidierte Demokratie
EIU	autoritäres Regime	hybrides Regime	fehlerhafte Demokratie	vollwertige Demokratie

drohenden Ende bzw. einer fundamentalen Krise der Demokratie.

In neuerer Entwicklung dominieren differenziertere Konzeptualisierungen, etwa die von V-Dem (Coppedge et al. 2020) oder im Kontext der Populismus-Forschung das Schema von Mudde und Kaltwasser (2019). Die dort vorgeschlagenen Bestimmungen politischer Regime sowie der Übergänge zwischen ihnen ähneln sich stark (vgl. Abbildungen 2 und 3). Bereits diese verblüffende Übereinstimmung sollte uns erklärungsbedürftig erscheinen und als Hinweis auf ihre spezifische ›Zeitgenossenschaft‹ ernst genommen werden.

Die Konzepte der Populismus- und der neueren Demokratieforschung ähneln sich insbesondere darin, dass sie hybride Regimeformen, die elektorale Autokratie und die elektorale Demokratie (Letztere als Schwundform ›echter‹, voller, liberaler, reifer Demokratie) als eigene Klassen oder Kategorien berücksichtigen. Sie stimmen auch darin überein, dass sie ein nicht unproblematisches Entwicklungsschema von ›reif/unreif‹, ›basal/vollentwickelt‹ mit der korrespondierenden Vorstellung von Fortentwicklung und Rückschritt transportieren.[9] Insbesondere fällt auf, dass eine Gefährdung der Demokratie durch ein *Übermaß* an liberalem Konstitutionalismus konzeptionell ausgeschlossen ist – obwohl sich bekanntermaßen gerade hieran die politischen Konflikte der Gegenwart oftmals entzünden (Brown 2015; Wilkinson 2021).[10] Der Beweis für die implizite Annahme, dass mehr *checks and balances immer* zu einer besseren Demokratie führen, dürfte allerdings nur schwer zu führen sein.[11]

Abb. 2: Demokratietypen und Übergänge zwischen ihnen nach Mudde/Kaltwasser (2019, S. 133)

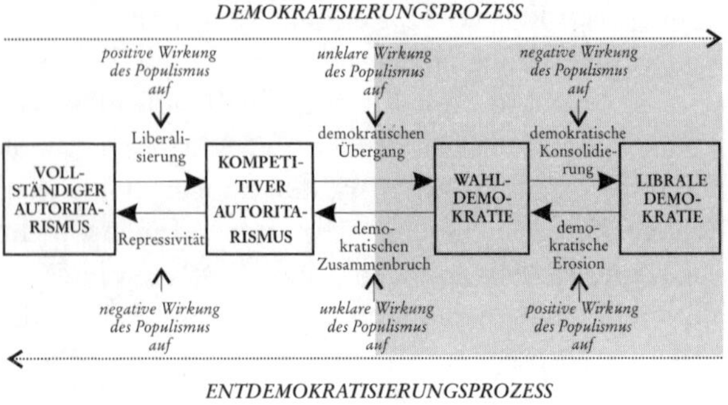

Zugleich wird damit auch systematisch die Einsicht verstellt, dass Akteure möglicherweise partikulare Interessen an Liberalisierung haben. Es fällt offenbar leicht, sich politische Akteure mit finsteren Absichten vorzustellen, die die Demokratie zwecks eigenen Machterhalts einschränken wollen. Das Vorstellungsvermögen zu überschreiten scheint dagegen die Möglichkeit, dass es Akteure geben könnte, die ein – demokratisch problematisches – Interesse an fortschreitender ›Liberalisierung‹ haben (vgl. aber Mor 2019).[12]

Beide Schemata stimmen zudem darin überein, dass sie sich Demokratie als nationalstaatliche vorstellen, damit aber gerade nicht die Schnittstelle zwischen nationalstaatlicher Souveränität und suprastaatlichen Instanzen in den Blick bekommen, an der heute zentrale Konflikte der ›liberalen Demokratie‹ angesiedelt sind (siehe unten Abschnitt 3). Blendet man diese Dimension aus, wie es Mudde und Kaltwasser mit ihrem Sche-

Abb. 3: Demokratietypen und Übergänge zwischen ihnen nach Lührmann et al. (2020, S. 11)

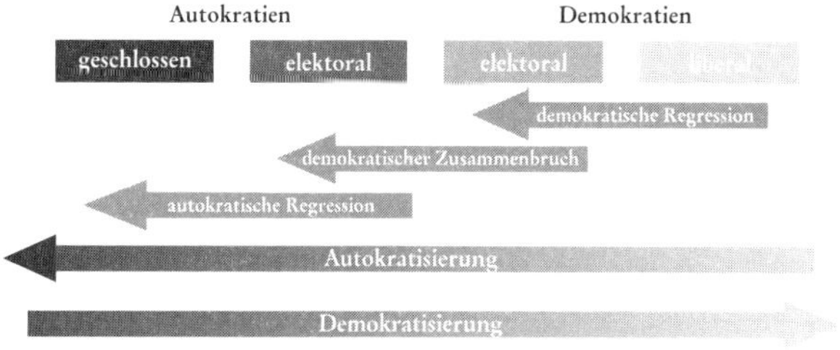

ma tun, ist systematisch ausgeschlossen, dass der Populismus der Gegenwart möglicherweise als Protest gegen Globalisierung verstanden werden kann (Grande/Kriesi 2012; Hooghe/Marks 2017; Hutter/Kriesi 2019; Kriesi et al. 2006, 2008; Kriesi et al. 2012; Kriesi/Hutter 2020; Manow 2018, 2021; Rodrik 2018). Stattdessen will ein *ideational approach* ihn lediglich als verquere, moralistische und manichäische Weltsicht begreifen, was offenkundig mehr der politischen Entlastung denn der analytischen Erklärung dient und sich selbst als moralistische Weltsicht qualifiziert.

Das Ideologische dieser Demokratiekonzeptionen zeigt sich schließlich auch darin, dass sie sich Demokratie und Autokratie nur als Endpunkte von Transformationsprozessen vorstellen können. Dynamische Phasen sind nun allein in den Übergängen anzutreffen. Demokratie (oder Autokratie) erscheint demgegenüber nur als stabile Institutionenordnungen – keine Vorstellung mehr von der Demokratie als einem System der »organisierten Unsicherheit« (*organized uncertainty*, Adam

Przeworski). Aber ohne einen Begriff ihrer Begriffsgeschichte[13] bleibt diesen Schemata verdeckt, dass damit eine bemerkenswerte Umakzentuierung vollzogen wird. Zu Zeiten der dritten Welle der Demokratisierung, in den 1990er Jahren, war die vorherrschende Wahrnehmung noch die gewesen, dass die Frage nach dem adäquaten Verständnis von Demokratie doch nun eigentlich geklärt sei:

> Theoretiker unterschieden [...] zwischen rationalistischen, utopischen und idealistischen Demokratiedefinitionen auf der einen und empirischen, institutionellen und prozeduralen Definitionen auf der anderen Seite und kamen zu dem Schluss, dass nur letztere über die analytische Präzision und die empirischen Bezugspunkte verfügten, die das Konzept zu einem brauchbaren machten. (Huntington 1991, S. 6f.)

Die Frage schien also als beantwortet, die Debatte im Wesentlichen vorbei: Das prozedural-institutionelle, aber damit ja auch das auf einen permanenten elektoralen Veränderungsimpetus abstellende Verständnis »hatte gewonnen« (ebd., S. 6). Heute hingegen dominiert die genau umgekehrte Sicht, das statisch Substanzielle gegenüber dem prozedural Offenen.

Huntingtons eigene Definition, im 20. Jahrhundert könne ein politisches Regime dann als demokratisch gelten, »wenn die zentralen kollektiven Entscheidungsträger durch faire, ehrliche und regelmäßige Wahlen bestimmt werden, bei denen die Kandidaten frei um Stimmen konkurrieren und bei denen praktisch die gesamte erwachsene Bevölkerung wahlberechtigt ist« (ebd., S. 7), war deswegen auch unübersehbar ›schumpeterianisch‹, mit seiner Betonung des dynamischen Moments periodischer Wahlen.[14] Adam Przeworskis minimalistische Definition der Demokratie als »schlicht ein System, in dem amtierende Regierungen Wahlen verlieren und daraufhin abtreten« (Przeworski 2020, S. 15), war ebenfalls auf dieser Linie verortet.[15] Nun aber, im V-Dem-Projekt oder in dem Schema von Mudde und Kaltwasser, erscheint Demokratie als ein in sich ruhendes institutionelles Gesamt institutionalisierter Regeln und Verfahren, das als umso demokratischer gelten kann, je ›liberaler‹ es ist. Wahlen wird offensichtlich keine sonderlich herausgehobene Bedeutung mehr zugemessen (siehe hierzu Streeck 2021). Vielmehr kommt es auf eine möglichst umfassende institutionelle Einhegung des elektoralen Moments an. ›Effektive Einschränkungen der Exekutive‹ werden zu einem Gütesiegel der liberalen Demokratie. Möglichst niemand soll so regieren können, wie eine Mehrheit es will.

Über die Gründe für den Wandel im Blick auf die Demokratie brauchen sich die jeweils als zeitlos auftretenden Konzepte keine Rechenschaft zu geben – aber unsere Ontologien sind immer historisch (und damit politisch). Erscheint die Demokratie in diesen Entwürfen vielleicht desto mehr als institutioneller Stabilitätszusammenhang, je instabiler sie sich in der Realität erweist? Aber gerät unsere Demokratie nicht möglicherweise genau deswegen umso tiefer in die Krise, je mehr politische Entscheidungsbereiche dem elektoral Korrigierbaren entzogen und dem institutionell Auf-Dauer-Gestellten überantwortet werden (Schäfer/Zürn 2021)? Ist die Wahrnehmung gegenwärtiger Instabilität demokratischer Regime nicht der faktischen Hyperstabilität vieler dem demokratischen Wettbewerbsmechanismus entzogener Entscheidungsbereiche geschuldet, der ›Aushöhlung der Demokratie‹ (Mair 2013) – oder aber den Konflikten, die entstehen, wenn es um Versuche der Wiederaneignung dessen geht, was zuvor aus dem Bereich der Politik ausgelagert wurde? Und ist daher die verbreitete Antwort, auf den Zusammenhang zwischen ›Konstitutionalisierung und Krise‹ mit immer noch mehr Konstitutionalisierung zu reagieren, nicht exakt das, was man tunlichst *vermeiden* sollte?

Die Schemata von Mudde und Kaltwasser und des V-Dem-Projekts sowie verwandter Versuche (siehe Tabelle 1) übersetzen die Idee einer weiteren und einer engeren Demokratiedefinition in die Vorstellung eines Entwicklungsprozesses, in dem das Spätere, institutionell ›Reichere‹ und Reifere, dem Früheren, institutionell ›Ärmeren‹, grundsätzlich überlegen ist (Zerubavel 2012). Was hier temporalisiert (oder als evolutionäres Entwicklungsschema gefasst) wird, ist damit allerdings noch lange nicht historisiert. Im Gegenteil: Die scheinbar autonome Entwicklungslogik des normativen Modells entzieht möglichen Alternativen jede historische Legitimität.

So kommt in den Schemata eine problematische Vorstellung einer ›reifen Demokratie‹ zum Vorschein und damit ein Wiederaufleben eines gleichsam modernisierungstheoretischen Paradigmas einer idealen und in allen Ländern wesentlich gleichlaufenden Institutionenentwicklung – die erneut in der Lage ist, ihre ideologische Dimension zum Verschwinden zu bringen. Die Diagnose einer ›Krise‹ ist hierbei nur die in Form ihrer Enttäuschung bestätigte Vorstellung eines Prozesses beständiger Fort- und Höherentwicklung. Der Begriff der Demokratie bündelt Erwartungen, ist ein Begriff als Vorgriff auf eine bessere Zukunft (Koselleck 1989 [1977], S. 345). Man macht sich über den Vulgärhegelianismus eines Francis Fukuyama lustig, während sich die Geschichtsphilosophie umso unkontrollierter in die eigene Analyse hineinschleicht (Kittsteiner 2021 [2004]). Ein Liniendiagramm, das die demokratische Expansion nicht mehr als aufsteigende Bewegung von links unten nach rechts oben zeigen kann, verbindet mehr als seine grundlegende ›visuelle Geste‹ mit einem Schema, das sich Demokratie nur als beständigen institutionellen Anreicherungs- und Ausweitungsprozess vorstellt, als kontinuierliche liberaldemokratische Progression (Selk 2023).

Veranschaulicht ist jeweils die Normativität bzw. vorgebliche Normalität eines Entwicklungspfads, während zugleich dessen Telos mit einer Denkfigur der ›Gleichursprünglichkeit‹ von kollektiven Rechten der Selbstregierung einerseits und individuellen (subjektiven) Schutzrechten andererseits als ihm ›von Beginn an‹ eingeschrieben behauptet wird – eine Verbindung der Rechte, die im Laufe der Zeit, so heißt es, einfach nur ›zu sich selbst komme‹. (Wir haben es hier, nebenbei bemerkt, mit einer recht seltsamen Vorstellung von ›Gleichursprünglichkeit‹ zu tun, die mehr als 230 Jahre zu ihrer Verwirklichung benötigt und bei der die Ausweitung subjektiver Schutzrechte immer weiter vorangetrieben, der Anwendungsbereich kollektiver Rechte der

Selbstbestimmung hingegen sukzessive eingeschränkt wurde.) Auch das ist nur Schein-Historisierung, tatsächlich Geschichtsphilosophie *thinly disguised*.

Offenkundig ist aber, dass die entsprechenden Konzeptualisierungen verschiedener, abgestufter, ›entwickelter‹ vs. ›noch nicht so entwickelter‹ Varianten der Demokratie einer konkreten populistischen Konstellation entstammen, in der die dominante Wahrnehmung die einer elektoralen Selbstgefährdung der liberalen Demokratie geworden ist, also einer Gefährdung durch ihre Vor- und Minderform, die elektorale Demokratie: »Der demokratische Rückschritt beginnt heute an der Wahlurne.« (Levitsky/Ziblatt 2018, S. 13) Demokratien sterben, aber sie werden nicht getötet, sondern begehen Selbstmord: »Nachdem die liberale Demokratie in den frühen 1990ern einen Höhepunkt, wenn nicht das Ende der Geschichte zu markieren schien, herrscht nun die verbreitete Wahrnehmung, dass sie sich *von innen in der Krise* befindet. Dabei geht die Gefahr besonders oft von Wahlen aus, dem Prozess, der am engsten mit dem demokratischen System verbunden wird« (Stiegler/Pébarthe 2023, S. 124, meine Hervorhebungen).[16]

Will man den *suicide of democracy* verhindern, ist es so gesehen geboten, sie vor sich selbst zu schützen. Die Demokratie, heißt es daher, ließe sich vor allem durch die Abschwächung ihrer elektoralen Elemente retten – entweder durch die Einschränkung des Wahlrechts (Brennan 2017) oder durch die Abwertung von Wahlen und die Aufwertung deliberativer Elemente (stellvertretend für viele Van Reybrouck 2016; Taylor et al. 2022) oder durch den Schutz, den nichtdemokratische Institutionen der Demokratie gegenüber dem Demos gewähren könnten. Colin Crouch blickt nach über zwanzig Jahren auf seine Diagnose der Postdemokratie zurück:

> Eine weitere Einsicht, die ich noch nicht hatte, als ich mein Buch von 2001 [*Postdemokratie*] schrieb, betrifft die Bedeutung staatlicher Institutionen, die selbst nicht demokratisch sind, die uns aber vor einem Missbrauch der Demokratie durch Politiker schützen, die behaupten, der Umstand, dass sie gewählt wurden, berechtige sie, nach eigenem Gutdünken zu handeln: Gerichte, unabhängige Zentralbanken, unabhängige Informations- und Statistikanbieter, verschiedene Aufsichts- und Überwachungsagenturen. (Crouch 2023, S. 119f.)

Für einen sich selbst als dezidiert links verstehenden *public intellectual* liegt jetzt also der Schlüssel zur Rettung der Demokratie dort, wo sich seit den 1980er Jahren die Lieblingsfeinde der Linken organisierten: in der unabhängigen Zentralbank. Selbst das bekannte Demokratiedefizit der Europäischen Union wird so unter der Hand zum demokratischen Vorteil. Das Motto der Gegenwart scheint zu lauten: Weniger (elektorale) Demokratie wagen – vielleicht ja nur ein wenig weniger (Jones 2020)?

Entsprechend möchte Philip Pettit (2022) die Demokratie vollständig entpolitisieren, denn dem Volk und seinen Repräsentanten sei ja schließlich nur wenig zuzutrauen und wenig zu vertrauen. Wie leicht lasse sich eine Mehrheit emotional aufpeitschen (*popular passion*), werde sie zum Opfer moralisierender Eiferer (*aspiratio-*

nal morality) oder bleibe ahnungs- und wehrlos gegenüber partikularen Interessen (*sectional interests*, ebd., S. 30). Das verlange nach unabhängigen Institutionen, die befugt sind, jedes Parlamentsgesetz daraufhin zu überprüfen, ob es denn auch wirklich als ›vernünftig‹ gelten kann, um es anderenfalls als ›unvernünftig‹ für ungültig erklären zu können. Die notwendigen »Gerichte, Untersuchungsausschüsse, Ombudsleute und dergleichen« (ebd. S. 37) müssten, um diese Überwachungsaufgabe im heiligen Namen der Vernunft so effektiv wie möglich zu leisten, maximal unabhängig von den gewählten Repräsentanten und damit auch vom wählenden Volk sein. Es erscheint zunehmend unklar, welche autoritären Fantasien gespenstischer sind: diejenigen, die in Gegnerschaft zur Demokratie, oder diejenigen, die zu ihrer Verteidigung formuliert werden.

Insgesamt herrscht aber mittlerweile eine große Übereinstimmung, die im Begriff der liberalen Demokratie zum Ausdruck kommt: dass die Demokratie unbedingt unter Beobachtung gestellt werden müsse. In der gegenwärtigen Populismusdebatte feiert der Pöbeldiskurs der ersten Jahrzehnte nach 1800 seine Wiederauferstehung (vgl. Manow 2020), und die Warnung vor der Tyrannei der Mehrheit, ursprünglich eine Formel des 19. Jahrhunderts für die Angst des Besitzbürgertums vor der politischen Macht der besitzlosen Massen, ist erneut allgegenwärtig. Das liberale Projekt scheint tatsächlich in immer kürzeren Abständen ins Autoritäre umzuschlagen.

Umso mehr ist aus meiner Sicht Historisierung – und zwar von Demokratie *und* Demokratieverständnis – vonnöten, weil sie zugleich ein Bewusstsein für die Varianz von realen Modellen (statt für unterschiedliche Approximationen an *ein* Modell) schaffen würde. Bereits auf historisch unterschiedliche Gefährdungen von Demokratie erfolgten auch von Land zu Land unterschiedliche institutionelle Antworten – und es ist deswegen von einer gewissen Ironie, dass gerade das *Varieties*-of-Democracy-Projekt einem modularen Idealkonzept der *einen* Demokratie anzuhängen scheint (Dryzek 2016).[17] So wie denn auch Verfassungsjuristen gerne die *eine* »›Grammatik der Legitimität‹ des liberalen Konstitutionalismus« (Larsen 2021), den *einen* Weg zu einer modernen »gewaltenteilenden Staatlichkeit« (Wahl 2001, S. 45) und Politikwissenschaftler das *eine* europäische Nachkriegsmodell der Demokratie identifizieren wollen (Müller 2013a, 2013c). Aber wir sollten national bzw. regional sowie in der Zeitdimension unterschiedliche Modelle oder institutionelle Gleichgewichte (oder Ungleichgewichte) erwarten, nicht *ein* übergreifendes, (zeitloses?) ideales Template – oder auch nur mehrere. Ein weiteres Argument, das gegen einen schlicht enumerativen Ansatz spricht, der dann ja ohnehin sehr schnell an seine analytischen Grenzen stößt (aber in unseren Krisendiskursen dennoch als beständiger Referenzpunkt fungiert), ist es, wenn deutlich wird, dass es völlig konsolidierte Demokratien sowohl *mit* wie völlig *ohne* umfangreiche verfassungsrechtliche Normenkontrolle geben kann (Larsen 2021; Wind 2010) – und umgekehrt auch mit umfänglicher *judicial control*, überhaupt mit elaborierten *checks and balances* ausgestattete, mithin institutionell reife ›liberale Demokratien‹

krisenhaft, defekt, dysfunktional sein oder werden können (siehe die jüngsten Ereignisse in den USA).

Hier scheint zuletzt die Möglichkeit auf, dass es gerade der kategorisierende, an Messung interessierte Zugriff auf das Phänomen sein könnte, der zwangsläufig in Modellen denken muss und damit überhaupt erst die Modelle kreiert von etwas, was doch immer nur ein zeitlich und räumlich variierendes Ensemble von Institutionen und Instrumenten der kollektiven Selbstregierung ist, das in seiner spezifischen Assemblage mal besser, mal schlechter funktioniert, mal die einen, mal die anderen bevorteilt (Warren 2017). Das Interesse an Messung lässt sich dabei selbst oft als Marker für Situationen der Infragestellung, der Unsicherheit, des Umbruchs begreifen, und so entstehen die Konzepte im Kontext von Konflikten, deren Zeichen sie noch tragen.

Es ist also wie in einem anderen Beispiel Ian Hackings: Erst die staatlichen Fabrikinspektoren mit ihrem Interesse an der Erfassung der verschiedensten industriellen Tätigkeitskategorien kreieren im 19. Jahrhundert die Berufsklassifikationen, die mehr zur Ausbildung des Klassenbewusstseins der britischen Arbeiterschaft beitragen als die Theorie des Proletariats, die Karl Marx auf Basis der intensiven Lektüre ihrer Berichte entwickelte (Hacking 2012 [1995], S. 50).

So lässt sich den Schemata schließlich auch ablesen, auf welchen Gegenbegriff zur liberalen Demokratie sie eigentlich zielen, was als Abweichung von ihr vorgestellt wird. In den Debatten seit den späten 1990ern ist es die elektorale Demokratie, die ›nur‹ auf kompetitive Wahlen und das Mehrheitsprinzip setzt, die quasi die Kontrastfolie für das Konzept einer liberalen, reifen, ›vollumfänglichen‹ Demokratie abgibt. Genau das kennzeichnet ja nach Cas Mudde die »populistische Konstellation«:

> Es ist bemerkenswert, dass im frühen 20. Jahrhundert Nationalismus und Sozialismus Erscheinungsformen eines antidemokratischen Extremismus waren, während zu Beginn des 21. Jahrhunderts die Populisten zumeist demokratisch, aber antiliberal sind. Daran zeigt sich zumindest, dass die Demokratie (Volkssouveränität und das Mehrheitsprinzip) nun hegemonial ist, während das für die liberale Demokratie – die Minderheitenschutz, Rechtsstaatlichkeit und Gewaltenteilung hinzufügt – nicht gilt. (Mudde 2018)

Damit wird aber deutlich, dass die Vorstellung, es gäbe hier zunächst die liberale Demokratie und dann später dort ihre Feinde, irreführend ist. Institutionen verdichten sich zu Modellen erst in Reaktion auf die Konflikte, die sie auslösen und die in ihnen ausgetragen werden, also dann, wenn sie sich herausgefordert sehen. So wie Bemühungen um Kanonbildung ja nur anzeigen, dass die Geltung der Kriterien, die dem Kanon zugrunde liegen sollten, nicht mehr als fraglos unterstellt werden kann. Unsere Ontologien des Politischen sind historisch und politisch, weil sie sich im Kontext politischer Konflikte ausbilden und verfestigen.

Wie in diesem Abschnitt argumentiert wurde, bleiben Charakterisierungen der Demokratie als sich beständig wandelnder Herrschaftsform im Regelfall ohne methodologische Konsequenzen und wecken bei ihren Vertretern kein Interesse an der Institutionengeschichte der gegenwärtigen Demokratie. Stattdessen bekommt man den Eindruck: Je emphatischer die Betonung des Unabgeschlossenen, desto weniger Rechnung braucht dem in konzeptionell-methodischer Hinsicht getragen zu werden – insbesondere, da es ja bei den einschlägigen Einlassungen erneut um ›ewige‹ Werte und das je spezifische Verfehlen ihrer Einlösung in einer immer nur unzulänglichen Gegenwart geht, nicht aber um ein adäquates Verständnis institutioneller Wandlungsprozesse, veränderter Akteurskonstellationen und des Wandels der damit korrespondierenden Demokratievorstellungen.[18] Das abstrakte Anerkennen von ›Historizität‹ und ›Offenheit‹ der Demokratie hindert die meisten Debattenbeiträge also nicht, immer wieder a-historisch und an einem bestimmten (normativen) Modell orientiert zu argumentieren – oder aber einem solchen vorgestellten Modell dann eine eigene Geschichtsphilosophie unterzuschieben, wie dürftig die auch ausfallen mag.[19]

Die Ko-Konstitutionalisierung von Messkonzepten und dem, was sie zu messen vorgeben, ist in den zeitgenössischen Varianten der Demokratiebeobachtung indes mit Händen zu greifen. In ihrer dominanten Spielart sind diese Demokratiediskurse deshalb vor allem als Anschauungsmaterial für die ›Zirkulation sozialer Energien‹ interessant, insbesondere unter dem Blickwinkel der Frage, woraus sich diese speisen und welcher Art sie eigentlich sind.

2.2 *Konkretionen – oder: Was leistet ein Begriff, wenn er abstrakt wird?*

> Je allgemeiner die Begriffe, desto mehr Parteien können sich ihrer bedienen. Sie werden zu Schlagworten. […] So entsteht ein Konkurrenzkampf um die rechte Auslegung und mehr noch um die rechte Handhabung der Begriffe. »Demokratie« ist zum universellen Verfassungsbegriff geworden, den alle Lager auf unterschiedliche Weise für sich beanspruchen. Dieselben Begriffe werden daher perspektivisch besetzbar. Als Allgemeinbegriffe üben sie geradezu einen Besetzungszwang aus, gleich welche konkreten Erfahrungen oder welche Erwartungen in sie eingehen. Auf diese Weise entsteht ein Wettstreit um die wahre politische Interpretation, der Ausschlußtechniken, die den Gegner daran hindern sollen, durch dasselbe Wort anderes zu sagen und meinen als man selbst.
>
> *Koselleck 1989 [1977], S. 346f.*

Natürlich kommt der Begriff der liberalen Demokratie nicht um 1990 zum ersten Mal in die Welt (siehe unten Abbildung 4) – aber erst in dieser Zeit tritt er gehäuft auf. Und erst später, im Zuge politischer Konflikte, differenziert er sich als eigenständiges, distinktes Konzept aus.

Pauschal wird die liberale Demokratie jedoch bereits gleich um 1990 zur End- und Zielvorstellung der geschichtlichen Entwicklung ausgerufen, ihre Verbreitung gilt als »Beweis dafür, dass hier ein fundamentaler Prozess wirksam ist, in dem *alle* menschlichen Gesellschaften in ein gemeinsames Entwicklungsschema gezwungen werden – kurz gesagt eine Art Universalgeschichte der Menschheit, die sich auf die liberale Demokratie zu bewegt« (Fukuyama 2022 [1992], S. 113, Hervorhebung im Original).

In der vorherrschenden Sprechweise der unmittelbaren Nachkriegsdekaden findet man jedoch zunächst ebenso häufig den Begriff der ›westlichen‹ wie den der ›liberalen Demokratie‹ (vgl. Abbildung 4), wobei dieser angebliche westliche ›Typus‹ institutionell völlig unterbestimmt blieb (Fraenkel 1991 [1964]), gerade nicht als mit »konkreten Institutionen [...] verbunden« verstanden werden sollte. Er erhalte vielmehr – so heißt es ganz diffus und in dieser Diffusität ganz zeitgemäß – nur als gelebte Werteordnung, nur als »eine das gesamte Gemeinschaftsleben durchziehende Grundhaltung [...] einen tieferen Sinn« (ebd., S. 52).[20]

Die Lehr- und Wörterbücher der Politikwissenschaft kennen bis in die 1990er Jahre und auch darüber hinaus die liberale Demokratie nicht als eigenständiges Referenzmodell (Sartori 1973, 1979; Schmidt 1995, 1997, 2010³).[21] 1989 aber soll sie plötzlich nicht weniger als den »Endpunkt der ideologischen Evolution der Menschheit« markieren, die »endgültige menschlichen Regierungsform« darstellen (Fukuyama 1989, S. 3, 2022 [1992], S. 7). In der liberalen Demokratie, so wird uns versichert, sei die politische Geschichte der Menschheit an ihr Ende gekommen, ohne dass – zumindest bei Fukuyama – näher umrissen wäre, in welcher konkreten institutionellen Gestalt sie denn eigentlich zu ihrem Ende gekommen sein soll.[22]

Obwohl der Begriff sich also bereits in den 1950ern und 1960ern findet, vollzieht sich doch erst jetzt ein grundlegender Wandel des mit ihm Bezeichneten, und

Abb. 4: Google-Ngrammer-Recherche für ›liberal‹ vs. ›western democracy‹ vs. ›populism‹

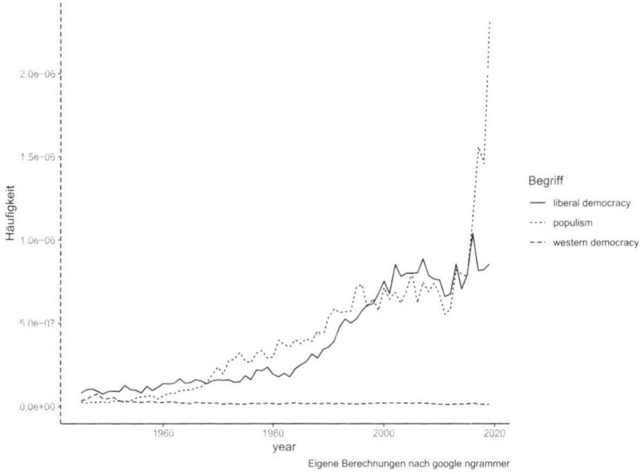

seine eigentliche Karriere als normativer Zielpunkt historischer Entwicklungspfade beginnt – einerseits, weil die These vom globalen Siegeszug des politischen und ökonomischen Liberalismus es nicht mehr zulässt, von der *westlichen* Demokratie zu sprechen, andererseits aber auch, weil sich das so bezeichnete Institutionenensemble zeitgleich grundsätzlich verändert (siehe unten Abschnitt 3). Aber wenn sich das ändert, auf was ein Begriff rekurriert, dann ändert sich dieser Begriff selbst, zumindest seine Position oder Funktion im Diskurs. Unsere Ontologien sind politisch (und historisch; sie sind politisch, *weil* sie historisch sind).

Eine unmerkliche Verschiebung in der Bedeutung und Funktion von Begriffen hat unter anderem etwas damit zu tun, ob die institutionelle Ordnung, auf die ein Begriff ursprünglich zielt, funktioniert oder nicht (mehr) funktioniert, welche Interessen sie bedient und welche nicht (mehr) und wie sich eine Gesellschaft mit dem nicht richtig zu Bewusstsein kommenden Bedeutungswandel von Institutionen und Institutionenbegriffen zu arrangieren weiß. Man kommt also auch auf der konzeptionellen Ebene nicht umhin, sich mit den realen Institutionen und ihrem Wandlungsprozess, und zwar mit den Details dieses Prozesses, zu beschäftigen – denn ›nur der Ungebildete denkt abstrakt‹ (Hegel 1986 [1807]). Oder anders formuliert: Es ist zu fragen, was – für wen – »ein Begriff leistet, wenn er abstrakt wird« (Koselleck, zit. n. Tortarolo 1988, S. 12).

Bevor die liberale Demokratie zur zentralen Referenz in unseren gegenwärtigen Populismus- und Demokratiegefährdungsdebatten wurde, fungierte sie als Fluchtpunkt einer schlechten Geschichtsschreibung, nämlich einer, die der Vorstellung einer wesentlich von Ideen getriebenen oder nach Ideen geordneten Geschichte folgt. Die liberale Demokratie wird dabei als End- oder Kompromissprodukt zweier Strömungen verstanden, des Liberalismus einerseits: also Beschränkung von Herrschaft durch Gewaltenteilung, Rechtsstaatlichkeit, subjektive Rechte – eine Gelegenheit, auf John Stuart Mill zu verweisen; und des Mehrheitsprinzips und der Volkssouveränität andererseits (Macpherson 1977) – eine Gelegenheit, sich mit dem Verweis auf Jean-Jacques Rousseau abzusichern. Oder noch eine Abstraktionsstufe höher, nicht als Idee oder Ideologie, sondern als Wert: Freiheit vs. Gleichheit. Liberale Demokratie ist dann die Verbindung aus oder der Kompromiss zwischen beidem.

Liest man Freiheit und Gleichheit als Chiffren für *capitalism* & *democracy* und damit als eine Variante der beständigen Frage, wie ökonomische Ungleichheit und politische Gleichheit in modernen Gesellschaften so miteinander in Verbindung gebracht werden können, dass sie sich nicht dauernd wechselseitig dementieren, dann wird das Sterile einer Politischen Theorie oder Philosophie deutlich, die diese Fragen im Kontext von Ideen oder Werten verhandeln will und mit Referenz auf Denker, die sich als Namenspatrone dieser Ideen und ihrer Filiationen jeweils aufrufen lassen, was davon enthebt, über die *konkrete* Politische Ökonomie, auf die ihre Begriffe permanent zugreifen, Auskunft zu geben.

Das findet seine Entsprechung darin, dass sich eine solche Gegenwart auch sehr schnell darin einig ist, den Populismus als das ›Andere‹ der liberalen Demokratie rein subjektivistisch, als verquere Weltsicht anzusehen – als *»thin-centered ideology«* bzw. *»dünne Ideologie«* (Mudde/Kaltwasser 2017, S. 6; dt. Übersetzung Mudde/Kaltwasser 2019, S. 25), als bloßes »set of ideas« (Hawkins/Kaltwasser 2019), als völlig inhaltsleer und thematisch opportunistisch, nur als »rhetorischen Stil«, als »chamäleonhaften« Diskurs, »der sich flexibel an eine Vielzahl substanzieller ideologischer Werte und Prinzipien anpassen kann« (Norris/Inglehart 2019, S. 4).[23] In diesen Deutungen wird Populismus zur individuellen Wahrnehmungspathologie, zu einer (hermetischen) Interpretation eines ganz beliebigen Geschehens innerhalb eines starren moralistischen Rahmens.

Dem Populismus wird angeblich alles Mögliche sinnhaft in der simplen Entgegensetzung von reinem Volk und korrupter Elite (Mudde 2004; Mudde/Kaltwasser 2019). Der politische Streit stellt sich aus dieser Perspektive dann zwangsläufig dar als einer zwischen konkurrierenden Weltsichten, und die Rivalen des Populismus, so heißt es, seien insbesondere Elitismus und Pluralismus (Mudde 2004): Elitismus, weil er das, gegen das sich der Populismus wendet, positiv umdeutet: »Die Elite ist gar nicht korrupt, sondern kompetent – wie gut, dass das unzurechnungsfähige, nicht etwa ›reine‹, sondern in Wirklichkeit doch nur ungewaschene Volk nichts zu sagen hat«; Pluralismus – weil er die Vorstellung eines homogenen Volkswillens dementiert.

Man sollte jedoch immer skeptisch werden, wenn versucht wird, das Zeitgeschehen auf die Konkurrenz oder die Konflikte zwischen verschiedenen -ismen zurückzuführen, denn ein solcher *ideational approach* erfüllt offenkundig eine politische Funktion. Ist die These vom Populismus als einer *thin-centered ideology* vielleicht nur eine *thinly veiled ideology*? Es stellt sich die Frage, was sich zum Verschwinden bringen lässt, wenn Populismus rein als Wille und Vorstellung erscheint. Einerseits ist die Gegenüberstellung ›Volk vs. Elite‹ natürlich treffend, weil Populismus offensichtlich eine Systemfrage aufwirft, andererseits wird sie sofort psychologisch abgebogen. Warum die beklagte populistische Wahrnehmungspathologie neuerdings so verbreitet ist – dafür lässt sich dann alles und jedes anführen: die Polarisierungsalgorithmen der neuen Medien, das Bedrohungsgefühl, das die Gleichstellung der Frau bei alten weißen Männern auslöst, Bewegungsmangel? Der Sammelsurium-Charakter der Aufzählungen verstärkt allerdings das schon zuvor feststehende Urteil, dass hier wohl nur Personen an der Komplexität der Moderne leiden.

Vermutlich sind das jedoch nur Projektionen eines subjektivistischen Politik(miss)verständnisses der neuen Mittelschichten selber (Nickel 2023), die Politik unter anderem deswegen so gerne aus Einstellungen ableiten, weil damit der sozioökonomische Hintergrund eigener wie fremder Sprecherpositionen abgedunkelt bleiben kann und sich auf diese Weise mit ›Kritik‹ Schuld kollektivieren und der moralische Gewinn privatisieren lässt. Die Unzulänglichkeit einer solchen Perspektive lässt sich an der Hilflosigkeit der sich ergebenden Ratschläge angesichts der Dramatik der diagnostizierten Krise gut ablesen. Sie laufen meistens darauf hinaus, dass die richtigen Werte halt noch intensiver gelebt und noch nachdrücklicher vermittelt werden müssen. Es bleibt der Appell, die mit den richtigen Werten müssten sich noch ein wenig engagierter engagieren.[24]

Der substanzielle Gehalt des Demokratieverständnisses hinter diesen Appellen erscheint zunächst ganz harmlos, unverdächtig, weil maximal zustimmungsfähig. Die liberale Demokratie? – »such a model could be easily set up«, heißt es zunächst:

> Die wichtigsten Bestimmungen sind ziemlich offensichtlich. Die Regierung und die Legislative werden direkt oder indirekt durch periodische Wahlen mit allgemeinem und gleichem Wahlrecht gewählt, wobei die Wähler in der Regel zwischen politischen Parteien wählen können. Es gibt ein ausreichendes Maß an bürgerlichen Freiheiten (Rede-, Publikations- und

Versammlungsfreiheit sowie Schutz vor willkürlicher Verhaftung und Inhaftierung), um das Wahlrecht wirksam werden zu lassen. Es besteht eine formale Gleichheit vor dem Gesetz. Es gibt einen gewissen Schutz für Minderheiten. Und es gibt eine allgemeine Akzeptanz des Prinzips der maximalen individuellen Freiheit, die mit der gleichen Freiheit für andere vereinbar ist. (Macpherson 1977, S. 7)

Wer würde sich schon gegen diese Vorstellung von Demokratie stellen wollen?[25] Aber die Kontinuität der Begriffe verdeckt den Wandel des mit ihnen Gemeinten, denn Macphersons allgemein gehaltene Definition wurde formuliert, bevor sich schon wenig später ein neues Verständnis der liberalen Demokratie durchsetzte. Bald wird ›liberale Demokratie‹ schon recht anders verstanden, mit ganz anderer Stoßrichtung, nämlich als eine, die als »Gegengewichte zur unausgewogenen Vorherrschaft des Volkes [...] einklagbare Menschenrechte, Verfassungsgerichte, die territoriale und funktionale Gewaltenteilung sowie die Autonomie der Zentralbanken« etabliert (Mény/Surel 2002, S. 10; vgl. Pappas 2014).[26]

So oder so muss aber konkreter gesprochen oder konkreter gefragt werden. Wenn wir von Unabhängigkeit der Justiz sprechen (als einer Voraussetzung der Forderung nach der Gleichheit vor dem Gesetz), was ist damit genau gemeint? Dass Richter ohne politische Einflussnahme Fälle verhandeln und entscheiden können? Aber Gewaltenteilung ist etwas anderes als *checks and balances* (Waldron 2016b). Dass diejenigen, die die Gesetze machen, sie besser nicht auch noch anwenden, sondern dafür andere zuständig sind, ist ein ganz anderes

Argument mit ganz anderen Implikationen als eines, das meint, es wäre grundsätzlich zu begrüßen, wenn sich Staatsgewalten wechselseitig in Schach hielten und in ihrem Handeln begrenzten, wobei insbesondere die Legislative als potenziell *most dangerous branch of government* von der Judikative in ihrem Handeln nachhaltig eingehegt werden sollte, oder wenn es generell um Gegengewichte gegen die ›unausgewogene Vorherrschaft des Volkes‹ geht.

Meinen wir daher, wenn wir von der Unabhängigkeit der Justiz oder dem Schutz von Minderheitenrechten sprechen, dass es in einer liberalen Demokratie unbedingt eine Verfassung geben muss, die über dem einfachen Gesetz steht und in deren Namen einfache Gesetze von Richtern als den Exegeten der Verfassung für ungültig erklärt werden können? Und vielleicht auch, dass diese Richter darüber hinaus das Recht haben sollen, Parteien zu verbieten, von denen sie meinen, diese würden Ziele verfolgen, die mit der Verfassung im Widerspruch stehen? Ist es dann immer und automatisch ein Anschlag auf die Unabhängigkeit der Justiz (und damit auf die liberale Demokratie), wenn die Politik die Rechte von Verfassungsgerichten einschränkt? Und ist es, umgekehrt, stets ein Gewinn für die Demokratie, wenn Verfassungsgerichten weitreichende(re) Normenkontrollkompetenzen zugebilligt werden? Und wie kategorisieren wir Länder, die keine Verfassungsgerichtsbarkeit kennen, oder zumindest keine mit Normenkontrollkompetenzen gegenüber vom Parlament mehrheitlich verabschiedeten Gesetzen – in denen der Schutz von Minderheiten und die Rechtsstaatlichkeit aber nicht weniger garantiert erscheinen (etwa Schweden, die Niederlande oder Großbritannien; siehe unten Abschnitt 3)? Sind dies keine liberalen Demokratien? Und wenn wir sie nicht als liberal kategorisieren könnten, was würde das dann aussagen – etwas über die politischen Systeme, ihre jeweiligen Funktionsweisen und ihre normative Dignität? Oder etwas über unsere Begriffe und deren analytische Unzulänglichkeit bzw. etwas über unsere Konzepte und ihren politisch-ideologischen Gehalt?

Weiter: Wenn ein politisches System unabhängige Verfassungsgerichte vorsieht, beschränkt sich die Verfassung in ihrem typischen Kompromisscharakter zwischen den großen politischen bzw. gesellschaftlichen Kräften auf die Definition weniger abstrakter Spielregeln des demokratischen Wettbewerbs um Macht? Oder wird sie über die Zeit zu einer Boutique des Guten, Wahren, Schönen (»blueprints for the good society« [Loughlin 2019, S. 439]; »medley of liberal values« [Loughlin 2022, S. x]), in die man alles hineinschreibt, was wünschenswert erscheint – mit der korrespondierenden Vorstellung, Demokratie sei nur dann gegeben, wenn ein ganzer Kranz an Werten bestmöglich approximiert wird, Demokratie also als »Altar, an den jede ihr, jeder sein Lieblingsvotivbild hängt« (Alvarez et al. 1996, S. 4)? Sie wäre dann beispielsweise nur Demokratie – wie im »Global State of Democracy«-Index von IDEA – in der Verbindung aus Parteienwettbewerb, Meinungsfreiheit, Wohlfahrtsstaatlichkeit und LGBTQ+-Rechten (siehe oben Anm. 12 in Abschnitt 2)[27] oder in Verbindung von freien Wahlen und Klimaschutz. Dabei sollte man sich bewusst sein, dass mit jeder erweiterten Demokratiedefinition der Kreis der Anti-Demokraten erweitert wird (Przeworski 2020). Oder ist schließlich eine Verfassung etwas, das – wie das europäische Vertragswerk – ein länderübergreifendes Kapitalismusmodell sakrosankt stellt, das dann, ganz umgekehrt, jede nationale Politik durchdringt und ihre Ausrichtung entlang der ›vier Freiheiten‹ regelt?

Konkret betrifft das die Reichweite und die Anschlussoptionen eines Modells, das offenkundig universelle Ansprüche erhebt: Wenn die türkische Verfassung in ihrem Artikel 2 das Land auf einen demokratischen, laizistischen und sozialen Rechtsstaat festlegt, der dem »Wohl der Gemeinschaft, der nationalen Solidarität und Gerechtigkeit, den Menschenrechten und dem Nationalismus Atatürks« verbunden ist, werden religiöse Parteien, die womöglich mit den Konsequenzen eines streng gehandhabten Laizismus Probleme haben, oder kurdische Parteien, die mit dem Nationalismus Atatürks ihre ganz eigenen, leidvollen Erfahrungen gemacht haben, schnell zu Verfassungsfeinden – die im Namen der türkischen Demokratie zu bekämpfen und zu verbieten sind.

Schließlich stellt sich auch noch die wichtige Frage, wer ein solches Verfassungsgericht anrufen kann. Andere Gerichte, wenn sie mit einem Fall konfrontiert sind, bei dem sie verfassungsrechtliche Auslegungsfragen berührt sehen? Parlamentarier (und wenn ja, mit welchem Quorum)? Jeder Bürger, jede Bürgerin (Popularklage), wie vor 2011 in Ungarn oder wie in der Bundesrepublik? Und es würde sich überdies auch noch die komplizierte Frage stellen, wer denn die Richter, die solche

Kompetenzen haben, ernennt. Ob sie auf Lebenszeit ernannt werden oder nur für eine begrenzte Zeit, ob die Amtszeit verlängert werden kann und so weiter und so fort (vgl. zu alldem in reicher Materialfülle Lübbe-Wolff 2021). In den Kommentaren zur polnischen Entwicklung unter der PiS-Regierung heißt es, wir würden Zeugen eines politischen Angriffs auf eine unabhängige Justiz. Es ist allerdings keine Wortklauberei (und auch kein müder Versuch politischer Rechtfertigung), wenn man anmerkt, dass es weder *die* Justiz noch *die* unabhängige Justiz gibt – so wenig wie *die* Politik. Das Verhältnis zwischen Recht und Politik ist auch nicht das der Demokratie und ihrer Gegner, sondern das zwischen personell unterschiedlich besetzten »Institutionen, in denen Akteure, hinter denen verschiedene Kräfte stehen können, möglicherweise widerstreitende Interessen haben« (Maravall/Przeworski 2003, S. 13).

Wir kommen also nicht umhin, über die konkrete institutionelle Ordnung und ihre Effekte zu sprechen, denn alles dieses, was man grob unter dem Obertitel ›Unabhängigkeit der Justiz‹ oder eben *checks and balances* fassen könnte, sind doch – je nach konkreter institutioneller Ausgestaltung – völlig verschiedene Konstellationen mit ganz unterschiedlichen politischen Konsequenzen, insbesondere für die Verteilung von Macht. Was dann bereits überleitet zu den damit in die Welt kommenden Akteuren und der Konstellation ihrer Konflikte. Auf allgemeiner Ebene, ohne das damit etablierte politische Spiel näher zu analysieren, lässt sich aber bereits hier konstatieren (und wurde ja bereits oft konstatiert), dass eine Aufwertung der Gerichte mit Kontrollfunktionen gegenüber parlamentarischen Mehrheiten mit einer Abwertung dieser Parlamente einhergeht, damit mit einer Abwertung der demokratischen Wahl und damit mit einer Abwertung der Wähler, was schließlich auch an der allgemeinen Verschiebung der politischen Diskurse ins Juridische abzulesen ist. Nicht mehr über das, was gewollt wird, wird dann gestritten, sondern es geht nur noch darum, was man jeweils als rechtlich erlaubt oder verboten darstellen kann. Das überführt Politik in den Modus der, im wörtlichen Sinne, Rechthaberei, wie sie sich insbesondere in Deutschland großer Beliebtheit erfreut – eine Deformation des öffentlichen Diskurses (Bellamy 2007).

Worauf solche Verschiebungen hinauslaufen, ahnt man bereits, wenn man die gängigen Einlassungen von Juristen zur Vernünftigkeit der eigenen, juristischen Entscheidungsprozesse im Kontrast zur evidenten Unvernünftigkeit der anderen, politischen Entscheidungsprozesse zur Kenntnis nimmt. Die Rollenverteilung zwischen Recht und Politik wird dann selbst bei einem ansonsten sehr reflektierten und besonnenen Beobachter zu einer, bei der Verfassungsgerichten die Aufgabe zufallt, »hinter der verstörenden Kontingenz der Parteipolitik allgemeingültige Prinzipien und Normen sichtbar zu machen« (Grimm 2021, S. 73). Verstörende Kontingenz dort, allgemeingültige Prinzipien und Normen hier – mehr braucht man eigentlich nicht zu wissen. Aus einem altbekannten Anti-Parteienaffekt und einem offenkundig geringen Zutrauen in demokratische Entscheidungsprozesse zimmert sich eine Disziplin die Legitimation ihrer kühnen Aneignungsbewegungen.

Deren jeweilige *landmark decisions* sind hinlänglich bekannt – von »Marbury v. Madison« (1803) über die Erfindung von Direktwirkung und Suprematie des europäischen Rechts durch den EuGH in »Van Gend & Loos« (1963) und »Costa/Enel« (1964) bis hin zum ungarischen Verfassungsgericht unter seinem mit besonderem Sendungsbewusstsein ausgestatteten Vorsitzenden, der in den 1990er Jahren eine ›unsichtbare Verfassung‹ imaginiert, die er dann eifrig auszulegen beginnt, womit sich das Verfassungsgericht faktisch in einen »indirekten Verfassungsgeber« (Müller 2013c, S. 17) und konstitutionellen ›Ersatzvisionär‹[28] verwandelt. Das israelische Oberste Gericht stellt nach der Verabschiedung von zwei Grundgesetzkapiteln in den frühen 1990er Jahren fest, Israel habe zwar keine Verfassung, der Gerichtshof aber sehr wohl ein Recht auf Verfassungsüberprüfung von Parlamentsgesetzen – eine *constitutional revolution* in einem Land, das sich bei der Staatsgründung eher an einem Modell der Parlamentssouveränität nach britischem Vorbild orientiert hatte.[29] In den Augen ihrer Proponenten war das natürlich keine ›Revolution‹, sondern eine ›Evolution‹ (vgl. Meier 2023a), wohingegen der Versuch der Rückabwicklung dieser Verlagerung der Macht vom Parlament zum Gericht durch die rechtsreligiöse Koalition unter Benjamin Netanjahu sich als ›Putsch‹ qualifiziere.

Erst einmal installiert und etabliert, sichern die Verfassungsgerichte sich dann ihre weitgehenden Kontrollkompetenzen selbst. Es folgen regelmäßig große Zuständigkeitsausweitungen; keine Frage, die nicht in ihren Entscheidungsbereich fallen würde. Der ehemalige Vorsitzende des israelischen Obersten Gerichts, Aharon Barak, erklärt: »[N]ichts entzieht sich der richterlichen Kontrolle; die Welt ist voller Gesetze; alles und jedes ist justiziabel.« (Zit. n. Hirschl 2008, S. 95) Der ehemalige Vorsitzende des Europäischen Gerichtshofs Vasilios Skouris ließ die Öffentlichkeit wissen, dass tatsächlich »kein Lebensbereich« existiere, der nicht von den als Beschränkungsverboten interpretierten Grundfreiheiten der Europäischen Verträgen tangiert sei, die Zuständigkeit des EuGH also tatsächlich eine Allzuständigkeit ist.[30] Ihre *political question doctrine*, das heißt eine vom Gericht selbst entwickelte Lehre, welche Fragen nicht juristisch, sondern nur politisch zu entscheiden seien, lautet für diese Gerichte also: Solche Fragen gibt es für uns nicht (für den EuGH siehe Klenk 2020).

Das alles sind Konsequenzen des großen Konstitutionalisierungsschubs der 1990er Jahre, und diese Entwicklungen tragen zu dem bei, was uns dann als ›liberale Demokratie‹ entgegentritt – als Verrechtlichung, die die Reichweiten demokratischer Teilhabe mit Gründen begrenzt und die Möglichkeiten des Elektorats, auf gesellschaftliche Zukünfte Einfluss zu nehmen, auf überwachte Bahnen lenkt. In immer weiteren Schichten der Konkretisierung arbeiten die Verfassungsgerichte schließlich aus »ganz allgemeinen Vorgaben« und selbsterklärten Zuständigkeiten weitere und immer kleinteiligere Folgerungen heraus, »aus denen dann wiederum weitere und noch konkretere Folgerungen abgeleitet werden« (Volkmann 2023, S. 6).[31] So programmiert zunehmend das Recht die Politik und nicht mehr die Politik das Recht. Politisch per Verfassungsänderung oder deren Androhung gegenzusteuern fällt dabei angesichts eines zunehmend fragmentierten Parteiensystems immer schwerer – eine Fragmentierung, die nicht zuletzt auch dem Bedeutungsverlust des Politischen aufgrund der Dominanz des Rechtlichen (insbesondere in Form richterlicher Rechtsfortbildung) geschuldet sein dürfte (siehe unten Appendix II). So gilt nun in wachsendem Maße auch auf nationaler Ebene, was für die Europäische Union schon seit Längerem gilt: »Das Recht wird durch die Konstitutionalisierung vor der Politik geschützt und gegen demokratische Gestaltung immunisiert.« (Moulin-Doos 2017, S. 308) Die Frage mag ungewöhnlich erscheinen, aber sie drängt sich auf: Wer schützt eigentlich die Politik vor dem Recht?

2.3 *Konstitutionalisierung: In wessen Interesse liegt sie, etwa in dem ›der‹ Demokratie?*

Konzepte messen diejenigen Dimensionen, die sie zuvor als zentral definiert haben. 1956 veröffentlichte Walter B. Gallie seinen bis heute einflussreichen und immer wieder zitierten Aufsatz über *essentially contested concepts* (Gallie 1956). Der Philosoph wollte zeigen, dass bestimmte Konzepte – etwa ›Kunst‹, ›Demokratie‹, ›soziale Gerechtigkeit‹ – aufgrund ihrer Eigenschaften selber (Komplexität, Wertebezug, historische Offenheit etc.) niemals aufhören werden, umstritten zu sein, so dass jede Hoffnung illusorisch bleiben muss, irgendwann einmal, wenn man nur lange und systematisch genug nachgedacht und miteinander geredet hätte, zu einer konsensfähigen Klärung ihrer Bedeutungsgehalte zu kommen. (Das trifft dann aber nicht weniger für die Messung von Demokratie zu. Wenn das, was wir unter Demokratie verstehen, grundsätzlich kontrovers bleiben muss, nie konsensuell werden kann, gilt das gleichermaßen für ihre Messung. Insofern müssen auch alle Vorstellungen, zu *dem* einen, richtigen, angemessenen Verständnis der Demokratie und damit auch zu ihrer *einen richtigen* Messung zu gelangen, illusorisch bleiben.)

Beim Wiederlesen des Aufsatzes verwundert, dass Gallie in Bezug auf die ›Demokratie‹, die er als eines seiner Beispiele für ein ›grundsätzlich umstrittenes Konzept‹ anführt, unter den Gründen, warum Vorstellungen von ihr immer *contested* bleiben werden, den vielleicht zentralsten nicht anführt: nämlich *political contestation*, das heißt *contestation for power*, den Wettkampf um politische Macht. Dabei ist schnell einsichtig, warum unterschiedlichen Sprecherpositionen unterschiedliche Vorstellungen von Demokratie plausibel werden. Die Mehrheit interpretiert – Überraschung – Demokratie eher ›majoritär‹. Die Minderheit betont hingegen *checks and balances*, den Minderheitenschutz und die Gefahr einer Tyrannei der – Überraschung – Mehrheit (Bryan 2023).[32]

Die Mehrheit möchte durchregieren, die Minderheit möchte das Durchregieren der Mehrheit unbedingt verhindern. Die einen sagen Demokratie und meinen Volkssouveränität, die anderen sagen Demokratie und meinen Gewaltenteilung. Neuerdings behaupten die, die Gewaltenteilung sagen, auch, dass Volkssouveränität alleine ja noch keine wirkliche Demokratie ausmache, sondern, ganz im Gegenteil, sogar eine ständige Gefährdung ›der‹ Demokratie darstelle (Müller 2019, 2021). Demokratietheoretisch erscheinen die Argumente für starke justizielle Beschränkungen des Mehrheitswillens bei näherer Betrachtung jedoch recht unbedarft (Bellamy 2007; Gargarella 2003; Maravall/Przeworski 2003; Waldron 2016c, 2016a, 2016b). Was begründet eigentlich die Vorstellung, man müsse politische Mehrheiten nur mit möglichst vielen Institutionen um- und zustellen, und schon würden sich Interessenausgleich, Harmonie, Fairness und Stabilität wie von selbst ergeben? Aber dass jeder ein Interesse hat, *seine* spezifische Vorstellung von Demokratie zu *der* Vorstellung von Demokratie zu machen, ist ja gerade der zentrale Grund für die prinzipielle Umstrittenheit des Konzepts – siehe oben.

Tatsächlich erscheinen die einschlägigen Diskussionen geprägt von einer ermüdenden Vorhersehbarkeit bei gleichzeitig überraschend hoher Bereitschaft zur argumentativen Inkonsistenz – etwa was die Rolle von Verfassungsgerichten anbetrifft. Aus einer politisch progressiven Position heraus befürwortet man Roosevelts Drohung mit der Ernennung zusätzlicher Richter (*court packing*) gegenüber dem marktliberalen Anti-New-Deal-Supreme-Court, applaudiert »Roe v. Wade«, auf welch unsägliche Art und Weise das Gericht auch immer seine Entscheidung begründet haben mag, entdeckt aber just ab dem Moment die demokratietheoretische Problematik weitreichender richterlicher Normenkontrolle, wenn konservative Richter die Mehrheit im Höchsten Gericht stellen. Oder wie Ran Hirschl für den israelischen Fall festhält:

> Die israelische Mapai-Partei (Arbeitspartei) und ihre überwiegend aschkenasischen Wähler aus dem säkularen Establishment lehnten jahrzehntelang richterliche Normenkontrolle ab, befürworteten jedoch die Oberhoheit der Verfassung, just als sich das elektorale Gleichgewicht im Land zu ihren Ungunsten verschob. (Hirschl 2010, S. 68)

Solange die Arbeitspartei die Geschicke des Landes exklusiv bestimmen konnte, behandelte sie die Frage nach einer Verfassung dilatorisch. Angesichts des Aufstiegs von Likud entdeckte sie dann, wie unerlässlich in einer Demokratie doch eigentlich eine verfassungsrechtliche Einhegung des Mehrheitswillens ist. Was heute, im Kontext der notorischen israelischen ›Justizreform‹, zur bemerkenswerten Pointe führt, dass Netanjahus rechtsreligiöse Koalition mit der einfachen Mehrheit in der 120-Sitze-Knesset ein neues ›Grundgesetzkapitel‹ verabschieden will, das es erlaubt, Beschlüsse des Obersten Gerichts mit einfacher parlamentarischer Mehrheit zu überstimmen, und das Oberste Gericht daraufhin ankündigt, dieses neue Grundgesetzkapitel auf der Basis eines in den 1990er Jahren mit einfacher Mehrheit verabschiedeten anderen Grundgesetzeskapitels für nichtig erklären zu wollen.[33] Aber der ›Skandal‹, den die Möglichkeit zum parlamentarischen *override* eines Verfassungsgerichtsurteils angeblich darstellt, ist nichts anderes als die Konsequenz der historischen Weigerung der Arbeitspartei, so etwas wie eine Verfassung anders als in jeweils einzelnen Grundrechtskapiteln mit einfacher Knesset-Mehrheit zu verabschieden.[34] Oder: Deutsche Europarechtler und die EU-Kommission fordern nach dem PSPP-Urteil des Bundesverfassungsgerichts, Berlin möge Karlsruhe ›auf Linie‹ bringen, weil ja ein gegenüber einer integrationseuphorischen Bundesregierung unabhängiges Gericht ein von einer integrationsskeptischen Regierung mittlerweile abhängiges polnisches oder ungarisches Verfassungsgericht auf dumme Gedanken bringen könnte (Mayer 2020).[35] Tod der Gewaltenteilung im Namen eines heroischen politischen Kampfes gegen eine getötete Gewaltenteilung!

In einer majoritären Lesart muss der Rechtsstaat aber gar nicht einer Mehrheit dauernd von außen aufgezwungen werden – was ohnehin machtpolitisch wenig ›nachhaltig‹ wäre. Die rechtliche Selbstbindung liegt in der Demokratie eigentlich im Eigeninteresse der Mehrheit. In der Demokratie ist jede politische Mehrheit (Minderheit) nur eine Mehrheit (Minderheit) auf Zeit, und Selbstbeschränkung derjenigen, die momentan an der Macht sind, kann man als eine Versicherung für die Zeit verstehen, wenn sie es einmal nicht mehr sind (Bellamy 2007). Das ist die *insurance theory of judicial independence*, es geht um die Verringerung politischer Unsicherheit. Nebenbei bemerkt: Erst dann, wenn *Entscheidungs*mehrheiten dauerhaft mit *gesellschaftlichen* Mehrheiten übereinstimmen, fangen Argumente für die starke verfassungsrechtliche Einhegung des Mehrheitswillens an, überzeugen zu können (Waldron 2016a). Das galt in den USA lange Zeit für das Problem des Rassismus und gilt heute sicherlich für das Verhältnis zwischen jüdischen und arabischen Israelis – ist aber ansonsten weitaus seltener, als die Rede von der Tyrannei der Mehrheit suggeriert.

Rechtsstaatlichkeit in Demokratien ist, wenn sie stabil ist, politisch *endogen* stabil: »Rechtsstaatlichkeit ist nur dann gewährleistet [...], wenn das Recht das bevorzugte Instrument der Mächtigen ist.« (Maravall/Przeworski 2003, S. 3, S. 15) Das Argument von der endogenen Stabilität ist allein schon deswegen ernst zu nehmen, weil eines ihrer exogenen Stabilität schwer zu machen ist, will man nicht auf diffuse Konzepte demokratischer Werte abheben (Möllers 2022), die mal internalisiert, mal nicht internalisiert sind – und wenn sie es nicht sind, durch Staatsbürgerkunde, Erinnerungsorte der Demokratie und präsidiale Erbauungsreden, also in der Hoffnung auf zivilreligiöse Fundierung durch

Selbstergriffenheit, in die Leute hineingetrichtert werden müssen. Aber wie sollte in unseren positivistischen Zeiten das Rechtliche nicht im Schatten des Politischen stehen? Schließlich wird *als Voraussetzung* für die Folgebereitschaft der Politik gegenüber Verfassungsgerichten eine demokratische Kultur des Respekts gegenüber dem Eigenwert und der Eigenwürde des Rechts genannt. Doch wenn es diese Kultur gibt, braucht man Verfassungsgerichte nicht – und wenn es sie nicht gibt, nutzen sie nichts. Die Populisten stehen im Ruf, Feinde einer starken rechtlichen Einhegung des Mehrheitswillens zu sein, sie sind skeptisch gegenüber der Vorstellung, das Rechtliche sei etwas Unpolitisches, Neutrales, das der Politik ganz unschuldig, wie von außen gegenübertrete.[36] Viele halten das für skandalös. Mark Tushnet und Bojan Bugarič merken jedoch in einem neueren Aufsatz über Populismus und Konstitutionalismus an: »Uns scheint es überlegenswert, ob die Populisten nicht ein besseres Verständnis des Rechts als solchem haben als ihre Kritiker, nämlich als etwas letztendlich immer Instrumentelles.« (Tushnet/Bugarič 2021, S. 7)

Dabei zeigen politische Öffentlichkeiten üblicherweise eine hohe Sensibilität gegenüber Versuchen der Regeländerung, wenn Verfassungen tatsächlich ›nur‹ die Spielregeln des demokratischen Wettbewerbs festlegen. Entsprechende Versuche gelten als Hinweise darauf, dass hier womöglich jemand demokratische Machtwechsel unwahrscheinlicher machen möchte. Das aber wäre in der Demokratie eine Entmachtung des Demos, und das können auch die nicht wollen, die sich zur momentanen Mehrheit rechnen. Denn sie wissen, dass andere Zeiten andere Antworten erfordern werden und dass ihre zukünftigen Präferenzen sich von ihren gegenwärtigen womöglich unterscheiden. Dafür möchte man die Möglichkeit dann immerhin doch offenhalten. Warum also sollte ich mein zukünftiges Ich entmündigen, warum sollte sich mein zukünftiges Ich freiwillig in die Gefangenschaft meines jetzigen begeben? Das dürfte auch der durchschnittlichen ungarischen Fidesz-Wählerin, dem durchschnittlichen türkischen AKP-Wähler nicht unbedingt einsichtig zu machen sein.

Im Hinblick auf den Umstand, dass der Angriff auf das israelische Verfassungsgericht im Land heute eine andere öffentliche Reaktion hervorruft als die Entmachtung des ungarischen und polnischen Verfassungsgerichts 2010ff. und 2015ff., braucht man dann nicht über die unterschiedliche demokratische ›Reife‹ von Öffentlichkeiten zu spekulieren – da es doch auch daran liegen könnte, dass die in den 1990er Jahren extrem aktivistischen, eine eigene Agenda verfolgenden Verfassungsgerichte Ungarns und Polens einfach sehr viel weniger glaubwürdig als ehrliche Hüter demokratischer Spielregeln auftreten konnten. So oder so zeigt aber das israelische Beispiel, dass, wenn überhaupt, die Demokratie den Rechtsstaat rettet und nicht etwa umgekehrt.[37] Deutlich wird zudem, wie sehr der Vorwurf in die Irre führt, das Konzept der ›elektoralen Demokratie‹ sei »theoretisch wie normativ anspruchslos« (Merkel 2004a, S. 7). Die Norm erklärt bekanntlich nichts, sie kann sich nicht selbst anwenden. Politisch hingegen lässt sich sowohl die Norm als auch ihre Geltung (oder Nicht-Geltung), ihre Anwendung oder Nicht-Anwendung verstehen.[38]

Die *insurance theory of judicial independence* verbleibt jedoch innerhalb der Logik regelmäßiger demokratischer Machtwechsel, und es wäre damit noch nicht geklärt, was eigentlich den ganz außerordentlichen weltweiten Konstitutionalisierungsschub (Ginsburg 2009; Ginsburg/Versteeg 2014; Tate/Valänder 1995) seit den 1990er Jahren erklärt, also die langfristige und ganz grundsätzliche Verschiebung zwischen dem Majoritären und dem Nicht-Majoritären, die damit vollzogen wurde – eine Entwicklung, die man mit guten Gründen für die gegenwärtige politische Unruhe zumindest mitverantwortlich machen kann. Eine naheliegende Erklärung fällt aus: Wenn Rechtsstaatlichkeit wesentlich als Resultante eines funktionierenden Parteienwettbewerbs zu verstehen ist, könnten theoretisch aktuelle Defizite des Parteienwettbewerbs eventuell ihre Krise erklären. Aber durch Wahlen induzierte Machtwechsel sind seit 1980 nicht seltener geworden, eher im Gegenteil (Little/Meng 2023) – obwohl ein solcher Rückgang laut den Autokratisierungsdiagnostikern längst zu beobachten sein müsste.

Schon an dieser Stelle der Überlegungen lassen sich zwei weitere Einsichten im Hinblick auf aktuelle Diskussionen über die Krise der Demokratie formulieren: Erstens, Skepsis ist angebracht, wenn immer wieder einmal behauptet wird, es ginge um die Verteidigung *der* Demokratie gegen ihre neuen Feinde. Grundsätzlich wäre immer zu fragen: um *welche* bzw. um *wessen* Demokratie? Und zweitens: Die *langfristigen* Verschiebungen hin zu möglichst umfassenden institutionellen Beschränkungen des Mehrheitswillens unter der Grobzuschreibung und dem Passepartout ›liberale Demokratie‹ scheinen von grundlegenderen Verschiebungen im politisch-sozialen Gleichgewicht von Gesellschaften zu zeugen.

Es müsste also tatsächlich darum gehen, danach zu fragen, was sich längerfristig (und nicht nur im üblichen demokratischen Wechsel zwischen Regierung und Opposition) verschoben hat, also darum, eine Politische Ökonomie der liberalen Demokratie, in gewisser Weise als Komplement zu einer Politischen Ökonomie des Populismus (Manow 2019), zu entwickeln – auf die richtige und wichtige Anregung reagierend, sich nicht nur permanent mit den neuen, echten oder eingebildeten Verlierern zu beschäftigen, sondern auch mit den Gewinnern, also den neuen Mittelklassen und ihrem Politikverständnis, aus dem heraus die neuen Zeitdiagnosen von den Selbstgefährdungen der elektoralen Demokratie sich überhaupt erst verstehen lassen (Nickel 2023). Es scheint aussichtsreicher und ergiebiger, sich mit den Prozessen gegenwärtiger politischer Normensetzung, Normierung, Normalitätsdefinition, mit den Normalitätsdefinierern zu befassen als mit denen, die durch sie als Abweichler konstituiert werden, weil die obsessive Beschäftigung mit Letzteren, die die Sozialwissenschaften seit nun fast zwanzig Jahren praktiziert, ja doch immer nur die vorherrschenden Abgrenzungen zertifiziert (siehe unten Abschnitt 4).

Auf der Ebene der Messung von Demokratie ergeben sich mindestens zwei mögliche Schlussfolgerungen aus dem Befund, hier handele es sich um ein *essentially contested concept*. Nämlich erstens, dass Demokratie grundsätzlich nicht messbar ist und man es daher lassen sollte. Oder zweitens, die *Anything-goes*-Haltung, dass jeder sie gerade so messen mag, wie es ihm oder ihr gefällt. Aber beide Schlussfolgerungen sind nicht zwingend, solange uns klar bleibt, auf welcher Art von Verkürzungen und ideologischen Problemen die jeweiligen Messungen und damit Konzeptualisierungen von Demokratie jeweils beruhen.

Dann zeigt sich allerdings auch, wie sehr die Krisendiagnosen von den Demokratiekonzeptionen abhängen, die ihnen zugrunde liegen. Im Vergleich der Konzepte und ihrer Diagnosen bleiben wir mit widersprüchlichen Befunden konfrontiert. Auf der einen Seite, sehr dominant, die durchaus dramatischen Einschätzungen. Die Autokratie ist auf dem Vormarsch, die Demokratie auf dem Rückmarsch: *democratic backsliding*, »demokratische Regression« (Diamond 2020; Schäfer/Zürn 2021), »democracy in retreat« (Freedom House 2019), »die belagerte Demokratie« (Freedom House 2021), »autocratization surges« (Lührmann et al. 2020), »die Autokratie geht viral« (Alizada et al. 2021). Und so weiter und so fort. Einer vorherrschenden Präsentations- und Aufmerksamkeitslogik gehorchend, veröffentlichen die betreffenden Stiftungen und Organisationen die Ergebnisse ihrer jährlichen Demokratie-Monitorings, berichten daraufhin die Medien, dass nun Land x auf dem Demokratie-Index xy um soundso viel Rangplätze zurückgefallen sei und sich die Zahl der liberalen Demokratien um z verringert habe, und beginnt eine öffentliche Diskussion, warum das wohl so ist und was man bloß dagegen tun könne.

Auf der anderen Seite eine Reihe von Befunden, die sich diesem Bild nicht so recht fügen wollen: Der Anteil der Bevölkerung, der an Verschwörungstheorien glaubt, hat sich über die letzten Jahrzehnte nicht signifikant vergrößert, sondern ist eher leicht gesunken (Uscinski et al. 2022). Die Zahl der Putsche, also gewaltsamer, vom Militär initiierter Umstürze von Regierungen, ist seit 1990 dramatisch zurückgegangen (Derpanopoulos et al. 2016), und sehr viel häufiger als früher handelt es sich nun nicht um *bad coups*, sondern um *good coups*, nicht um gegen die Demokratie gerichtete Umstürze, sondern um Umstürze mit Demokratisierungsabsichten und -folgen. Gemessen an der seit den 1970er Jahren *enormen Aufwertung von Gerichten*, die immer häufiger in politischen Fragen entscheiden dürfen (Elkins/Ginsburg 2022), ist die Unabhängigkeit der Justiz gar nicht zurückgegangen, ist sie gar nicht verstärkt unter politischen Beschuss geraten. Wenn man den Anteil der Wahlen betrachtet, die zu einem Machtwechsel führen, so ist dieser, wie angemerkt, nicht zurückgegangen, anders, als es die These vom Aufstieg der Autokratien und dem Abstieg der Demokratien prognostiziert (Little/Meng 2023), und eben auch anders, als es die in der betreffenden Literatur vorherrschenden Behauptungen von den subtilen, schleichenden Techniken der Unterminierung demokratischer Mechanismen der Kontrolle und Verantwortlichkeit nahelegen. Stattdessen finden wir immer mehr Hinweise, dass die sich auf die angeblich harte Empirie der Demokratiemessung stützenden

Krisendiagnosen – zumindest in erheblichen Teilen – auf stark subjektiv geprägten Indikatoren basieren, so dass wir mit einem perfekten Zirkel aus Wahrnehmung und Messung konfrontiert sind: Das allgemeine Dafürhalten einer Krise informiert die Messung dieser Krise, die dann das allgemeine Dafürhalten zu objektivieren scheint (ebd). Die über Expertensurveys vermessene Demokratie spiegelt dann zuletzt nur noch das, was diese Experten in ihrer großen Mehrheit über die Demokratie zu wissen glauben – und das bleibt keineswegs unberührt von dem globalen Alarmismus der aktuellen Demokratiedebatten. Schaut man auf die Gesamtzahl der Episoden von Populisten an der Macht, und nicht nur selektiv auf die dramatischen Fälle mit einem wirklichen Zusammenbruch der demokratischen Ordnung, dann ergibt sich keineswegs das Bild einer sehr hohen Fragilität der Demokratie, sondern das ihrer erheblichen Widerstandsfähigkeit gegenüber der populistischen Bedrohung (Weyland 2024b, 2024a). Autokratisierung gelingt nur unter sehr speziellen Bedingungen.

Und weiter: Das Vertrauen in die Demokratie ist in Europa so hoch wie nie und nimmt keineswegs, wie behauptet (Mounk 2018), unter den jüngeren Generationen dramatisch ab (Wuttke et al. 2022). Generell scheint Demokratie als Wert global weiterhin unumstritten, es gibt weltweit keine ernsthafte normative Alternative zum Prinzip kollektiver Selbstbestimmung – in diesem Sinne vom Ende der Geschichte zu sprechen, ist also nicht völlig falsch. Und wenn es tatsächlich einen globalen Rückgang *der Zufriedenheit* mit der aktuellen Leistungsfähigkeit der Demokratie gibt, nicht in der generellen Zustimmung zu ihr als normativ gerechtfertigter Herrschaftsform, ist das in Zeiten der Polykrise vielleicht nicht so verwunderlich (Foa et al. 2020).

2.4 Known & Knowers: *Wenn die Objekte der Beschreibung sich zu ihren Subjekten machen*

The known may overpower the knowers.
Hacking 1995, S. 360

Schließlich wirken, mit einer weiteren Schlaufe, einem weiteren Loop zwischen institutionellem Kontext, politischen Konflikten und (politik)wissenschaftlichen Konzepten, die Konzepte zurück auf das, was sie zu beobachten meinen. Und dies nicht nur im Sinne von Wahrnehmung, sondern im Sinne des tatsächlichen Handelns der Akteure – das wir dann wiederum wahrnehmen, und zwar zunehmend als krisenhaft wahrnehmen, also potenziell als Konfliktverschärfung. Auch in diesem Sinne schafft sich die liberale Demokratie ihre Gegner und bestätigt sich die These von der Krise der Demokratie selbst. Bezüglich der zwei Seiten unserer Konzeptionen, ihres Bedingt/Bedingenden – ›Wie wir Demokratie verstehen, wird von Demokratie beeinflusst‹, und: ›Wie wir Demokratie verstehen, beeinflusst Demokratie‹ –, geht es nun um diesen zweiten Zusammenhang, also nicht um den Einbruch der Zeit in unsere Begriffe, sondern um den Einbruch unserer Begriffe in die Zeit, in das politische Spiel, das durch diese Begriffe konstituiert und anscheinend auch bestätigt wird.

Zunächst gilt: Wenn wir festlegen, was eine Demokratie von einer Nicht-Demokratie unterscheidet, sortieren wir in diesem Schema immer auch nach Demokraten und Nicht-Demokraten. Aus politischen Konflikten über konkrete Institutionen werden fundamentalere Auseinandersetzungen über *die* Demokratie, die die nicht unberührt lassen können, die sich in diesem Konflikt auf der einen oder der anderen Seite wiederfinden. Unsere konzeptionellen Unterscheidungen, unvermeidlich wertebeladen, wie sie sind, haben also direkte Konsequenzen, wenn sie einen für unsere Gesellschaften zentralen politischen Wert dem einen zu- und dem anderen absprechen (Manow 2020). Unsere Ontologien sind immer politisch, aber sie sind es ganz besonders und mit ganz besonderen Konsequenzen, wenn sie Ontologien des Politischen sind. Denn diese nehmen Zuschreibungen vor, die den politischen Akteuren nicht gleichgültig sein können, von ihnen nicht nicht aufgegriffen werden können. Konzeptformation und Gegenstandskonstitution verweisen aufeinander, nur können hier die ›Gegenstände‹ gegen die Konzepte Einwände erheben – die »Verfahren des Benennens« interagieren »mit den benannten Dingen« (Hacking 2006a [2002], S. 9), oder umgekehrt, die Benannten mit den Verfahren, wenn sie beispielsweise die ihnen zugewiesene Rolle subversiv interpretieren.

Unsere Unterscheidungen markieren somit das politische Feld und orientieren dadurch den politischen Konflikt. Man muss sich zu ihnen verhalten. Akteure nutzen sie in ihren Auseinandersetzungen, das heißt, sie werden unmittelbar in die politische Arena zurückgespeist, die Kategorien werden von den so Kategorisierten angeeignet, ob affirmativ oder ablehnend. Die Objekte der Beschreibung machen sich zu ihren Subjekten – *the known and the knowers*. Demokratie bleibt auch deshalb ein grundsätzlich umstrittenes Konzept, weil das Konzept selber immer sofort Gegenstand der *political contestation* wird (Gallie 1956; Saar 2019).

Damit verlieren unsere Kategorien aber ihre Unschuld. Wir können sie nicht mehr als bloße Beobachtungskategorien führen. Das zeigt sich in der gegenwärtigen Debatte um die populistische Bedrohung der Demokratie. In ihr kommt – wie unvollständig auch immer – ein unterschwelliges Bewusstsein davon zum Ausdruck, dass die politikwissenschaftliche Beobachtung des Politischen doch nicht außerhalb des Politischen verbleibt, verbleiben kann. Abzulesen ist das beispielsweise an der Verwunderung über das Ausbleiben eines läuternden Effekts der Kritik, wenn stattdessen sogar schon in den 1990ern der Eindruck herrschte: »Der Populismus scheint umso stärker zu werden, je mehr Intellektuelle ihn kritisieren.« (Taguieff 1995, S. 43) Oder an der Verblüffung darüber, dass die Wahl Donald Trumps »entgegen der Meinung und der expliziten Empfehlung von Leitmedien wie der New York Times, der Washington Post und der liberalen und intellektuellen Eliten erfolgte« (Rosa 2021, S. 253). Obwohl diese Einlassungen in erster Linie etwas über die Selbstwahrnehmung eines bestimmten Milieus aussagen, statt etwas über diejenigen, die dessen – natürlich immer nur gut gemeinten – Warnungen offensichtlich in den Wind geschlagen haben, kennzeichnen sie doch einen Diskurs. Dass jemand womöglich gerade deshalb gewählt wird, *weil* liberale und intellektuelle Eliten vor ihm warnen, will diesen Eliten nicht so recht in den Sinn (vielleicht, weil man dann realisieren müsste, dass man Partei in einem Konflikt ist und ihn nicht wie unbeteiligt protokollieren und zugleich über ihn zu Gericht sitzen kann?).

Hier interessiert nun allerdings nicht so sehr die zum Ausdruck kommende politische Naivität, sondern das wie unzulänglich auch immer entwickelte Bewusstsein von der Involviertheit des Beobachters in das von ihm Beobachtete, wenngleich es im Regelfall ohne methodische Reflexion über die Folgen für die eigene Position innerhalb eines virulenten gesellschaftlichen Konflikts bleibt. Reflexionen darüber, warum sozialwissenschaftliche Observation und soziale Intervention anscheinend so schwer zu trennen sind und was das eigentlich für den Status sozialwissenschaftlicher Beobachtung bedeutet, bleiben aus.

Bezüglich impliziter Interventionsabsichten oder -ansprüche dessen, was doch als reine Analyse erscheinen will, scheint es ähnlich gelagert, wenn Cas Mudde schreibt: »Erklärungen des und Reaktionen auf den gegenwärtigen populistischen Zeitgeist weisen schwerwiegende Mängel auf und könnten ihn eher stärken als schwächen« (Mudde 2004, S. 542). Sind schwache Erklärungen des Populismus solche, die ihn nicht schwächen? Die Kritik am Populismus, die in der schroffen, antagonistischen Entgegensetzung von reinem Volk und korrupter Elite sein eigentliches Wesensmerkmal ausgemacht haben will, zeigt sich immer mehr als Ausdruck der Elitenenttäuschung über das uneinsichtige Volk. Nach der Brexit-Entscheidung titelt die Wochenzeitung *Die Zeit*: »Was tun, wenn die Falschen gewinnen?«[39] Was tun, wenn die Populisten »aus Unverständnis und Unzufriedenheit [...] vieles zum Einsturz [...] bringen, was über Jahrzehnte an Gutem und Bewahrenswertem aufgebaut wurde« (Di Lorenzo 2016)? Den Rat, man könne ja noch juristisch korrigieren, was hier elektoral aus den Gleisen gesprungen ist, denn das Referendum sei schließlich »lediglich eine Befragung, sein Ergebnis bindet die Regierung nicht« (Bittner 2016), wird man als symptomatisch verstehen müssen. Auf dem Weg zur nachträglichen Korrektur des großen Kollektiv-Irrtums hält die Redaktion einen weiteren guten Rat parat: Dem britischen Volk müsse eine »Gelegenheit zur tätigen Reue« gegeben werden (ebd.).

Die Ablehnung und Abwendung von dem, was zuvor für allgemein vernünftig erklärt worden ist (›das Gute und Bewahrenswerte‹) auf der Basis eines immer implizit gehaltenen Gruppen-Wir, typisiert dann diejenigen, die sich dem ›Konsens‹ verweigern – im Rahmen einer neuen Praxis des Leute-Erfindens, nun spezifisch der politischen, nicht mehr allgemein sozialer Devianz: ›Populisten‹, ›Wutbürger‹, ›Aluhüte‹, ›Querdenker‹, ›Corona-‹ oder ›Klimaleugner‹, ›Schwurbler‹, ›Putinversteher‹, ›Brexiteers‹, ›flat-earther‹ ... – Typisierungen, die mit zunehmender räumlicher und sozialer Distanz pauschaler, und moralische Urteile, die mit zunehmender räumlicher und sozialer Distanz unversöhnlicher werden. Die neuen politischen Devianzfiguren sind aber immer auch Produkte der Projektion, weil mit der Berufung auf die absoluten Instanzen von Recht und wissenschaftlicher Wahrheit (oder auch der Vernunft des öffentlichen Diskurses, dem ja ebenfalls eine ›epistemische Funktion‹ zugeschrieben wird)[40] eine abweichende Position nur mehr per Exotisierung zu erklären ist: Vernunft als »Phänomen, dessen schiere Existenz ihr Gegenteil verlangt« (Hacking 2006c [1981], S. 91). In allen diesen Stellungnahmen formuliert sich aber durchgehend eine Frontstellung zum Phänomen.[41] Das scheint die Prämisse einer ganzen Literatur zu sein, die überwiegend Selbstverständnis- und Selbstvergewisserungsliteratur ist. Die jeweils ›implizite Leserin‹ als Gesamtheit unterstellter Vororientierungen muss man sich als Mitglied jener erweiterten akademischen Welt vorstellen, aus der heraus und in die hinein diese Beiträge geschrieben werden.

Ersichtlich wird, dass auch für die Populismusdebatte gilt, was für die Sozialwissenschaften generell zutrifft: Ihr Versprechen von Erklärung und Kausalität ist zugleich ein Versprechen von Intervention und sozialer Reparatur, von Fortschritt und besserer Zukunft:[42] »Je unbefriedigter der Status quo mit sich selbst ist, desto grösser ist die Nachfrage nach sozialwissenschaftlichen Forschungen und umso mehr verlässt man sich auf die Gültigkeit ihrer Ergebnisse.« (Hacking 2012 [1995], S. 39) Die aktuelle Populismus- und Demokratiekrisenforschung ist Forschung über politische Devianz. Ihre Leitfrage lautet, wenn man es etwas zuspitzen und unvermittelt formulieren will: Was ist nur mit den Leuten los? Damit zertifiziert sie stets nur die vorherrschenden Unterscheidungen und Normalitätsannahmen – und vollzieht die vorherrschende Ratlosigkeit darüber nach, warum nur die Kategorisierten sich den Kategorien partout nicht fügen wollen. Sie hat somit neben jeder Erkenntnisfunktion offenkundig eine soziale, integrative – die Gesellschaft will sich mit ihrer Hilfe noch einmal ihrer selbst versichern. Forschung über den ›gesellschaftlichen Zusammenhalt‹ zeigt sich als vergeblicher Versuch, ihn wiederherzustellen – ist dann aber von der eigenen Politisierung ganz überrascht. Dass in einer solchen Konstellation »the known may overpower the knowers« (Hacking 1995, S. 360), oder auch nur: *the known may oppose the knowers*, braucht einen nicht zu wundern – wird ja aber immer nur als Wissenschaftsfeindlichkeit gedeutet und reichert lediglich das Beschwerdeheft an.

Das Unbehagen darüber, dass die Kritik wirkungslos bleibt, das von ihr Erklärte nicht zum Verschwinden zu bringen vermag oder sogar ihren eigenen Absichten entgegenwirkt, wird schließlich ergänzt durch das Bedauern, dass man nun offenkundig auch noch die Herrschaft über die Begriffe verloren hat: »Nachdem der Populismus den Händen des wissenschaftlichen Diskurses entglitten ist, gedeiht er nun im polemischen Raum, der von Politikern, Journalisten und Medienintellektuellen besetzt wird« (Taguieff 1995, S. 9) – in bezeichnender Kontrastierung, so als hätte der Populismusbegriff keinerlei polemische Konnotationen besessen, solange er nur kontrolliert im ganz der Sachlichkeit verpflichteten akademischen Diskurs zirkulierte. Die Empörung, die Orbáns Satz von der ›illiberalen Demokratie‹ auslöst, speist sich vornehmlich daraus, dass sich hier jemand eine zentrale Kategorie der Fremdbeobachtung aneignete und umwertete. Das Beispiel veranschaulicht, wie das *doing political things with words* sich nicht nur auf die politischen Akteure beschränkt, sondern die politischen Beobachter miteinschließt und wie beider Wortgebrauch im Wechselspiel steht.

Dabei scheint es niemand als sonderlich problematisch wahrzunehmen, wie sehr Beobachtungssprache und politische Sprache deckungsgleich geworden sind – es besteht anscheinend kein Bedürfnis mehr nach einer ›inkongruenten Perspektive‹ (Niklas Luhmann) der Sozialwissenschaften, mit deren Hilfe die Gesellschaft tatsächlich etwas über sich selber und die Genese ihrer Konflikte lernen könnte, was sie nicht bereits vorher wusste. In Gesellschaften, in denen mittlerweile mehr als die Hälfte der entsprechenden Alterskohorten eine Universität besucht, stoßen politische Identifikationsangebote im Gewande soziologischer Interpretationsangebote auf Nachfrage. Dabei gerät jedoch das, was mit dem Anspruch der Gesellschaftsanalyse auftritt, der neuen akademischen Mittelschicht oft nur zur Projektbeschreibung. Generell nimmt in der akademisierten Gesellschaft die Umlaufgeschwindigkeit sozialwissenschaftlicher Begriffe und Konzepte zu. Die Zeit, die vergeht, bis sie in ihrem Gegenstandsbereich auftauchen, wird immer kürzer, dabei aber auch der politische Rückschlag auf das, was unabhängige und neutrale sozialwissenschaftliche Beobachtung zu sein meint, häufiger und heftiger.

Die neue Messung der Demokratie ist – wie gesehen – informiert durch die Wahrnehmung der Politik und ihrer Konflikte. Die Wahrnehmung der Politik und ihr Verständnis der Konflikte ist dann wiederum informiert durch die neue Messung der Demokratie. Am

15. September 2022 hat das Europäische Parlament mit 433 Stimmen bei 123 Gegenstimmen und 28 Enthaltungen Ungarn zu einer ›elektoralen Autokratie‹ erklärt (Europäisches Parlament 2022). Man muss nicht die Politik der Fidesz-Regierung unkritisch sehen, um das Exemplarische des Vorgangs erkennen zu können. Denn unübersehbar sind die Anleihen bei der politikwissenschaftlichen Beobachtung politischer Systeme, wenn sich die europäischen Abgeordneten mit der Kategorie der ›elektoralen Autokratie‹ auf einen wenig bekannten Fachbegriff der Disziplin beziehen – damit zudem auf einen Begriff, der überhaupt erst vor Kurzem im Zuge der neueren Ausdifferenzierung politikwissenschaftlicher Regimetypologien in die Welt gekommen ist. Bei dieser Ausdifferenzierung ging es ja und geht es weiterhin vor allem darum, in Reaktion auf das populistische Phänomen und im Zusammenhang mit dessen vorherrschender Deutung als elektoraler Selbstgefährdung der Demokratie zwischen elektoralen und liberalen Demokratien unterscheiden zu können, was innerhalb dieser Vorstellung von gegenläufigen Demokratisierungs- oder Autokratisierungsdynamiken die Möglichkeit des Übergangs einer elektoralen Demokratie in eine elektorale Autokratie einschließen muss. Per Mehrheit hat das Europaparlament nun erklärt, Ungarn habe diesen Übergang vollzogen.

Der bemerkenswerte Vorgang, ein parlamentarischer Entscheid über den Demokratiestatus eines Mitgliedslandes, und in seiner Konsequenz ein gewähltes Parlament, das einen Teil seiner Mitglieder aus dem Kreis demokratisch legitimierter Abgeordneten ausschließt, wird in den zwei Registern des Rechts und der akademisch ermittelten ›objektivierten Wahrheit‹, also der Wissenschaft gefällt. Es ist vermutlich auch das Bewusstsein davon, dass es nicht zureicht, den Konflikt um den unbedingten Vorrang des Europarechts mit Berufung auf ebendieses Recht entscheiden zu wollen, das die umfangreichen Verweise auf alle erdenklichen Demokratie-Indizes motivierte, mit denen die Mehrheit der Abgeordneten ihre Entscheidung legitimieren will: vom Parlament aufgerufen werden der Varieties-of-Democracy-Index, die Freedom-House-Daten, der Demokratieindex der Economist Intelligence Unit,[43] der Rule-of-Law-Index, der Korruptionsindex von Transparency International oder der Press-Freedom-Index von Reporter ohne Grenzen. So wird die wissenschaftliche Beobachtung der Demokratie unmittelbar in sie rückgespeist.

3. Die Beobachtung der Demokratie II: Kontrolle & Konflikte

Eine weitere wichtige und mit dem Argument von der Zeitgebundenheit – und damit auch mit der konkreten Konfliktgeschichte – unserer Vorstellungen von Demokratie zusammenhängende Einsicht lautet: Eine Krise der liberalen Demokratie ist vielleicht wirklich eine Krise der *liberalen* Demokratie und nicht unbedingt eine Krise *der* Demokratie.

Historisierung, an diesen Punkt sei hier erinnert, öffnet den Blick dafür, dass ein neues Institutionensetting auch eine neuartige Akteurskonstellation und damit eine neue Konfliktlogik bedingt. Wenn ein zentraler Entwicklungsstrang in der Geschichte westlicher Demokratien in der zweiten Hälfte des 20. Jahrhunderts in ihrer ›Konstitutionalisierung‹ bestanden hat, manifest werdend insbesondere im Siegeszug unabhängiger Verfassungsgerichte mit *judicial review*, also dem Recht richterlicher ›Normenkontrolle‹ (Ginsburg 2009; Grimm 2021; Tate/Valänder 1995), dann verändert sich damit das Spiel um politische Macht und Herrschaft. Das böte zugleich eine Antwort auf die tiefe Verwunderung, wo denn plötzlich diese ganzen Gegner der liberalen Demokratie herkommen, weil das Argument die Möglichkeit eröffnet, dass sich die liberale Demokratie ihre Feinde selbst geschaffen hat: Populismus ist eine Krankheit, die durch ein neues (konstitutionelles)

Design der Demokratie hervorgerufen wird (siehe oben).

Eine solche Feststellung wäre mehr als eine Trivialität oder Tautologie (im Sinne von: ohne liberale Demokratie auch keine Gegner der liberalen Demokratie) und auch mehr als eine Täter-Opfer-Umkehr, insbesondere wenn man diese Aussage als eine akteurtheoretische versteht. Konkret: Ein Verfassungsgericht ist ein neuer politischer Akteur, und erst wenn es Verfassungsgerichte gibt, kann man darauf hinwirken, sie wieder abzuschaffen. Und erst, wenn sie ihre *Judicial-review*-Machtfülle dazu nutzen, politische Mehrheiten kontinuierlich zu konterkarieren, gibt es auch politische Anreize, genau das zu tun, also ihre Macht einzugrenzen, sie unter Kontrolle zu bekommen oder sie schlichtweg personell zu ›kapern‹. Es wäre zumindest naiv zu erwarten, dass ein so tief greifender Transformationsvorgang wie die umfassende Konstitutionalisierung politischer Systeme das Spiel um politische Herrschaft unverändert lassen könnte. Nicht zuletzt, weil das ja gerade die erklärte Absicht dieses Prozesses war, nämlich den Charakter dieses Spiels grundsätzlich zu verändern.

Die Verlagerung von Regelungszuständigkeiten und das Einräumen umfassender Normenkontrollkompetenzen hat Konsequenzen auch für die Wahrnehmung der Demokratie. Dass die gegenwärtige Ausweitung der Kampfzonen vielleicht etwas mit der Ausweitung der Schutzzonen zu tun haben könnte, kommt unseren Debatten jedoch nicht in den Sinn – weil innerhalb des dominierenden statischen Konzepts einer liberalen Demokratie für eine solche Einsicht kein systematischer

Platz ist. Eine abstrakte, allein auf institutionelle Anreicherung abstellende Konzeption verstellt die Einsicht, dass jede Institution Gewinner und Verlierer kreiert und damit auf der Seite der Verlierer ein Interesse an der Änderung des institutionellen Status quo, also strategisches Anpassungsverhalten. Jede Institution besitzt spezifische Verteilungsimplikationen, es gibt gesellschaftliche Gruppen, die von einer Konstitutionalisierung des politischen Prozesses profitieren, und solche, die dadurch an der Durchsetzung ihrer Interessen gehindert werden. Das kann man in konkreten Konstellationen je nach eigener Position begrüßen oder beklagen. Aber die Erwartung, dass diejenigen, die von einer Entwicklung, was die Durchsetzung ihrer politischen Vorstellungen oder Interessen angeht, keinerlei Vorteile und allerlei Nachteile erfahren, sich nicht daranmachen würden, diese Entwicklung zu verändern, qualifiziert sich als politisch naiv. Die Konfliktgeschichte von Roe vs. Wade veranschaulicht das zur Genüge. Die gegenwärtigen Auseinandersetzungen zwischen den rechtsreligiösen Parteien und dem israelischen Obersten Gericht bieten weiteres Anschauungsmaterial.

Wir müssen hier jedoch gar nicht diese bekannten Fälle nacherzählen, sondern können auf das angesprochene türkische Beispiel zurückkommen. In einer vor Kurzem erschienenen Rekonstruktion der Abwendung dieses Landes von dem, was als ›liberale‹ oder aber eben ›westliche‹ Demokratie gilt (Untertitel: *How a Country Turned from Democracy and the West*), meint der Autor, den Beginn dieses Prozesses recht präzise, eigentlich auf den Tag genau datieren zu können:

Wenn man ein Datum angeben will, ab dem die demokratischen Rückschritte in der Türkei einsetzten, ist der 30. Juli 2008 wahrscheinlich der beste Kandidat. An diesem brütend heißen Sommertag entschied das Verfassungsgericht über eine Klage des Generalstaatsanwalts Abdurrahman Yalcinkaya, in der es darum ging, ob die AKP und zahlreiche ihrer Funktionäre gegen die laizistischen Grundsätze der Verfassung verstoßen hatten. Er reagierte damit auf eine Verfassungsänderung, die AKP und MHP mit ihrer 75-Prozent-Mehrheit in der Großen Nationalversammlung verabschiedet hatten und laut der es Frauen von nun an erlaubt war, in öffentlichen Einrichtungen eine Kopfbedeckung (*türban*) zu tragen. Der AKP drohte damit das Schicksal ihrer Vorgängerorganisationen Refah und Fazilet, die in den 1990er Jahren verboten worden waren. Nachdem das Verfassungsgericht ein Gesetz für ungültig erklärt hatte, das Frauen mit Kopftuch den Zugang zur Universität ermöglichte, war es offenbar darauf aus, den politischen Einfluss der Islamisten zurückzudrängen. Auch Erdoğans Karriere schien auf dem Spiel zu stehen. Das Urteil lief aber letztlich auf eine Art Unentschieden hinaus: Das Verfassungsgericht stellte zwar fest, die AKP untergrabe den Säkularismus, schreckte jedoch vor einem Verbot zurück. Mit sechs Ja- und fünf Nein-Stimmen, darunter die des Präsidenten des Gerichts, Hasim Kilac, verfehlte das Gericht die erforderliche qualifizierte Mehrheit von sieben Stimmen. Erdoğan überlebte, aber es war eine knappe Entscheidung. (Bechev 2022, S. 116f.)

Das Parteienverbot äußerst knapp, mit einer einzigen Richterstimme abgewendet, die eigene politische Karriere gerettet,[1] dem Illegalitätsverdikt, womöglich auch dem Gefängnis entgangen: Die Lektion aus einem solchen Vorgang muss für einen politischen Akteur, insbesondere für einen mit substanzieller Unterstützung in Form eindeutiger parlamentarischer Mehrheiten, unmissverständlich sein. Institutionen als politische Machtbastionen des Gegners sind entweder zu erobern oder aber in ihrer Wirkung stark zu beschneiden, wenn nicht gleich ganz abzuschaffen. Dies als Angriff auf die Demokratie zu werten, scheint zumindest verkürzt bzw. stellt nur eine Perspektive in einem solchen Konflikt in Rechnung (Castillo-Ortiz 2019). Will man auf diese Weise tatsächlich automatisch die nationalistisch-kemalistische Elite der Türkei und ihr vorheriges Agieren, inklusive ihrer Nutzung der Institutionen einer ›wehrhaften Demokratie‹ etwa gegen kurdische oder islamische Parteien, insbesondere auch die Vorgängerparteien der AKP, als demokratisch qualifizieren?

Erneut ist es keine grundstürzend neue, in unseren Debatten allerdings immer wieder gern vergessene Einsicht, dass die Justizialisierung politischer Konflikte regelmäßig die Politisierung der Justiz nach sich zieht, so dass man eigentlich nur überrascht sein kann, wie sich jemand davon überrascht zeigen kann, dass einerseits Gerichte »bisweilen eine entscheidende Rolle bei der Verteidigung der konstitutionellen Demokratie gespielt haben« (Ginsburg/Huq 2018, S. 69), dass aber eben dies die paradoxe Folge haben kann, dass sich »die politischen Einsätze in Auseinandersetzungen um die Kontrolle der Justiz erhöhen« (ebd., S. 70). Gegenüber solchen Einsichten in die politischen Rückwirkeffekte einer starken Verrechtlichung der Politik sind Codierungen von ›juristischer Unabhängigkeit‹ (Linzer/Staton 2015) oder der ›gerichtlichen Beschränkungen der Exekutiven‹ (Coppedge et al. 2022) eher hilflos. Sie sind es auch hinsichtlich der Frage nach der noch einmal enorm gesteigerten Unabhängigkeit (nationaler wie europäischer) Gerichte innerhalb eines suprastaatlichen Rechtsraums wie des europäischen als eines ›integrierten Gerichtssystems‹ (siehe unten). Ebenfalls demonstriert das türkische Beispiel, dass – wenn die Institutionen des Rechtsstaates in unseren gängigen Diskursen als Schutzmechanismen vor der in der Demokratie immer drohenden ›Tyrannei der Mehrheit‹ oder ›Tyrannei des Staates‹ begründet werden – die Tyrannei, im Sinne einer Vorenthaltung von Rechten, kein Privileg von Parlamenten ist (vor denen uns dann nur Gerichte schützen können), sondern ebenso von Gerichten ausgehen kann (Waldron 2006). Es ergibt wenig Sinn, in unseren *Judicial-review*-Argumenten immer nur die ideale Vorstellung eines Gerichts gegen die realistische Darstellung eines Parlaments auszuspielen.

3.1 Konkurrenz: Über das geänderte Verhältnis von Politik und Recht nach 1989/90

Das führt zur Frage nach dem Aufstieg des Modells einer umfassend konstitutionalisierten Demokratie mit seinem zentralen Element der verfassungsrechtlichen Überprüfung von parlamentarisch beschlossenen Gesetzen oder aber auch dem Recht zum Parteienverbot. So vertraut uns das aus einer deutschen Perspektive vielleicht erscheinen mag, so wenig selbstverständlich – das zeigt der Ländervergleich – ist dieses Modell und so rezent sein tatsächlicher Siegeszug. In Europa wenden es eigentlich erst seit 1989 Länder in größerer Zahl an (siehe Abbildung 5 unten). Zuvor gab es im Wesentlichen zwei prominente Momente der Konstitutionalisierung (Ginsburg 2009). Wenn wir unsere Betrachtung zunächst auf Europa beschränken: nach den totalitären Erfahrungen in der ersten Hälfte des 20. Jahrhunderts (Deutschland, Italien),[2] dann – nachholend sozusagen – im Zuge der Demokratisierung von Spanien, Portugal und Griechenland in den 1970er Jahren, also in zeitverzögerter Reaktion auf den Zusammenbruch ihrer Demokratien (Larsen 2021).[3] Neben diesen zwei Schüben finden sich für einige westeuropäische Länder (etwa Großbritannien) spät Anfänge einer Konstitutionalisierung aufgrund des Beitritts zur Europäischen Menschenrechtskonvention und damit auch der Anerkennung des Europäischen Gerichtshofs für Menschenrechte.[4] Der mit dem Übergang von der IV. zur V. Republik eingeführte französische Conseil constitutionnel wiederum hatte zunächst eher den Zweck des Schutzes des Präsidenten vor dem Parlament als den einer verfassungsrechtlichen Überprüfung entweder des legislativen oder des exekutiven Handelns und entwickelte sich erst in den 1980er Jahren zu einer Institution, die einem Verfassungsgericht ähnelt (Stone Sweet 1992; vgl. unten Abschnitt 4.2).

Dem Konstitutionalisierungsschub nach 1945 in Deutschland, Italien und Japan (sowie dann später in Spanien, Griechenland und Portugal) entspricht es hingegen, dass es in einigen völlig stabilen, ›reifen‹ Demokratien Europas in der zweiten Hälfte des 20. Jahrhunderts eben gerade *nicht* zu einer solchen Konstitutionalisierung gekommen ist (Niederlande, Skandinavien, Großbritannien), die man deswegen auch nicht als einen säkularen, alle modernen westlichen Demokratien betreffenden Prozess verstehen kann (so aber oft dargestellt, etwa bei Wahl 2001).[5] Das betrifft genau diejenigen Staaten, die in der ersten Hälfte keinen Zusammenbruch ihrer Demokratie erlebt hatten und deswegen nach 1945 auch keine große Notwendigkeit sahen, um sie herum massive verfassungsrechtliche Schutzwälle zu ziehen.

In einer größeren Zahl von Ländern setzt sich die konstitutionalisierte, beschränkte, liberale Demokratie schließlich erst in einer dritten Welle durch, nämlich vor allem im Zuge der Auflösung des Ostblocks (Frowein/Marauhn 1998): »Tatsächlich sehen alle postsowjetischen Verfassungen ein Verfassungsgericht vor, mit Ausnahme von Estland, das das amerikanische Modell übernommen hat« (Ginsburg 2009, S. 87; vgl. Smithey/Ishiyama 2000). Zwar wurden in einigen osteuropäischen Ländern schon zu Zeiten des Sozialismus Verfassungsgerichte ins Leben gerufen (beispielsweise in Slowenien und Serbien 1963, in Polen 1985), ihre Rechtsprechung (wie auch die der zahlreichen Neugründungen) bekommt aber erst jetzt, nach 1989/90, bindende Kraft (Schwartz 1998, 2000)[6] – und dann alsbald auch politische Virulenz: zum einen in den Anfangszeiten, in denen diese Verfassungsgerichte häufig extrem aktivistisch agieren, zum anderen insbesondere ab dem Moment, als Akteure an die Macht kommen, die sich der konstitutionell vorgezeichneten Entwicklung – insbesondere dem Aufgehen nationaler Souveränität in einen einheitlichen europäischen Rechtsraum nach dem EU-Beitritt – politisch entgegenstellen.

Um 1990 inaugurieren die ehemaligen Ostblockländer die prominente Rolle von Verfassungsgerichten in der Hoffnung, damit ihre Transformationsprozesse abzusichern, die als ihren Fluchtpunkt nicht zuletzt eine schließliche Mitgliedschaft in der EU haben. Sie passen sich daher auch (nicht etwa in einer ›nach-‹, sondern in einer geradezu ›vorausholenden‹ Modernisierung) einem vorgestellten ›europäischen Modell‹ des Konstitutionalismus an – nicht ganz ohne das Zutun der europäischen Institutionen selbst (Frowein/Marauhn 1998), die sie in diesem Prozess beraten, begleiten und bestärken.[7] Anfänglich finden diese Gerichte in einem Umfeld, das zuvor gegenüber dem Staat oder den Parteien nur wenig Vertrauen hatte entwickeln können, als Transformationsakteure breite Akzeptanz, und insbesondere ›höhere‹, also Verfassungsgerichte, werden wichtig in Gesellschaften, in denen die normale Gerichtsbarkeit aufgrund ihrer Rolle in Zeiten der kommunistischen

Herrschaft als schwer belastet gilt (Ginsburg 2009, S. 85).

Mithilfe des Rechts und der Aufsicht über das Recht durch Verfassungsgerichte versuchen diese Transformationsgesellschaften ihre Übergangsprozesse zu entpolitisieren und zu verregeln, ihnen somit Irreversibilität und Berechenbarkeit zu verleihen. Die herausgehobene Stellung der Verfassungsgerichte in diesen Ländern muss im Kontext eines institutionellen Selbstbindungsprozesses gesehen werden, als dessen Garanten sie fungieren sollen (Ginsburg/Versteeg 2014; Issacharoff 2011; Sadurski 2014):

> In der frühen postkommunistischen Periode herrschte ein gerichtszentriertes, rechtsbasiertes und entpolitisiertes Konzept der konstitutionellen Demokratie vor. Dementsprechend wurden Verfassungsgerichte und andere nichtpolitische Organe – wie unabhängige Agenturen, Zentralbanken und dergleichen – zu den wichtigsten Akteuren der verfassungsrechtlichen Transformation. (Bugarič/Ginsburg 2016, S. 74f.)

Diese Tendenz zur (Verfassungs-)Verrechtlichung des Transformationsprozesses wurde wohl nicht zuletzt dadurch befördert, dass der Protest gegen die kommunistischen Regime in vielen Ländern Osteuropas zunächst hauptsächlich von Bürgerrechtsbewegungen getragen wurde, für welche die KSZE-Schlussakte von Helsinki, insbesondere die in ihrem Prinzip VII enthaltene Anerkennung der Menschenrechte, einen zentralen Referenzpunkt darstellte (Ascherson 1992; Sarasin 2021, Kapitel 3). Menschenrechte wurden zur wichtigsten Referenz der Herrschaftskritik, personifiziert in Dissidenten wie Sacharow, Michnik, Kuroń oder Havel, den verschiedenen sich nun gründenden Helsinki-Komitees, der Prager Charta 77, des polnischen KOR (Komitee zur Verteidigung der Arbeiter; Komitet Obrony Robotników). In den an ›runden Tischen‹ ausgehandelten Übergangsprozessen ging es dann darum, die Geltung ebenjener Bürger- und Menschenrechte zu garantieren, durch Verfassungen und einflussreiche Verfassungsgerichte.

Dieser zeitgenössische Diskurs blieb natürlich nicht auf Osteuropa beschränkt. Nach der Diskreditierung der reinen Zukunftsversprechen von Ost und West werden Menschenrechte weltweit zum *last utopia* und zur *new global morality* (Eckel/Moyn 2014; Eckel 2014; Moyn 2012) – ›Vietnam‹ und ›Watergate‹ werden in diesem Zusammenhang häufig als Stichworte für die moralische Krise der USA Anfang der siebziger Jahren genannt, aber schon früher war ja mit der *Civil-rights*-Bewegung eine machtvolle Antwort auf den Rassismus der US-amerikanischen Gesellschaft gegeben worden – und auch eigentlich erst in ihrem Gefolge erlangt der Supreme Court seine bedeutsame Stellung (Ackerman 2014, S. 229-256). In Lateinamerika verlichen die Erfahrungen mit den brutalen Folterregimen in Argentinien, Chile, Paraguay usw. dem Anliegen, die Menschenrechte zu schützen, Dringlichkeit und unbestreitbare Evidenz. Die Berufung auf sie besaß aber in den ehemaligen Ostblockländern ein stärkeres regimekritisches Potenzial (siehe unten Abschnitt 4.2).

Und noch in einer anderen Hinsicht nimmt der Triumph der Demokratie in Ostmitteleuropa eine spezifische Form an. Es wird zwar gerne behauptet, nach der friedlichen Revolution habe eine Situation der *tabula rasa* (François Furet) geherrscht, weil das alte Regime vollständig implodierte und nun Marktwirtschaft und Demokratie Planwirtschaft und kommunistische Parteidiktatur ersetzten.[8] Aber anders als 1789 oder 1917 handelte es sich insofern um eine unvollständige Revolution, als der Sieg der Demokratie bedeutete, dass sich das Ancien Régime in Form (post)kommunistischer Parteien in das Nouveau Régime hineinverlängerte. Es ist auch das Misstrauen der neuen gegenüber einer möglichen elektoralen Attraktivität der alten Kräfte, die Angst davor, dass es zu einer Rückabwicklung der Revolution kommen könnte, die den besonderen Konstitutionalisierungsschub in den ehemaligen Ostblockstaaten erklärt, in Staaten, in denen zuvor das ganze System politischer Herrschaft, ja weite Teile der Gesellschaft um *die* Partei, die kommunistische Partei, herum organisiert waren.[9]

Alles das, die hohe Unsicherheit des Regimeübergangs an sich, der Wunsch nach ›höherrangigem‹ Recht in Ländern mit einer in totalitären Zeiten diskreditierten normalen Gerichtsbarkeit, zusätzlich in Ostmitteleuropa die vorherige Betonung der Menschen- und Bürgerrechte seitens der dortigen Dissidenten, danach die Beratung und Begleitung der Übergangsprozesse durch europäische Akteure sowie deutsche und US-amerikanische Verfassungsjuristen, die ihre Systeme als Blaupause empfehlen, und die fortgesetzte politische Präsenz der alten Kräfte in Form postkommunistischer Parteien – alles dies trägt zur besonders konstitutionalisierten

Form dieser Demokratisierungsprozesse bei.[10] Als generelle Entwicklung, von Tom Ginsburg zu Recht in den Kontext von Huntingtons dritter Welle der Demokratisierung gestellt (Ginsburg 2009), vollzieht sich eine solche Verfassungsverrechtlichung der demokratischen Transformation als ›dritte Welle der *Konstitutionalisierung*‹ ähnlich in Lateinamerika (Finkel 2008), im Zuge der Beendigung der Militärdiktaturen etwa in Argentinien (1983), Brasilien (1985), Chile (1990) und Paraguay (1992), im Post-Apartheid-Südafrika oder auch in den sich demokratisierenden Ländern Ostasiens, zum Beispiel in Südkorea (Huntington 1991). Die Demokratisierung verläuft nun überall auf sehr ähnlichem Weg: Es werden Verfassungen geschrieben und mächtige Gerichte installiert, die über sie wachen sollen. Das sind institutionelle Kompromisse des Übergangs, mithilfe derer die neuen Verfassungsgeber ihre Entscheidungen auf Dauer stellen wollen, während die vormals herrschenden Gruppen sich institutionelle Garantien dafür erhoffen, dass die neuen Regime an ihnen keine Vergeltung, insbesondere keine Gewalt üben.

Die sich aus diesen Selbstbindungsinteressen ergebenden Garantien nehmen (insbesondere in Europa) auch die Form der Einbettung in einen suprastaatlichen Rechtsrahmen an. Es ist bekannt, dass schon die Aussicht auf den EU-Beitritt den Demokratisierungsprozess in Spanien substanziell erleichterte, da dieser Schritt – angesichts der Traumata eines brutalen Bürgerkriegs zwischen einer antirepublikanischen Rechten und einer oft radikalen (insbesondere scharf antiklerikalen) Linken – eine glaubwürdige Selbstverpflichtung der nun nach Franco an die Macht kommenden Kräfte auf die reformistischen Prinzipien der bürgerlich-liberalen Demokratie signalisierte (Ähnliches gilt für die marxistischen Kräfte, die zunächst die portugiesische Nelkenrevolution angeführt hatten). Der gleiche Zusammenhang kommt nach 1990 in den osteuropäischen Ländern zum Tragen, wenn auch unter anderen politischen Vorzeichen: Der europäische Rechtsrahmen (bzw. die Aussicht auf den Eintritt in ihn) soll den Transformationsprozess absichern und die Gesellschaften befrieden helfen.[11]

Dass sich die Transformationsgesellschaften durch solche Bindungen glaubwürdig auf einen Übergangsprozess festlegen und verpflichten wollen, ist mit der These von der Versicherungsfunktion einer umfassenden Konstitutionalisierung samt Einräumung umfassender konstitutioneller Kontrollrechte angesprochen: *constitutional review as insurance* (vgl. Finkel 2008; Ginsburg 2009; Ginsburg/Versteeg 2014) – und zwar als Versicherung gegenüber der erhöhten politischen Unsicherheit in Zeiten der völligen oder weitgehenden Neu-Konstituierung eines Gemeinwesens:

> Wenn Verfassungsgeber damit rechnen müssen, dass sie nach der Verabschiedung oder Überarbeitung der Verfassung ihre Macht verlieren werden, ist es wahrscheinlicher, dass sie eine verfassungsrechtliche Überprüfung institutionalisieren, da die Justiz die substanziellen Werte schützen kann, die die Verfassungsgeber im politischen Prozess nicht werden schützen können. Eine Überprüfung der Verfassungsmäßigkeit ist in diesem Sinne eine Form der »politischen Versi-

cherung«, mit der die Verfassungsgeber ihre künftigen politischen Interessen schützen. (Ginsburg/Versteeg 2014, S. 588)[12]

Zusammengefasst: Der sprunghafte Bedeutungszuwachs von Verfassungsgerichten mit weitreichenden Normenkontrollkompetenzen speist sich aus dem Interesse an Stabilisierung und Unsicherheitsminimierung in den radikalen politischen und ökonomischen Transformationen dieser Zeit. Dieser Zuwachs ist deswegen auch kein exklusiv (ost)europäisches Phänomen (siehe Abbildung 5), sondern prägt in den 1980er und 1990er Jahren weltweit Demokratisierungsprozesse in vielen Ländern. In Ostmitteleuropa ist diese Entwicklung, die sich hier auch schon *vor* der EU-Erweiterung, sozusagen mit Aussicht und im Vorgriff auf den eigentlichen Beitritt vollzieht, jedoch besonders ausgeprägt, da sie eine spezifische suprastaatliche Dimension bekommt – und damit, wie wir sehen werden, auch ein ganz spezifisches Konfliktpotenzial.

Konstitutionalisierung ist also geradezu *die* dominante Form, in der sich die Demokratisierung der neunziger Jahre vollzieht. Das färbt nicht zuletzt auf Demokratien ab, deren Systeme schon zuvor Verfassungsgerichte mit Normenkontrollkompetenzen vorsahen, welche diese bis zu diesem Zeitpunkt aber meist nur sehr zurückhaltend ausgeübt hatten.[13] Der Corte costituzionale, eines der Beispiele für den ersten postfaschistischen Konstitutionalisierungsschub nach 1945, wird bezeichnenderweise erst nach der Implosion des italienischen Parteiensystems und dem damit verbundenen Verschwinden der Democrazia Cristiana als hegemonialer Kraft der Nachkriegszeit, also in den 1990er Jahren, zu einem Gericht, das sich aktivistischer in grundlegende politische Fragen einmischt (Albanesi 2022). Auch erst kurz zuvor begann der Wandlungsprozess, der den Conseil constitutionnel, gegründet 1958, zu einem politisch relevanten Akteur mit echten Überprüfungsrechten machte (Stone Sweet 1992). In diesem Kontext wird man auch die sich in der zweiten Hälfte der 1990er Jahre vollziehende ›konstitutionelle Revolution‹ in Israel sehen müssen, in deren Verlauf das israelische Oberste Gericht (insbesondere unter seinem Vorsitzenden Aharon Barak) sich selbst immer weitere Überprüfungsrechte gegenüber legislativen Akten der Knesset zugesteht. Dasselbe gilt für die noch einmal enorm intensivierte Integration der EU in den frühen 1990ern – und, mit ihr in innigstem Zusammenhang stehend: für ihre heutige ›Krise der Rechtsstaatlichkeit‹ (Patel/Röhl 2020).[14]

Dieser globale Konstitutionalisierungsprozess wird allerdings selbst innerhalb der Rechtswissenschaft selten in seinem ganzen Umfang angemessen wahrgenommen, geschweige denn in seinen politischen, auch demokratietheoretischen Konsequenzen völlig verstanden.[15] Mit den Daten des Comparative-Constitution-Projekts lässt sich aber das Ausmaß dieser Entwicklung und die sehr kurze Frist, innerhalb derer sie sich vollzieht, darstellen. Das hatte die Abbildung 1 einleitend bereits getan (siehe S. 21 oben).

Wie an der Abbildung ersichtlich, haben wir es um 1990 mit einer sprunghaften annähernden Verdreifachung der Zahl der Länder mit Verfassungsgerichten zu tun. Damit gerät jedoch zugleich ein möglicher Zusammenhang zwischen der heute wahrgenommenen fundamentalen Krise der Demokratie und ihrem Triumph in den 1980er und 1990er Jahren in den Blick – nicht in dem trivialen Sinne einer *regression to the mean*, also eines erst zahlenmäßigen Überschwangs, der dann in einer Gegenbewegung gleichsam auf einen ›normalen‹ Entwicklungspfad zurückgesetzt wird (siehe die Vorstellung von Wellen und Gegenwellen der Demokratisierung und Entdemokratisierung bei Huntington [1991]).[16] Sondern als Zusammenhang zwischen *der vorherrschenden Form*, den diese Demokratisierung annimmt, und der neuen Akteurskonstellation, die mit ihr in die Welt kommt und deren politische Konflikthaltigkeit sich aktuell vor uns entfaltet. Die heutige Krise der Demokratie ist eine Krise der in den 1980ern und 1990ern entstandenen Demokratie, damit aber eines sehr spezifischen Institutionenensembles[17] – ein Konnex, den die generische, unspezifische, abstrakte, damit unhistorische Sprechweise von der ›liberalen Demokratie‹ verdeckt.

Damit wäre eine andere Sicht auf die gegenwärtigen Krisenphänomene nahegelegt. Sie erscheinen dann als eher unvermeidliche Nachfolgekonflikte des großen Demokratisierungsschubs nach 1989. Der notwendige Kompromisscharakter dessen, was am (vorläufigen) Ende dieser so umfassenden wie in einen kurzen Zeitraum hineingedrängten Neugründungsprozesse stand, das unvermeidlich in der Schwebe bleibende Resultat ihrer konstitutiven Momente, entfaltet zwei, drei Dekaden später, vermutlich mit ebensolcher Unumgänglichkeit, seine ganze Widersprüchlichkeit und strebt danach, sich in die eine oder die andere Richtung aufzulösen.[18] Anders formuliert: Die jetzige Krise muss vor dem Hintergrund des Sieges, der Überdehnung, des Triumphalismus und damit der mangelnden Selbstkritik des liberalen Modells verstanden werden, das in Deutschland – angesichts der scheinbar unmittelbaren Evidenz seiner Überlegenheit – vielleicht noch einmal besonders unkritisch gesehen wird.

Samuel Huntington hatte keine historisch-spezifische Theorie angeboten, warum Demokratisierung sich in Wellen vollziehen sollte – nur einige abstrakte Überlegungen zu möglichen Diffusionsmechanismen. Noch weniger hatte er dargelegt, warum auch die Gegenbewegung in Wellen aufzutreten pflegt. Dass das eine mit dem anderen zu tun haben könnte, kam ihm vermutlich deswegen nicht in den Sinn, weil die ersten zwei *waves of democratization* sich über zu lange Zeiträume erstreckt hatten, und in die dritte, im Vergleich hierzu kurze Welle hinein schrieb Huntington ja nun gerade sein Buch. Heute, in der Rückschau, als Zeugen der gegenwärtigen politischen Konflikte, fällt es uns vermutlich leichter, einen solchen Zusammenhang, und damit gerade das Zeitspezifische der neuen Formation ›liberale Demokratie‹, zu erkennen und daher gegenüber ihrer Reifizierung und Hypostasierung als *der* Demokratie skeptisch zu bleiben.

Wenn in diesem Zusammenhang von der Geschichtlichkeit der Demokratie die Rede ist, meint das unter anderem die Rekursivität demokratischer Institutionenentwicklung. Man könnte (halbironisch) sagen: Die *differentia specifica* der dritten Welle der Demokratisierung bestand darin, dass sie nach der ersten und der zweiten kam. Demokratisierung in einer schon substanziell demokratisierten Welt verläuft anders als in einer noch nicht substanziell demokratisierten Welt. Das institutionelle Resultat dieses Prozesses ist ein anderes, weil er sich in einem anderen Umfeld vollzieht. Vor allem die Einbindung der neuen Demokratien in die schon bestehenden internationalen Strukturen, die zwischen Demokratien in der zweiten Hälfte des 20. Jahrhunderts entstanden waren, ist hier von Bedeutung – als Integration in eine bereits in vielerlei Hinsicht integrierte Welt. Die Öffnung und Liberalisierung der ehemaligen Ostblockländer (aber auch schon die Demokratisierung von Spanien und Portugal in den 1970er Jahren) bedeutete für sie früher oder später die Einbettung in Strukturen, die die ›Westblockländer‹ nach 1945 ausgebildet und die insbesondere nach den 1970ern im Rahmen von Global-Governance-Konzepten noch einmal einen enormen Bedeutungszuwachs erlangt hatten: NATO, EU, WTO, GATT, IMF, Europäischer und Internationaler Gerichtshof für Menschenrechte usw. usf. Deren zwischenstaatlicher, teils suprastaatlicher Charakter war aber zwangsläufig einer (völker)rechtlicher Natur.

Dass die Form des Triumphs der Demokratie in den 1980er und 1990er Jahren die politische Erscheinungsform ihrer gegenwärtigen Krise bedingt, wird allerdings selten thematisch, wohl nicht zuletzt, weil alle, die sich dem neuen konstitutionellen Status quo verbunden fühlen, ihn als möglichst zeitlos darstellen wollen, eben als Status quo *der* Demokratie, nicht als den einer historisch spezifischen Erscheinungsform von Demokratie.

Neben dem Beifall vieler Juristen, die es in hohem Maße einleuchtend finden, wenn das Treffen zentraler gesellschaftlicher Entscheidungen Juristen überantwortet wird, fand der enorme Konstitutionalisierungsschub der 1980er und 1990er Jahre auch die Zustimmung der Rational-Choice-Institutionalisten, die sich ganz angetan von ihren eigenen ›Odysseus-und-die-Sirenen‹-Selbstbindungsargumenten zeigten (Elster 2000; Holmes 1993). Die Politikwissenschaft hingegen begnügte sich mithilfe der Vetospieler-Theorie, die die institutionelle Vielfalt moderner Demokratien auf die Betrachtung weniger politischer Akteure mit Vetomacht und deren programmatisch-ideologische Überschneidungsbereiche beschränken zu können meinte, zu konstatieren (Tsebelis 1990, 1995, 2002), dass die Verhältnisse irgendwie stabiler, veränderungsresistenter, hermetischer geworden waren. Sie tat das, ohne sich zu fragen, ob das vielleicht ein demokratietheoretisches Problem darstellen oder auch nur aus der Perspektive der Akteure problematisch werden könnte, weshalb man sich über deren adaptive Strategien jedenfalls keine Gedanken zu machen brauchte. Mit ihren *comparative statics* – wie viele Vetospieler gibt es, wie weit liegen sie ideologisch auseinander und was passiert, wenn wir einen addieren oder subtrahieren? – dachte die Vetospieler-Theorie überraschend statisch. Folglich blieb der ihr zugrunde liegende Rational-Choice-Institutionalismus frei von Reflexionen darüber, ob Akteure mit rationalen Handlungskalkülen jede Form ihrer Einschränkung innerhalb einer *multi-veto point polity* klaglos akzeptieren würden. Für eine politikwissenschaftliche Analyse war das erstaunlich unpolitisch gedacht. Zumindest hat eine der zentralen Aussagen der Vetospieler-Theorie, dass mit zusätzlichen Vetospielern die Status-quo-Stabilität immer nur zunehmen und nie abnehmen kann, heute viel von ihrer damaligen Plausibilität eingebüßt.

3.2 Kompetenzen und Kompromisse: Die Politisierung der Justiz als Folge einer Justizialisierung der Politik

Diese unterschiedlichen, juristischen, politikwissenschaftlichen, institutionalistischen Legitimierungsdiskurse konnten und können ihre Überzeugungskraft jedoch erst in Verbindung mit konkreten ›soziopolitischen Vektoren‹ entfalten (Hirschl 2007, S. 4), in Verbindung mit gesellschaftlichen Kräften, in deren Interesse es liegt, einen starken Konstitutionalisierungsschub etwa als Antwort auf und Schutz vor Populismus erscheinen zu lassen, damit auch ja niemand auf die Idee komme, es verhalte sich möglicherweise genau umgekehrt und Ursache und Wirkung seien in dieser Sicht vertauscht. Aber auf der Suche nach den Gründen für die starke juristische Einschränkung politischer Handlungsspielräume, darauf ist zu Recht verwiesen worden, muss man sich mit den *politischen* Gründen für diese juristischen Einschränkungen befassen (Ginsburg/Versteeg 2014).

Es ist vielleicht Teil der Enttäuschungsgeschichte des osteuropäischen Transformationsprozesses (Ther 2014), mag aber letztlich auch als eine gesunde demokratische Entwicklung zu werten sein, dass ein zunächst bewusst entpolitisierter, sich unabhängigen Institutionen überantwortender Prozess schließlich zurück in die Arena der Politik geholt wurde, zurückgeholt in den Entscheidungsbereich politischer bzw. gesellschaftlicher Mehrheiten. Hieran lässt sich zugleich die ›dynamische Inkonsistenz‹ der Konstitutionalisierung einer Ordnung ersehen, wenn sie auf Situationen hoher Unsicherheit antwortet, in den Momenten einer Neuordnung einer ganzen Gesellschaft, in denen noch nicht absehbar ist, wer zu den Gewinnern oder aber zu den Verlierern der neuen Ordnung gehören wird. Dann ist damit ihr Problematisch- und Kontrovers-Werden in Zeiten geringerer Unsicherheit, also *nach* dem konstitutiven Moment, wenn sich der Nebel verzogen hat, vorgezeichnet. Was als Versicherung gegenüber hoher Unsicherheit gedacht war, verliert seine Funktion, wenn diese verschwindet. Anders formuliert: Klaren politischen Mehrheiten ist nicht einsichtig zu machen, warum sie ihr Programm, für das sie erfolgreich geworben haben, nicht durchsetzen dürfen, weil ein überschaubares Richtergremium, nicht gewählt, durch niemandem zu kontrollieren oder zu sanktionieren, sich dem entgegenstellt.[19] Die grundlegende Einsicht gilt einmal mehr auch hier: Politische Institutionen sind stabil, solange politisch mächtige Akteure ein Interesse an ihrer Stabilität haben – sie müssen *self-enforcing* sein.

Im Lichte des erst kürzlich und insbesondere in den ostmitteleuropäischen Staaten erfolgten Konstitutionalisierungsschubs gehört es zur besonderen Ironie der Entwicklung, dass politische Akteure in den Transformationsländern aus einer angeblich europäischen Perspektive, besonders lautstark formuliert von – wie könnte es anders sein – deutschen Europapolitikern und Europarechtlern,[20] für die schwerwiegende Verletzung eines Demokratiemodells angeklagt werden, das sich eigentlich überhaupt erst im Zuge der demokratischen Transformation dieser Länder flächendeckend etabliert hat – und, Ironie der Ironie, dessen Einführung als

Abb. 5: Zahl europäischer Länder mit Verfassungsgerichten mit Normenkontrollkompetenzen

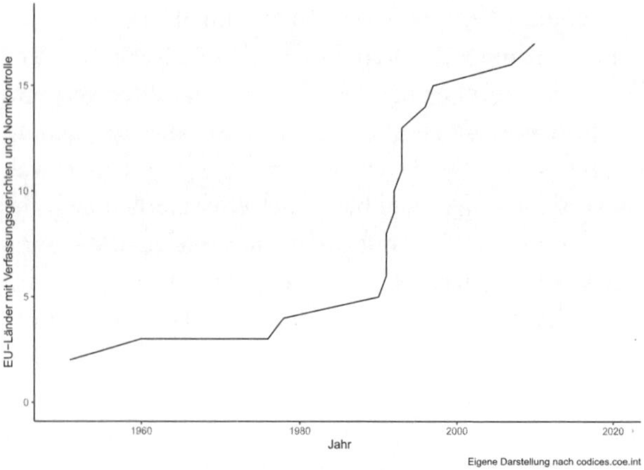

›Anpassung‹ an ein angeblich europäisches Muster der Verfassungsrechtsprechung, als Nachholen eines angeblich in Westeuropa schon vollzogenen Entwicklungsprozesses, legitimiert wurde (vgl. Tatham 2013; Visser 2015).[21]

Abbildung 5 zeigt die Entwicklung der Zahl europäischer Länder mit Verfassungsgerichten mit der Kompetenz zur abstrakten und/oder konkreten Normenkontrolle gegenüber Parlamentsgesetzen. Die deutlich werdende zeitliche Dynamik wie auch das Ausmaß dieser Institutionenentwicklung bedürfen eigentlich keiner weiteren Kommentierung: »Geschichte ist [in Wirklichkeit] eine sehr plötzliche Sache« (Philip Roth, zit. n. Moyn 2012, S. 4), und die *Geschichte der liberalen Demokratie* in der Tat eine, die sich erst kürzlich zugetragen hat. Wobei zu ergänzen wäre, dass Abbildung 5 die Entwicklung insofern noch deutlich unterschätzt, als EU-Mitgliedsländer über das Vorabentscheidungsverfahren automatisch *jedem einfachen* Gericht die Möglichkeit zur Normenkontrolle einräumen (Alter 2009; Weiler 1991). Insofern müssten wir in einer vollständig korrekten Codierung für alle 27 EU-Mitgliedsländer die Möglichkeit der Normenkontrolle (und eben nicht nur vermittels Verfassungsgerichten) bejahen (siehe unten Abschnitt 3.3).

Der Populismus ist ein Gegner der liberalen Demokratie – sagen Liberale, und dabei bleibt es ein Rätsel, wo diese Gegner plötzlich so zahlreich herkommen. Die begriffliche Unschärfe, das Abstrahieren von jeder konkreten institutionellen Form erlaubt es zu unterschlagen, dass ›die liberale Demokratie‹, gegen die die Populisten protestieren, recht besehen nicht so viel älter ist als der Protest gegen sie selbst. Was, ganz bequem aus einer bestimmten Perspektive, davon enthebt, darüber nachdenken zu müssen, ob die neue Ordnung den neuen Populismus nicht vielleicht erst hervorgebracht haben könnte. Mit dem Populismus ist der Liberalismus aber nicht mit seinem Gegner, sondern mit seinem Gespenst, mit dem Geist der von ihm erstickten Politik konfrontiert, dem er doch einen so schönen, guten, so gerechten Tod bereitet hat – *le spectre des lois*.[22]

Selbst wenn man den sich *wesentlich* um 1990 vollziehenden Prozess der Konstitutionalisierung, wie es überwiegend geschieht, ganz affirmativ und teleologisch, als Apotheose der *einen* richtigen modernen Verfassungsentwicklung bewertet und begrüßt – prototypisch:

»adäquater Ausdruck und Schlussstein des Verfassungsstaats« und daher heute ganz zu Recht »Normalbestandteil« gewaltenteilender Staatlichkeit (Wahl 2001, S. 45), oder: »neue Entwicklungsstufe« des Verfassungsstaats (Grimm 2021, S. 374) –, wird man sich mit dem spezifischen politischen Konfliktpotenzial, das damit neu in die Welt kommt, auseinanderzusetzen haben und dabei in Betracht ziehen müssen, dass die Rede von den Feinden dieser Ordnung zu kurz greift, soweit sie die Möglichkeit nicht in den Blick nimmt, dass das ›liberale Skript‹ (Börzel/Zürn 2020) diese Feinde aus sich selbst heraus entwickelt haben könnte.

An einer solchen Bewertung wird allerdings zugleich ersichtlich, wie, verdeckt von der Kontinuität der Begrifflichkeit und ihrer mangelnden Präzision (›Gewaltenteilung‹, ›Rechtsstaat‹), eine neue historische Formation zur Norm erklärt werden kann, als Kategorienfehler: ›Sollen‹ wird aus (einem eher diffus belassenen) ›Sein‹ abgeleitet unter der Gefahr, dass wir dabei seine Geschichtlichkeit und Gewordenheit vergessen, schon gerade seine Neuartigkeit (siehe Abbildungen 1 und 5), während wir sie uns als eigentlich immer schon gegeben und vernünftig vorstellen (Hacking 2006a [2002], S. 13 f.) – ›der Mythos des Bestehenden‹, ohne die Möglichkeit in Betracht zu ziehen, dass bei so einem komplexen politischen Institutionen- und Handlungsgefüge niemand ganz exakt weiß, welche Handlungsfolgen die neuen Institutionen zeitigen werden.

Das ist ein Positivismus des Gegenwärtigen, dem der institutionelle und damit substanzielle Wandel demokratischer Institutionen im Lauf der letzten vierzig Jahre entgeht und der letztlich kaum ein Interesse zu haben scheint, diese Entwicklung zu verstehen. Man kommt allerdings nicht umhin, genauer hinzuschauen, wenn man das gegenwärtige Geschehen verstehen statt nur verurteilen will. Dann wird zum Beispiel sichtbar, dass der Strukturwandel der Demokratie – mit seinen Konsequenzen für ihr Konfliktpotenzial – in den ehemaligen Ostblockländern sich noch grundlegender vollzieht, als es an den reinen Zahlen abzulesen und mit gängigen Unterscheidungen nach ›*weak*‹ oder ›*strong judicial control*‹, zentralisierter oder dezentralisierter, abstrakter oder konkreter Normenkontrolle zu erfassen wäre. Die Kompetenzen der neuen Gerichte in den ostmitteleuropäischen Ländern sind schließlich selbst im Vergleich zum US-amerikanischen System mit seiner ausgebauten und sehr elaborierten Verfassungsrechtsprechung erstaunlich weit gefasst und ihrem Charakter nach deutlich ›politischer‹. Das betrifft insbesondere die Möglichkeiten zur Anrufung der Verfassungsgerichte durch relativ kleine Gruppen von Parlamentariern:

> Während die amerikanischen Gerichte es einem Mitglied des Kongresses [...] fast unmöglich gemacht haben, ein Gesetz in seiner offiziellen Eigenschaft anzufechten, ermutigen alle europäischen Verfassungen und Gesetze solche Anfechtungen geradezu und erlauben es sogar relativ kleinen Gruppen von Abgeordneten, sie vorzubringen. Dies hat zur Folge, dass politisch brisante Kontroversen immer wieder in die gerichtliche Arena verlagert werden, was eine grundsätzliche Frage zu all diesen Gerichten aufwirft: Wie können sie sich mit politisch brisanten Themen be-

Abb. 6: Zahl der Länder mit verfassungsrechtlichen Appellationsrechten von Parlamentariern

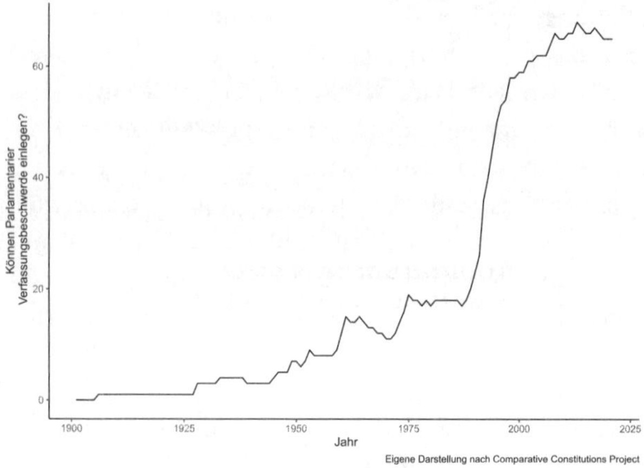

fassen, ohne zu einer weiteren parteiischen Institution zu werden oder den Anschein zu erwecken, eine solche zu werden? (Schwartz 1998, S. 102)

So sind die Verfassungsgerichte in den Transformationsländern nach 1990 dann auch schnell zu Instrumenten der Opposition geworden – angerufen von oppositionellen Parlamentariern, um Regierungsmehrheiten zu stoppen (Kopecký/Spirova 2008) –, wobei die Anrufungsquoren überdies oft besonders gering ausfallen (in Polen reichen weniger als 11 Prozent aller Sejm-Abgeordneten, in Tschechien 12,5 Prozent der Parlamentarier, während in Deutschland ein Viertel der Mitglieder des Bundestags für eine Verfassungsklage benötigt werden (Bricker/Wondreys 2018, S. 127, Fn. 8; vgl. Abbildung 6 und 7).

Abb. 7: Anteil der Parlamentarier, die für die Anrufung des Verfassungsgerichts mindestens notwendig sind (nur europäische Länder)

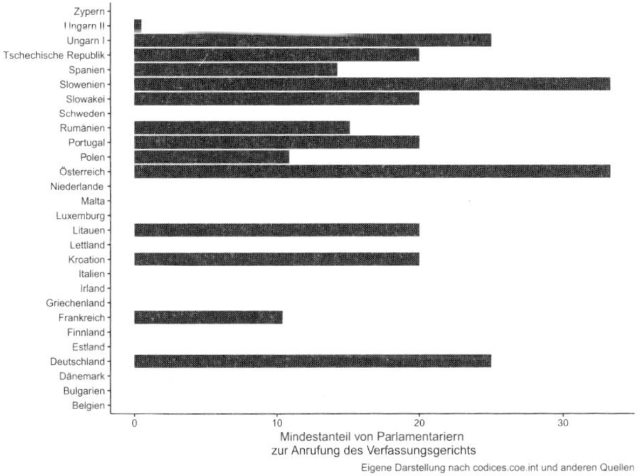

Ebenfalls ihrem Charakter nach sehr politiknah sind einige der neuen Gerichte insoweit, wie sie Parteien für verfassungswidrig erklären und verbieten können. Auch das wird durch die gängigen analytischen Unterscheidungen nicht erfasst, kann aber in konkreten Konflikten – wie das Beispiel des Verbotsverfahrens gegen die türkische AKP verdeutlicht – zentrale und politisch sehr nachhaltige Konsequenzen entfalten.[23]

Die neu geschaffenen Akteure machten sich umgehend daran, ihre Normenkontrollrechte ausgesprochen extensiv auszulegen. In einem frühen Artikel, der die Etablierung von Verfassungsgerichten mit weitgehenden Kontrollkompetenzen gegenüber parlamentarischen Mehrheiten noch ganz enthusiastisch und undifferenziert als »bemerkenswerten Erfolg« feiert, erscheint eine hohe Zahl für verfassungswidrig erklärter Gesetze geradezu als Leistungsnachweis und besonderer Erfolgsindikator dieses neuen Institutionensettings einer liberalen Demokratie.[24] In Hinblick auf das polnische Verfassungstribunal heißt es etwa: »Ab 1989 begann das Gericht mit der Überprüfung von Gesetzen [...] [, und von den] etwa 60 Gesetzen, die es vom 1. Januar 1989 bis zum 30. Juni 1994 überprüfte, befand es 40 für verfassungswidrig.« (Schwartz 1998, S. 103) Wenig anders stellt sich das Bild im Fall des ungarischen Verfassungsgerichts dar: In der Zeit von 1990 bis 1998, unter seinem machtbewussten Präsidenten László Sólyom, galt es »als das aktivistischste der Welt« (Gardbaum 2015, S. 296), als »radikal« (Zifcak 1996) bzw. als »gegenwärtig wohl [...] das mächtigste und aktivste Exemplar seiner Art in der ganzen Welt« (Brunner 1993, S. 827, 1997), selbst wenn seine ›Erfolgsrate‹, glaubt man den Zahlen, deutlich unter der des polnischen Tribunals verblieb: »Einer Studie zufolge hat das Gericht zwischen 1989 und 1995 ein Drittel aller von ihm geprüften Gesetze für ungültig erklärt.« (Gardbaum 2015, S. 296) Das ungarische Verfassungsgericht beschränkte sich allerdings nicht auf umfängliche nachträgliche Normenkontrolle, sondern verstand sich zugleich als »indirekte[r] Verfassungsgeber, welcher die grundlegend abgeänderte 49er-Konstitution umfassend im Lichte liberal-demokratischer Prinzipien interpretierte (und damit de facto weiterentwickelte)« (Müller 2013c, S. 17). Hier mag sich die grundsätzliche Frage stellen, ob es eine gute Idee ist, eine Verfassung per Richterrecht vorzugeben, anstatt über sie einen breiten gesellschaftlichen Konsens anzustreben. Aber die Qualifizierung des Gerichts als ›aggressiv‹, als intrusiv, als übergriffig scheint unter Beobachtern nicht wirklich umstritten:[25] »Das inzwischen entmachtete ungarische Verfassungsgericht erklärte allein im Jahr 1991 19 Prozent der von ihm überprüften Parlamentsgesetze und 47 Prozent der Dekrete für ungültig.« (Volcansek 2019, S. 75) Ähnlich einseitig stellt sich die frühe Konfliktlage zwischen Politik und Recht in anderen Transformationsländern dar: »Das litauische Gericht befand 1993 etwa die Hälfte der von ihm überprüften Gesetze für ganz oder teilweise ungültig.« (Ebd.)

In der Literatur wird daher etwa die Entmachtung des ungarischen Verfassungsgerichts durch die von der Fidesz-Partei betriebene Verfassungsänderung von 2011 als offenkundige und relativ offen kommunizierte ›konstitutionelle Rache‹ bewertet, als Reaktion auf »mehrere ›Verluste‹, die sie [die ungarische Regierung] durch frühere Gerichtsentscheidungen erlitten hat, sowie für das Drängen der EU-Gremien, bestimmte umstrittene Vorschriften zu ändern«,[26] bzw. als »eine klare – wenn auch verspätete – Reaktion auf dessen [des Gerichts] Bilanz in der Zeit, in der es weithin als das aktivste Land der Welt angesehen wurde« (Gardbaum 2015, S. 296). Der Versuch, aktivistische Gerichte in ihre Schranken zu verweisen, wird also von Beobachtern des Geschehens regelmäßig als eine Episode in einem *Tit-for-tat*-Spiel mit längerer Konflikthistorie zwischen Politikern und Verfassungsrichtern gewertet (Petrov 2022). Mary Volcansek resümiert diesen zumindest in der deutschen Debatte wenig präsenten Umstand: »Man muss nicht lange in den Annalen der Verfassungsgerichte, insbesondere jener der jungen Demokratien, suchen, um herauszufinden, warum einige Gerichte eingeschränkt wurden und andere nicht.« (Volcansek 2019, S. 75)

Exakt so wird auch die Attacke der AKP-Regierung auf das türkische Verfassungsgericht im Jahre 2010 eingeordnet[27] oder das *court curbing* unter der polnischen Partei Recht und Gerechtigkeit nach 2015. Dieser Angriff auf das Verfassungsgericht gilt ebenfalls als primär motiviert von den Erfahrungen der PiS während ihrer »ersten Amtszeit zwischen 2005 und 2007, als das Verfassungsgericht (CT) das Inkrafttreten mehrerer Regierungsgesetze verhinderte, indem es sie für verfassungswidrig erklärte« (Matthes 2022, S. 473; vgl. Tushnet/Bugarič 2021, S. 2366). Schließlich ist nicht zu verstehen, warum die rechtsreligiösen Parteien in der neuen israelischen Koalition im Zuge der sogenannten ›Justizreform‹ so vehement das Oberste Gericht attackieren, wenn man die Konfliktgeschichte zwischen dem Obersten Gericht und dem Obersten Rabbinergericht nicht berücksichtigt, vor allem was die religiös wie staatsrechtlich zentrale Frage der Konversion zum Judentum anbelangt, insbesondere, wer diese Konversion bestätigen darf, liberale, konservative oder orthodoxe Rabbiner. Man wird das nicht als eine nebensächliche Frage abtun dürfen, denn mit der Konversion zum Judentum ist die Staatsbürgerschaft verbunden, und damit ist die Grundlage des israelischen Staates, sein Gründungskompromiss zwischen säkularen und orthodoxen Kräften, im Kern berührt.[28]

Überraschen muss angesichts dieser Ausgangslage

und Konfliktgeschichte eher, wie umstandslos eine breitere Literatur und eine öffentliche Debatte diese Angriffe mit Angriffen auf *die* Demokratie gleichsetzen. Wer aber die offensiven oder aggressiven Strategien der polnischen PiS, der ungarischen Fidesz, der rumänischen Partidul Social Democrat, der türkischen AKP oder des israelischen Likud und seiner rechtsreligiösen Koalitionspartner gegenüber ihren nationalen Verfassungsgerichten ohne deren Vorgeschichte erzählt, spart exakt jene historisch konstitutiven Dimensionen des Geschehens aus, die sie als Folge konkreter Konstellationen transparent werden lassen (wodurch zugleich die Bedeutung einzelner sinistrer Figuren minimiert wird, da diese Bedingungen die Ermöglichung ihres Erfolgs erhellen).

Zu diesen Erfolgsbedingungen, die das Verhältnis zwischen Judikative und Exekutive in den ostmitteleuropäischen Ländern so besonders ungleichgewichtig machten, gehört neben den in der einschlägigen Literatur aufgezählten Faktoren – oben unter dem Stichwort *constitutional review as insurance* zusammengefasst – wohl auch das (fehlende) politische Komplement. Verfassungsgerichte konnten so übergriffig agieren (angefeuert vom westeuropäischen Seitenrand), weil zur gleichen Zeit die Parteisysteme dieser Länder sich erst zu konsolidieren hatten. Hohe Volatilität, was das Auftauchen und dann auch das schnelle Wiederverschwinden neuer Parteien anbetraf, dadurch auch hohe Volatilität der Regierungszusammensetzung, verhinderten, dass sich so etwas wie eine strategische Interaktion zwischen Recht und Politik etablieren konnte. Es sind aber genau diese eingespielten Interaktionsmuster, die, wie der nächste Abschnitt zeigen wird, für das *demokratische Funktionieren* des Rechts unverzichtbar sind. Als sich die Parteiensysteme der Transformationsländer dann allerdings konsolidiert hatten, waren die meisten dieser Staaten mittlerweile schon Mitglieder der Europäischen Union geworden. Nun immunisierte das Europarecht und das integrierte Gerichtssystem der EU die nationalen Gerichte gegenüber politischen Mehrheiten – insbesondere solchen, die sich einem restlosen Aufgehen des nationalen Rechts in EU-Recht entgegenstellten. Alles war vorbereitet für die tief greifende konstitutionelle Krise, Europas *rule of law crisis*, die nun schnell eskalierte – und die als Krise der liberalen Demokratie in den meisten Dimensionen gründlich missverstanden ist.

3.3 Konfliktintensivierung: Checks, but no balances *oder Wie Anreize zur wechselseitigen Disziplinierung von Politik und Recht in der EU systematisch ausgesetzt sind*[29]

Der Konflikt zwischen Politik und Recht gewinnt, wie bereits angesprochen, dadurch an Schärfe, dass viele der ostmitteleuropäischen Länder, die im Zuge ihrer Neukonstituierung nach 1989/90 unabhängige Verfassungsgerichte mit weitgefassten Kontrollrechten eingerichtet hatten, zwischen 2004 (Malta, Zypern, Estland, Litauen, Lettland, Polen, Tschechische Republik, Slowakei, Slowenien, Ungarn) und 2007 (Bulgarien und Rumänien) bzw. 2013 (Kroatien) Mitglieder der EU wurden. Das war ja, wie dargestellt, gerade Teil wie Ziel jener Selbstbindungsstrategien, die die weitgehend gewaltlose und verrechtlichte Systemtransformation dieser Staaten gewährleisten sollte. Damit aber intensivierten sich die Konflikte zwischen der Justiz und der Politik noch einmal ganz grundlegend.

Warum? Im nationalstaatlichen Rahmen ist das Verhältnis zwischen Verfassungsgerichten (oder obersten Gerichten mit Normenkontrollkompetenzen) und Regierungen meist durch einen Mechanismus moderiert, der in der Literatur unter dem Begriff ›Autolimitation‹ diskutiert wird (Vanberg 2015). Verfassungsgerichte, die zwar gegenüber der Politik eine machtvolle Vetoposition einnehmen, in der Umsetzung ihrer Entscheidungen aber auf genau diese Politik angewiesen sind, antizipieren diesen Umstand regelmäßig in ihrer Rechtsprechung. Sie reflektieren damit üblicherweise, dass sie sich in einem politischen Möglichkeitsraum bewegen, den fortgesetzt zu überschreiten entweder ihre Reputation gefährden könnte – nämlich dann, wenn die Politik unliebsame Verfassungsgerichtsurteile ignoriert oder umgeht – oder sogar die Unabhängigkeit des Gerichts selbst, nämlich dann, wenn die Politik sich angesichts eines permanent querschießenden Gerichts dazu entschließt, es unter Kontrolle zu bekommen oder es zu entmachten.

> Gerichtsentscheidungen, die die Interessen der politischen Entscheidungsträger in der Exekutive und Legislative durchweg vereiteln oder die dazu dienen, große Teile der Öffentlichkeit davon zu überzeugen, dass die richterliche Kontrolle die Interessen der Bürger nicht fördert, stellen eine Bedrohung der richterlichen Autorität dar. (Vanberg 2015, S. 179)

Verfassungsgerichte handeln also im Regelfall innerhalb politischer Grenzen und sind sich dessen bewusst (wo genau diese Grenzen verlaufen, ist dabei natürlich nicht immer völlig eindeutig; es wäre ein Kalauer, aber ein treffender, wenn man hier von *trial and error* sprechen würde). Das heißt: Grundsätzliche Prinzipien politischer Rücksichtnahme bedeuten nicht, dass nicht im Einzelfall (aber eben nicht als Regel) politisch sehr kontroverse Urteile gesprochen würden. Gerichte können umstrittene Urteile fällen, können dies aber nicht ständig tun (Vanberg 2001). Richterliches Entscheiden, *ohne* die politischen Machtverhältnisse in Rechnung zu stellen, *ohne* politischen *self-restraint*, liefe hingegen auf Selbstgefährdung hinaus:

> Wenn die Gefahren, die in solchen Konfrontationen lauern, nicht beachtet werden, kann ein Verfassungsgericht schnell seine Fähigkeit verlieren, sich als mächtiger Akteur zu etablieren – eine Lektion, die das russische Verfassungsgericht gelernt hat, nachdem es 1993 infolge einer Konfrontation mit Präsident Jelzin über dessen Macht zum Erlass präsidialer Verordnungen aufgelöst wurde. (Vanberg 2015, S. 181)

Die offene Konfrontation mit der politischen Macht zu suchen ist eine Form der Selbstgefährdung; den Rahmen, den diese politische Macht informell setzt, in der richterlichen Entscheidungspraxis zu berücksichtigen, ist mithin eine – aus Sicht des Gerichts – im wohlverstandenen Eigeninteresse liegende Form der Autonomiewahrung. So sind oberste Gerichte dazu motiviert, sich im Zweifelsfall zurückzuhalten, vielleicht nicht alles, was verfassungsrechtlich im Einzelfall geboten erscheint, aber politisch sehr konflikthaft werden könnte, nach rechtlicher Maßgabe zu entscheiden. Das sind die Kalküle rechtlicher Autolimitation, der richterlichen Selbstbeschränkung, der juristischen Antizipation politischer Grenzen.[30]

Politische Mehrheiten muss ein Verfassungsgericht also schon aus Eigeninteresse beständig antizipieren, würde es doch Schaden nehmen, wenn seine Entscheidungen systematisch von der Politik unterlaufen, konterkariert, ignoriert, sabotiert würden, weil sie sich jenseits dessen bewegen, was die politischen oder gesellschaftlichen Mehrheiten zu akzeptieren bereit sind, oder aber, eine Eskalationsstufe höher, wenn man politische Mehrheiten dazu provoziert, die Kontrolle über ein beständig die Vorhaben der Politik durchkreuzendes Gericht zu erlangen (Vanberg 2001).

(Fast) Nichts fürchten Verfassungsrichter mehr als *non-compliance*, also das schlichte Ignorieren ihrer Urteile durch die Politik. Verfassungsrechtsprechung bewegt sich daher in Abhängigkeit von einer Reihe von Kontextparametern (etwa der öffentlichen Sichtbarkeit und Salienz der Entscheidung, die dann auch ihre Nicht-Umsetzung betreffen würde, der Unterstützung durch machtvolle gesellschaftliche Interessengruppen etc. (Vanberg 2001, 2005a, 2005b), also immer in einem wahrgenommenen, wenn auch nur sehr selten explizit gemachten politischen Möglichkeitsraum. Dass etwa die Karlsruher Richter und Richterinnen unpolitische Akteure wären, ist schlechte Folklore, an die noch nicht einmal diejenigen glauben, die sie verbreiten (und wohl am wenigsten die Karlsruher Richterinnen und Richter selbst).

Komplementäre strategische Autolimitationsüberlegungen gelten aber auch für die jeweiligen politischen Mehrheiten. So wie Gerichte berücksichtigen müssen, in welchem *politischen Möglichkeitsraum* sie sich bewegen, so liegt es im Eigeninteresse der maßgeblichen politischen Akteure zu antizipieren, in welchem *juristischen Möglichkeitsraum* sie sich bewegen, weil ihr Ansehen ebenfalls Schaden nehmen würde, wenn ihren Gesetzen durch ein Gericht immer und immer wieder Verfassungswidrigkeit attestiert würde. Insofern funktioniert Autolimitation, wenn sie funktioniert, als Verschränkung von juristischer Berücksichtigung des Politischen und politischer Berücksichtigung des Juristischen. Aus dieser Komplementarität strategischer Handlungskalküle heraus, nicht als abstraktes Prinzip oder als Wert, dem man innerlich verpflichtet ist (guter Demokrat) oder eben nicht (schlechter Demokrat), entwickelt dann Gewaltenteilung ihre Wirkung.

Aber sie beruht eben auf einem *wechselseitigen Kalkül* und funktioniert nicht so, wie es die naive Theorie einer verfassungsrechtlichen Kontrolle des Regierungshandelns sich vorstellt, laut der erst eine Regierung handelt und ein Gericht dann überprüft, ob dieses Handeln im ›verfassungsrechtlichen Rahmen‹ verbleibt oder ihn überschreitet. Denn die ›nachgelagerte‹ strategische Interaktion zwischen Politik und Gerichten – ein Verfassungsgericht urteilt, und die Politik entscheidet anschließend, ob und, wenn ja, inwieweit sie dem Urteil folgt – ist für ein austariertes Zusammenwirken der beiden Gewalten nicht weniger wichtig: Moderation stellt sich nur dann ein, »wenn jede Handlung einer der Gewalten die Zusammenarbeit mit einer anderen Gewalt erfordert, um wirksam zu sein« (Maravall/Przeworski 2003, S. 11).

Im Regelfall suchen also sowohl Regierungsmehrheiten die Konfrontation mit Verfassungsrichtern zu vermeiden als auch Verfassungsrichter die Konfrontation mit Regierungsmehrheiten. Insofern sind intensive Konflikte zwischen einer Regierung und einem Verfassungsgericht, sind zumindest fundamentale konstitutionelle Krisen aus Sicht der Autolimitationstheorie eigentlich eher unwahrscheinlich – weil man zugleich im Sinne einer grundlegenden *Rational-expectations*-Unterstellung nicht plausibel annehmen kann, dass ihnen *systematische Fehleinschätzungen* zugrunde liegen, entweder der Politik im Hinblick auf den Aktivismus eines Verfassungsgerichts oder des Gerichts hinsichtlich der grundsätzlichen Konfliktbereitschaft und inhaltlichen Positionierung ›der Politik‹, sprich der Programmatik der regierenden Parteien. Zumindest lässt sich schwerlich annehmen, dass solche Fehleinschätzungen über längere Zeiträume fortbestehen. Ganz konkret gesprochen: Angesichts des außergewöhnlich aktivistischen Gebrauchs ihrer Normenkontrollkompetenzen hätten wohl weder polnische noch ungarische Regierungen große Zweifel über die Entschlossenheit ihrer Verfassungsrichter hegen können; noch hätten, umgekehrt, Verfassungsrichter in Polen und Ungarn starke Zweifel an der Entschlossenheit der neuen rechtspopulistischen Regierungen (Polen: ab 2015; Ungarn: ab 2010) hegen brauchen, ihre Mehrheiten auch tatsächlich zu nutzen.[31]

Gerade das aber macht die Eskalation zu fundamentalen Verfassungskonflikten in Ungarn oder Polen zu in hohem Maße erklärungsbedürftigen Ereignissen – solchen, die eigentlich nicht hätten vorkommen sollen. Die Frage, die sich damit stellt, lautet: *Why did the dog bark*? Oder genauer: *Why did it actually* bite? Aus welchem Grund suchte die Politik/die Justiz den offenen Konflikt mit der Justiz/Politik nicht zu vermeiden?[32] Warum waren in diesem Fall die Autolimitationskalküle auf beiden Seiten offensichtlich ausgesetzt? Warum konnten die wechselseitigen Selbstbeschränkungsmotive der Akteure die Konflikte nicht einhegen? Kurz: Wie konnte es so weit kommen?

In Europa ist die Antwort auf diese ›Why did the dog actually bite?‹-Frage, so denke ich, zumindest in großen Teilen in der suprastaatlichen Einbettung des Rechts zu finden. Denn die Anreize für die Autolimitation der Justiz, also für die Selbstbeschränkung der Rechtsprechung in Antizipation dessen, was in einem Lande unterhalb des offenen politischen Konflikts zwischen Staatsorganen jeweils verfassungsrechtlich möglich ist, verringern sich erheblich, wenn Gerichte selbst wiederum über Appellationsoptionen innerhalb einer suprastaatlichen Rechtsordnung verfügen, wenn ihnen also systematisch die Möglichkeit offensteht, aus der strategischen Interaktion mit der nationalen Regierung auszubrechen. Darin liegt für Gerichte ein substanzieller Autonomiegewinn, weil ja nun der Konflikt auf eine andere Ebene getragen wird, die anderen Logiken gehorcht, auf der andere Sanktionsmittel zur Verfügung stehen und auf der mit neuen Verbündeten zu rechnen ist.

Bekanntlich erhöht *exit* im Regelfall die Erfolgswahrscheinlichkeit von *voice* (Hirschman 1974 [1970]) – und im europäisch-integrierten Rechtsraum trifft das ganz besonders zu. Denn hier ist diese Interpellationsinstanz ein Gericht, der EuGH, das selbst kaum der Autolimitation unterliegt, sich weitestgehend »außerhalb formaldemokratisch angezeigter Verantwortungs- und Kontrollstrukturen bewegt«, weil es einem »politischen Gegendruck, wie ihn staatliche Obergerichte erfahren, [...] nicht ausgesetzt« ist (Nettesheim 2021, S. 225).

Ganz im Gegenteil: Umgeben von Akteuren wie der Kommission, dem Parlament, und – entgegen einer breiten Wahrnehmung – *auch* dem Ministerrat (Döring/Manow 2008), die seine *Ever-closer-union*-Präferenzen weitgehend teilen, zumindest sehr viel weitgehender teilen, als es die EU-Bürger im Durchschnitt tun, spricht der EuGH Europarecht auf der Grundlage einer angesichts des Einstimmigkeitsprinzips und aufgrund der bei Vertragsänderungen in einigen Mitgliedsländern notwendigen Referenden quasi unabänderbaren ›Verfassung‹, der europäischen Verträge. Der EuGH kann folglich in beispielloser Autonomie entscheiden (Schmidt 2018) – und alle Einzelgerichte der Mitgliedsländer können an dieser einzigartigen Abschirmung des Rechts vor politischen Kräften teilhaben, sobald sie Streitfälle per Vorabentscheidungsverfahren dem EuGH vorlegen.

Das stellt nicht nur eine erhebliche Ausweitung von Normenkontrollkompetenzen auf mehr Länder, sondern zugleich auch in den Ländern eine enorme Erweiterung dieser Kompetenzen auf *jedes* Einzelgericht dar. Sie bekommen ein ganz neues »Instrument zur Kontrolle des nationalen Gesetzgebers« in die Hand (Patel/Röhl 2020, S. 65; grundlegend Weiler 1991, 1994; Alter 2009). Das Vorabentscheidungsverfahren, das ja faktisch nichts anderes ist als ein Recht zur Normenkontrolle, etabliert somit nicht nur automatisch für jedes Einzelgericht in jedem Mitgliedsland die Kompetenz zur richterlichen Überprüfung von Parlamentsgesetzen (es wird dann, nebenbei bemerkt, zu einer objektiv *falschen* Codierung, wenn man zwischen EU-Mitgliedsländern mit und ohne *judicial review* unterscheiden will, wie es alle einschlägigen Datensätze weiterhin tun). Zugleich sind die Hürden, ein solches europarechtliches

Kontrollverfahren zu initiieren, denkbar niedrig: Es reicht, wenn eine Europarelevanz des jeweils zur Entscheidung anstehenden Falls erfolgreich geltend gemacht wird.

Dadurch werden *innerhalb der Mitgliedsstaaten* die Konflikte zwischen Exekutive und Judikate intensiver und unversöhnlicher, da die europarechtliche Exit-Option die Konfliktbereitschaft der nationalen Gerichte erhöht, denen regelmäßig die europäischen Institutionen beispringen. Der Arenenwechsel lässt diese Streitfälle also schnell zu einem generellen Kompetenzkonflikt *zwischen Mitgliedsstaat und europäischen Institutionen* eskalieren, was schließlich die Frage aufwirft, warum – wenn schon die Mechanismen der *richterlichen* Autolimitation nicht greifen – auch die *politische Selbstbeschränkungsrationalität* regelmäßig nicht zum Tragen zu kommen scheint. Dass das so ist, davon zeugen zumindest die Dynamik und Intensität der konstitutionellen Krisen der jüngsten Vergangenheit, zu denen sich die Auseinandersetzungen etwa zwischen der polnischen PiS- oder der ungarischen Fidesz-Regierung und den jeweiligen Verfassungsgerichten, nachfolgend zwischen diesen Regierungen und den europaischen Institutionen entwickelt haben und die sich zu einer generellen europäischen *rule of law crisis* verschärft haben (siehe unten).

Dass diese Konflikte sich zu einer generellen Krise der Rechtsstaatlichkeit auswachsen konnten, liegt eben auch an dem Charakter der europäischen Normenkontrolle. Denn die Krisen und Konflikte *innerhalb* der Mitgliedsstaaten unterliegen auch deswegen einer ständigen

Eskalationsgefahr, weil die konfrontativen Handlungsanreize nicht nur in der strategischen Interaktion zwischen der nationalen Exekutive und den obersten nationalen Gerichten (*apex* oder *peak courts*) wirken, sondern sämtliche Instanzen betreffen, da *alle* »mitgliedstaatliche[n] Gerichte [...] durch die Anwendung und Interpretation des Unionsrechts und ihre Verklammerung mit dem Europäischen Gerichtshof über das Vorlageverfahren zu Unionsgerichten« werden (Patel/Röhl 2020, S. 76). In dieser Lage kann man aber schlicht nicht mehr erwarten, dass in der ›strategischen Interaktion‹ zwischen einer Regierung und dieser Vielzahl von Einzelgerichten Kalküle der wechselseitigen Autolimitation zum Tragen kommen.

Will sich aber eine Regierung, die eine eigene, eben eher integrationsskeptische Agenda verfolgt, für die sie auch gegenüber ihren Wählern im Wort steht, diesem Schicksal nicht fügen, ist damit regelmäßig eine neue Eskalationsstufe eingeleitet, weil der Konflikt zwischen Politik und Recht nun potenziell auf die ganze Gerichtsbarkeit eines Landes übergreift. Einer der *ever-closer union* gegenüber kritisch eingestellten – *und ihren Wählern gegenüber auch entsprechend verpflichteten* – Politik kann es angesichts der Tatsache, dass jedes Gericht die Möglichkeit hat, ein Vorabentscheidungsverfahren zu initiieren, schließlich nicht mehr ›nur‹ darum zu tun sein, Kontrolle über die obersten Gerichte zu bekommen.[33] Bezeichnenderweise gerieten in den Auseinandersetzungen zwischen der PiS- oder der Fidesz-Regierung und der polnischen bzw. ungarischen Justiz sehr bald Institutionen wie die polnische Disziplinarkammer oder das ungarische Nationale Justizamt in den Mittelpunkt. Das heißt, die Besetzung von Richterposten generell wurde zum politischen Streitgegenstand.

Der Konflikt ist dann nicht mehr nur einer zwischen der Regierung und dem jeweiligen (aktivistischen) Verfassungsgericht. In dieses Bild von der neuen konstitutionalistischen Konfliktkonstellation passt der Befund, dass aus einem Land umso mehr Vorabentscheidungen in Luxemburg vorgelegt werden, desto integrationsskeptischer die nationale Regierung ist (Schmidt/Manow 2023). In dieses Bild passt ferner, dass richterliche Zurückhaltung (in der Nutzung des europarechtlichen Exit) nicht etwa in dem Maße zunimmt, mit dem eine Regierung über eine komfortable parlamentarische Mehrheit, also über einen klaren Repräsentationsauftrag verfügen kann. Anders als es die auf den nationalen Kontext zielende Autolimitationshypothese nahelegen würde, können wir, wenn überhaupt, in EU-Ländern einen *positiven* Zusammenhang zwischen der Zahl der Vorabentscheidungsverfahren und der Eindeutigkeit parlamentarischer Mehrheiten feststellen (Schmidt/Manow 2023). Das ist ein weiterer Faktor, der zur Konflikteskalation beiträgt, zumal selbst verfassungsändernde Zweidrittelmehrheiten – wie in Ungarn 2018 und 2022 – nun nicht länger richterliche Zurückhaltung motivieren.

Darüber hinaus könnten sich die entsprechenden Regierungen in ihren Angriffen auf die Verfassungsgerichte insofern bestärkt gesehen haben, als diese angesichts ihres extrem aktivistischen Verhaltens in der Vergangenheit von der Bevölkerung nicht als neutrale Hüter der Rechtsstaatlichkeit, sondern eher als politische Akteure mit eigener Agenda angesehen wurden.[34] So regen sich richterlicher Aktivismus und politische Gegenschläge wechselseitig an.

Das aber charakterisiert schließlich den Konflikt als einen, der ausgetragen wird zwischen einer gegenüber der eigenen Wählerschaft programmatisch verpflichteten Regierung und einer sich auf die Verteidigung der Rechtsstaatlichkeit berufenden europäischen Seite (die damit aber automatisch exponierteste Partei ist). Anreize zur Autolimitation sind auf beiden Seiten ausgesetzt. Das gilt nicht zuletzt auch für den EuGH selbst, dem es natürlich um die Einheit des Unionsrechts gehen muss, für den die ›Verteidigung der Werte der Union‹ gegen die ›Feinde der Werte der Union‹ aber zugleich auch Selbstaufwertung verspricht und damit so dringend benötigte Legitimation. Eine solche Gelegenheit würde sich kein rationaler Akteur, und das ist der EuGH, entgehen lassen.[35]

So ist die Intensität der resultierenden Auseinandersetzungen wohl nicht zuletzt dem Umstand geschuldet, dass jeweils Anreize zur Kompromisslosigkeit gesetzt sind und dass sich aus den ideationalen Referenzkategorien, die dabei zur Legitimation der eigenen Position angeführt werden – nationale Selbstbestimmung hier, europäischer Rechtstaat dort –, jeweils schlüssige Krisennarrative als Leitmotive des eigenen Handelns ableiten lassen. Auf beiden Seiten kann mit Gründen auf den Befund einer umfassenden Krise und auf nichts weniger als die Verteidigung der Demokratie selber zurückgegriffen werden.

3.4 Konspiration: Wenn die Erzählung von der Verschwörung gegen die Demokratie zu einer Verschwörungstheorie zweiter Ordnung zu werden droht

Durch die Einbettung in den europäischen Rechtsraum (einschließlich Direktwirkung und Vorrang des Europarechts), durch das Zusammenwirken einzelstaatlicher Gerichte mit dem EuGH und schließlich auch durch den Beistand vermittels strategisch initiierter Prozesse, den die Gerichte anderer Mitgliedsländer Richtern leisten können, wenn diese politisch unter Druck geraten,[36] wird die nationale Judikative gegenüber dem politischen Willen der nationalen Exekutive weitgehend immunisiert. Selbstverständlich kann man das als einen Triumph der Rechtsstaatlichkeit (über illiberale politische Mehrheiten) emphatisch begrüßen. Und natürlich muss niemand mit einem Projekt sympathisieren, das sich die Beseitigung richterlicher Unabhängigkeit zum Ziel setzt.

Man sollte allerdings berücksichtigen, aus welchen Motiven sich dieses Projekt speist, um die politischen Konfliktdynamiken zu verstehen, die es freisetzt. Die Berufung auf den Schutz *des* Rechtsstaates (und dadurch auf den Schutz *der* liberalen Demokratie) ist in der gegebenen Konstellation keineswegs so neutral, wie sie sich gibt. Das Legalitätsprinzip tritt nie völlig aus dem Schatten des Politischen heraus. Es bewegt sich hier nur geschmeidig aus einem nationalstaatlichen Rahmen heraus und in den Schatten eines suprastaatlichen Integrationsprojekts hinein (das fraglos selbst politisch ist). Es wird also aus einem nationalen demokratischen Kontext herausgelöst, in dem genau diese Ablösung jedoch hochgradig kontrovers und Gegenstand des demokratischen Parteienwettbewerbs ist (und selbstredend auch sein darf). Das Legalitätsprinzip tritt nun als Instrument der fortgesetzten Integration in einen suprastaatlichen Raum ein, in dem die Opposition gegen diesen Prozess sich allenfalls noch im Europaparlament artikuliert, wo sie bislang allerdings politisch folgenlos gestellt bleibt durch die Großkoalition der *Ever-closer-union*-Fraktionen.

Mithin gilt es festzuhalten, dass diese Drift des Legalitätsprinzips nicht nur kategoriale, sondern buchstäblich fundamentale Probleme mit sich bringt: Wenn die Hegemonie und Suprematie des europäischen Rechts grundsätzlich politisch umstritten ist, lässt sich dieser Streit nicht durch ebendieses Recht lösen, zumindest nicht unpolitisch lösen. Insofern ist die Konflikteskalation vorgezeichnet. Wir sehen das Wirken eines ›europäisches Modells‹, das sich sehr robust gegen diejenigen Kräfte in den Mitgliedsstaaten wendet, die von Europa andere Vorstellungen hegen, mit einem EuGH, der sich weit entfernt hat von der Vorstellung, ein Verfassungsgericht müsse lediglich wie ein ›Referee‹ im Wettbewerb der politischen Kräfte für die Einhaltung der Regeln sorgen, sondern der stattdessen immer und immer wieder interveniert, wenn das ›falsche Team‹ zu gewinnen droht (Volcansek 2019).

Die daran anschließende Interpretation, hier ginge es um den Rechtsstaat einerseits und seine Gegner andererseits (die sich damit auch als Gegner *der* Demokratie erweisen würden), erzeugt also eine Eindeutigkeit, die der Konflikt selber nicht aufweist. Für sich genommen ist sie freilich bezeichnend, weil sie mit der Gegenüberstellung von passiven und anonymen Werten auf der einen und fehlgeleiteten Akteuren mit zweifelhaften Motiven auf der anderen Seite arbeitet, um die in den Streit involvierten Parteien moralisch einzuordnen.[37]

Ein simples *Add-on*-Verständnis liberaler Demokratie, in dem es einerseits etwas Elektorales gibt und dann, sozusagen als Dreingabe, als ›Schlussstein‹ (Rainer Wahl), noch etwas Institutionelles, das von diesem Elektoralen unabhängig ist und es beschränkt, erweist sich als naiv. Als *politisch* qualifiziert sich jeder dieser Konflikte zwischen Recht und Politik und den jeweiligen Akteuren auch schon weit vor allen Unterschieden in ihrer ideologischen Orientierung, also vor jedem Konflikt über konkrete Inhalte, da »sie in dem Wunsch wurzeln, die eigene Autorität zu verteidigen oder zu vergrößern« (Maravall/Przeworski 2003, S. 14f.). Es geht zunächst schlicht um das Recht, das letzte Wort zu haben. Der Konflikt lässt sich daher auch gar nicht immer zurückrechnen »auf Normen der Legalität selbst« (ebd.) – wohl aber ist er in seinen *Konsequenzen* zugleich weit mehr als nur ein Streit um Vorherrschaft, denn jeder Zugewinn richterlicher Autorität etwa über parlamentarische Autorität entwertet die demokratische Delegations- und Repräsentationskette. Dass im europäischen Kontext fundamental strittige Positionen über die Integration zu diesen *turf battles* zwischen den Staatsgewalten hinzutreten und sie ungemein intensivieren, ist damit nicht bestritten.

Wer das letzte Wort tatsächlich hat, lässt sich ermit-

Abb. 8: Juristische vs. politische Kompetenz zur Verfassungsauslegung

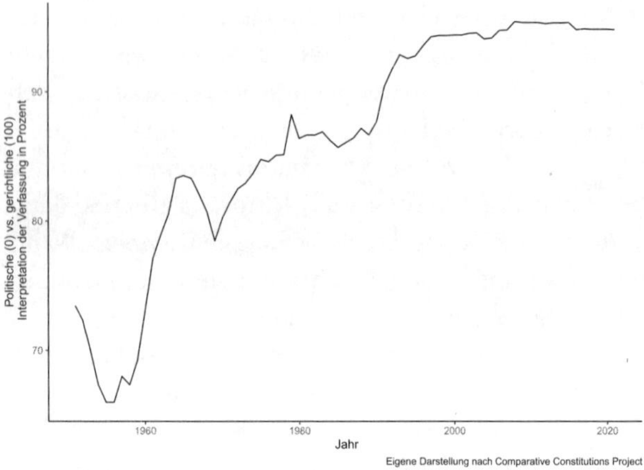

teln. Das Comparative-Constitutions-Projekt fragt unter anderem: »Wem überträgt die Verfassung die Zuständigkeit für die Interpretation der Verfassung?«, und unterscheidet nach politischen und juristischen Akteuren (Elkins/Ginsburg 2022, S. 87).[38] Setzt man beide ins Verhältnis zueinander, ergeben sich die relativen Gewichte wie in Abbildung 8 dargestellt – im Zeitverlauf dominiert die juristische Verfassungsinterpretation fast vollständig. Daraus folgt erneut eine methodische Konsequenz: Wenn die Unabhängigkeit der Gerichte heute umkämpfter erscheint als früher, mag es nicht (nur) am Aufstieg der Anti-Demokraten liegen, sondern auch daran, dass Gerichte so viel machtvoller und politischer geworden sind (siehe unten Appendix I), so dass es nicht überraschen kann, dass sie politisch umkämpfter werden.

Mit Konzeptionen, die für das Dynamisch-Veränderliche der Demokratie keinen Raum haben, sondern nur auf vermeintliche institutionelle Garantien des demokratischen Prozesses abstellen, ist ein Bewusstsein von diesen Krisenursachen und Eskalationsdynamiken nicht zu haben. An Europas *rule of law crisis* bestätigt sich somit nur ein weiteres Mal, dass Demokratiekonzeptionen immer nur die Krisen identifizieren, die ihnen ›ins Konzept passen‹.

So konnen diese Konflikte auch nur unbefriedigend ›personalistisch‹ zurückgerechnet werden auf unlautere Akteure mit finsteren Motiven, wie es mit der Fixierung der Debatte auf einzelne Schurkengestalten wie Viktor Orbán oder Jarosław Kaczyński nicht nur publizistisch üblich geworden ist. In den entsprechenden Diagnosen ist regelmäßig von einem ›autokratischen Skript‹, einem ›Drehbuch‹ der Machtergreifung, einem »Handbuch der ›Möchtegern‹-Diktatoren« die Rede, das die neuen Autokraten Schritt für Schritt – und in konspirativer Absprache – abarbeiten, ohne dass sich dieser Diskurs gewahr würde, dass er mit seinem obsessiven Fokus auf Personen und deren Machenschaften dem populistischen Politikmodus bereits viel zu viel zugesteht. Auch das V-Dem-Projekt, das eigentlich zum Ziel hat, eine politikwissenschaftliche Dateninfrastruktur bereitzustellen, verbreitet erstaunlicherweise diese Erzählung von einem Drehbuch der Autokratisierung und läuft damit Gefahr, seine Beobachterposition zu diskreditieren, wenn es meint, die aktuellen Entwicklungen als schrittweises Abarbeiten autokratischer Regieanweisungen verstehen zu können:

> Versuche im ersten Schritt die Medien einzuschränken und zu kontrollieren und zugleich die akademische Welt und die Zivilgesellschaft zu unterdrücken. Dann verbinde dies mit der Missachtung politischer Gegner, um die Polarisierung zu schüren, und nutze den Staatsapparat zur Verbreitung von Desinformationen. Erst wenn du an diesen Fronten weit genug gekommen bist, ist es Zeit für einen Angriff auf den Kern der Demokratie: Wahlen und andere formale Institutionen. (Alizada et al. 2021, S. 22)[39]

Diese eher hermetischen Beschreibungen einer Verschwörung gegen die Demokratie werden zu Verschwörungstheorien zweiter Ordnung. Die Unübersichtlichkeit und prinzipielle Unverfügbarkeit des politischen Geschehens lösen sich in ihnen restlos auf in Vorstellungen von einem Komplott, von einem autokratischen ›Werkzeugkasten‹ bzw. einer ›Trickkiste‹ (Leggewie/Karolewski 2021), aus dem bzw. der sich die Bösewichte ganz nach Belieben und stets im Vertrauen auf die von ihnen berechnete Wirkung bedienen können. Wenn schließlich mit der Metapher des *Frankenstate* als einem konstitutionellen Monster die Vorstellung einer kompletten Modellierbarkeit eines Staatswesens formuliert wird, als einer monströsen Komposition aus einer Vielzahl je für sich »völlig legaler und vernünftiger verfassungsrechtlicher Komponenten«, von politischen Demiurgen allein mit der Absicht ersonnen, »für die absehbare Zukunft ihre Kontrolle [...] über das politische Leben zu zementieren«, ist das Interesse daran, eine analytische Perspektive zu entwickeln, insbesondere das Interesse an der Überprüfbarkeit eigener Hypothesen, offenkundig aufgegeben (Scheppele 2013a, 2013b). Alle Maßnahmen lassen sich zurückrechnen auf und sind erklärbar durch die bösen Absichten derjenigen, die hinter ihnen stehen und die Strippen ziehen. Aber schon auf einfachster konzeptioneller Ebene sollte gelten: »Der politische Stil eines Regimes sollte nicht ausschließlich als Manipulation charakterisiert werden.« (Taguieff 1995, S. 23) Und auf einfachster methodischer Ebene sollte gelten: Eine Aussage sollte falsifizierbar sein, um sich als wissenschaftliche zu qualifizieren.

Komplementär zur Vorstellung von der autokratischen Verschwörung verhält sich die Vorstellung von der Dummheit des Demos: Beide sind aufeinander angewiesen und erzeugen spezifische Hierarchien der intellektuellen Einsichtsfähigkeit hier und der ungebildeten Verführbarkeit dort. Elektorale Zustimmung zu den Programmen der populistischen Führergestalten kann dann immer nur Irrtum der verführten Massen bzw. bereits die Resultante der demagogischen Manipulation der Öffentlichkeit sein: »Die Chancen für eine Entdemokratisierung steigen bei niedrigem politischem Erfahrungs- und Bildungsniveau der Bevölkerung und im Zuge charismatischer Performanz populistischer Führungspersonen.« (Leggewie/Karolewski 2021, S. 19) Das ist alles, was an Wählersoziologie im Rahmen dieses Deutungsschemas geboten werden kann. Zugleich muss man annehmen, dass beispielsweise ungarische und polnische Wähler und Wählerinnen nach vierzig Jahren Totalitarismus nicht in der Lage sind zu erkennen, was für gebildete Beobachter des Geschehens völlig evident ist und nicht anders als evident sein *muss*, dass sie nämlich im Begriff sind, ihre jüngst erst errungene politische Freiheit den erstbesten Demagogen zu opfern.[40] Darin zeigt sich auch die Abwehr des Gedankens, PiS- oder Fidesz-Wähler würden möglicherweise nicht nur aus Verblendung wählen, wie sie wählen. In diesen dramaturgisch-narrativen Verkürzungen von Gegenwartsdiagnosen stellt sich schließlich nur noch das Problem der politischen Dystopieverzögerung: Warum ist der Umschlag in die offene Gewaltherrschaft eigentlich noch nicht endgültig vollzogen?

Im Lichte der hier vorgenommenen Rekonstruktion unserer gegenwärtigen Konflikte, die auf die Dialektik von politischer Instabilität und konstitutionalistischer Stabilität hinweist, erklärt sich schließlich auch, warum – ganz anders, als es die in der Europaforschung gängigen Thesen eines Endes der Integration durch Recht (Patel/Röhl 2020) und eines Übergangs vom permissiven Konsensus zum *constraining dissensus*, also der Ablösung einer jahrzehntelang von teils diffuser Zustimmung, teils von Desinteresse profitierenden europäischen Integration durch eine Politisierung und Polarisierung der Positionen (Hooghe/Marks 2009) nahelegen – der dominante Modus europäischer Integration nicht nur immer noch, sondern eigentlich mehr denn je ein rechtlicher ist. Es herrscht mehr vom Gleichen: *integration through law*. Die Antwort auf Europas Krise der Rechtsstaatlichkeit lautet: immer noch mehr Recht – nun vor allem mehr sanktionsbewehrtes Recht.[41]

Ein solches Reaktionsmuster versteht jedoch nicht

nur nicht, dass es einen Zusammenhang zwischen der Ausweitung der institutionellen Schutzzonen und der Ausweitung der politischen Kampfzonen gibt, sondern offenkundig ebenso wenig, dass das, was Europas *rule of law crisis* kennzeichnet, mit der Verschiebung der relativen Gewichte zwischen dem demokratisch Veränderlichen und dem rechtlich Unveränderlichen zu tun haben könnte, mit dem Zusammenhang von Konstitutionalisierung und Krise, von Instabilität der *politics* (und letztlich der *polities*) bei rechtlich abgesicherter Hyperstabilität der *policies*, mit der Verschiebung zwischen subjektiven Rechten und kollektiver Selbstbestimmung dort, wo die Demokratie als »System organisierter Unsicherheit« (Adam Przeworski) den ausgreifenden Raumbewegungen einer rechtlich garantierten ›Berechenbarkeit‹ im Dienste ökonomischer Wohlfahrtsgewinne und subjektiver Rechte weichen muss.

4. Die beobachtete Demokratie

Literaten neigen dazu, Tatsachen durch Recht zu ersetzen, das Gleichgewicht der Interessen und die Abwägung der Mittel durch Grundsätze, Macht und Handeln durch Werte und Ziele.

Furet 1989 [1978], S. 49[1]

4.1 Konstitutioneller Moment: Wie sich die liberale Demokratie ihren Anfang erzählt

Damit können wir nun schließlich auch auf die Anfangsfrage, seit wann es die liberale Demokratie gibt, etwas differenzierter, nämlich mit zwei Datumsangaben antworten. Die liberale Demokratie hat, wie wir in Abschnitt 3 gesehen haben, ein institutionelles Geburtsdatum: um 1990. Und sie hat ein konzeptionelles Geburtsdatum, das sich auf die Zeit datieren lässt, zu der die Vorstellung einer liberalen Demokratie ›kanonisiert‹, soll heißen: in ein Messkonzept überführt (vgl. Coppedge 2020, Coppedge et al. 2020)[2] bzw. als ›historische Formation‹ entdeckt wird (Müller 2013a, 2013c) – in diesem Fall also zwanzig Jahre später, um 2010.[3] In einem chronologischen Sinne mag die Feststellung trivial erscheinen, dass das zweite Geburtsdatum abhängig vom ersten ist. In einem substanziellen Sinne ist diese Feststellung jedoch alles andere als trivial. Denn das neue Konzept ist eine Reaktion auf die politischen Konflikte, die von den neuen Institutionen hervorgerufen wurden und sich später zu dem verdichtet haben, was wir liberale Demokratie zu nennen übereingekommen sind, um den Konflikten eine spezifische diskursive Gestalt zu geben. Die liberale Demokratie gewinnt ihren Modellcharakter erst im Kontext der Konflikte, die ihre Institutionen provozieren (Manow 2018). Am Modell der liberalen Demokratie wird dann als ›Krise‹ abgelesen, was überhaupt erst Anlass zur Herausbildung des Konzepts gegeben hatte: Der Populismus ist eine Krankheit, die von einem neuen (liberalen) Verständnis der Demokratie hervorgebracht wird (siehe oben). Erst der Wunsch, die Herausforderung des Status quo auf den Begriff zu bringen, typisiert seine Gegner, die sich nachfolgend dazu entschließen, ihre neue Rolle anzunehmen und auszudeuten, um die eigene Handlungsmacht zu vergrößern, um die Grenzen der Rolle auszutesten.[4]

Dass es zunächst um ein begrifflich-konzeptionelles Problem geht, wird unmittelbar gesehen: »Ein Teil der neuen Herausforderungen an die liberale Demokratie – und an die EU – besteht schließlich darin, dass uns schlicht die Sprache fehlt, um ein Abdriften (oder bewusstes Lenken) ins Autoritäre zu verstehen« (Müller 2013c, S. 16). Angesichts der ungarischen Entwicklungen, zwei Jahre nach dem zweiten Wahlsieg von Fidesz, fragt Jan-Werner Müller: Mit »welchen Begriffen [kann] man ein politisches System [...] fassen«, das im Begriff ist, autoritär zu werden? Aber den politischen Akteuren und ihren Beobachtern hat es nicht lange »die Sprache verschlagen« (ebd.). Denn zu dieser Zeit kristallisiert sich heraus, mit welchen Begriffen ›das Abdriften‹ gefasst werden könnte: mit der absteigenden Folge aus ›liberaler Demokratie‹ – ›elektoraler Demokratie‹ – ›elektoraler Autokratie‹. Nur wenig später, in einer Rede im Juli 2014, verortet sich Viktor Orbán in einer Zeit »nach der Ära des liberalen Staates und der liberalen Demokratie«.[5] Damit ist der Konflikt umrissen, und die Rollen sind verteilt. »[O]ur classifications and our classes conspire to emerge hand in hand, each egging the other on« (Hacking 2002, S. 106) – unsere Klassifizierungen und unsere Klassen tun sich zusammen, um sich wechselseitig anzustacheln. Bedingungen und Folgen dieser Hervorbringungsdynamik geraten dabei vollends aus dem Blick. Im September 2022 beschließt dann das Europäische Parlament per Mehrheit, dass Ungarn den Übergang in eine elektorale Autokratie vollzogen habe.

Mit dieser Begrifflichkeit wird eine nachträgliche Chronologie eingeführt: Nach ihr gab es zunächst, und das schon seit ›einiger‹ oder sogar schon seit ›längerer Zeit‹, die liberale Demokratie als Modell, ideell wie institutionell. Das Varieties-of-Democracy-Projekt entdeckt, nachdem es das Messkonzept um 2010 etabliert, liberale Demokratien auch schon in der Mitte des 19. Jahrhunderts,[6] und Francis Fukuyama, in seiner abenteuerlichen Genealogie, will sie sogar schon im Jahr 1790 gesichtet haben (Fukuyama 2022 [1992], S. 110-112, siehe dazu auch Anm. 22 in Abschnitt 2) – ohne genauer angeben zu können oder zu wollen, woran man sie erkennen könne und was das Zusatzattribut

›liberal‹ etwa für Frankreich am Ende des 18. Jahrhunderts eigentlich zum Ausdruck bringen soll. Aber für unseren Kontext ist ohnehin der Umstand von größerer Aussagekraft, dass nun ab 1990 versucht wird, die liberale Demokratie zu datieren, als es die im Einzelnen vorgeschlagenen Datierungen selber sind.

Konkreter argumentiert Jan-Werner Müller und legt das In-die-Welt-Kommen eines neuen Demokratieverständnisses und damit auch einer neuen Demokratie, des Modells der ›selbst-disziplinierten‹, eingehegten, begrenzten, sprich der ›liberalen Nachkriegsdemokratie‹, auf »nach 1945« (Müller 2013c, S. 39; vgl. auch Müller 2013a, S. 247-254). Nach Müllers Deutung der Entwicklung hat sich in Europa nach dem Zweiten Weltkrieg ein »gemeinsames Muster« herausgebildet (Müller 2013c, S. 39), und zwar als historische Lehre aus dem Zusammenbruch europäischer Demokratien in der Zwischenkriegszeit. Vor dem Hintergrund dieser Erfahrungen »entschieden sich die Architekten der westeuropäischen Nachkriegsordnung, vor allem solche Institutionen zu stärken, welche sowohl die Volks- als auch die Parlamentssouveränität einschränken. Prägnantestes Beispiel ist das Verfassungsgericht« (Müller 2013c, S. 39; vgl. Mény/Surel 2002, S. 10). Damit vollzog die »Nachkriegszeit [...] entscheidende Innovationen der ›Verfassungstechnik‹«, und »eine der wichtigsten überhaupt im Europa des 20. Jahrhunderts war die Einrichtung von Verfassungsgerichten« (Müller 2013a, S. 247). Für Müller sind insbesondere sie Ausdruck eines »dezidiert antitotalitären Konsens[es] der Nachkriegszeit«, prototypische Institutionen »bewusst ›eingeschränkter‹ oder

›selbstdisziplinierter‹ Demokratien« (Müller 2013c, S. 40; 2013a, S. 248).

Dieses allgemein konsentierte und nach 1945 etablierte liberale Modell sei in den 1970er Jahren auf Spanien, Griechenland und Portugal, dann 1990 auf die Transformationsländer im Osten Europas ausgeweitet worden. Zugleich müsse man, so Müller, auch die Europäische Union selber »als eine Art Erweiterung des dezidiert antitotalitären Verständnisses einer ›eingeschränkten Demokratie‹« verstehen (Müller 2013c, S. 75, Anmerkung 38). Die ihr zugrunde liegende historische Logik laute, so Müller: »Mitgliedstaaten gaben bewußt Machtbefugnisse an Institutionen, über die ihre Bürger nicht in Wahlen entschieden hatten [...], um liberaldemokratische Prinzipien ›einzubetonieren‹« (Müller 2013a, S. 251).

»Plötzlich« aber – wir schreiben das Jahr 2012 – seien einige der erst vor Kurzem diesem Modell beigetretenen Länder »dramatisch von dem in Nachkriegseuropa entwickelten Demokratieverständnis« abgewichen (Müller 2013c, S. 41). Für Ungarn unter Orbán, für die Slowakei unter Vladimír Mečiar, und man könnte nachtragen, wenig später für Polen unter den Kaczynskis, sei nun ein »radikales Abweichen vom liberalen Nachkriegsmodell der Demokratie« festzustellen (ebd., S. 47), von einem Modell, das diese Länder doch gerade erst durch Beitritt bestätigt, dessen *acquis normatif* sie doch gerade erst emphatisch zugestimmt hätten.[7]

Müllers Rekonstruktion dessen, was er die politische Ideengeschichte der Demokratie im 20. Jahrhundert nennt, klingt aus einer bundesrepublikanischen Perspektive absolut stimmig und plausibel – aber wie Kapitel 3 gezeigt hat, ist sie mit der tatsächlichen Institutionenentwicklung und den historischen Motiven dahinter nicht in Deckung zu bringen. Denn das, was in dieser Darstellung auf ›die Nachkriegszeit‹ datiert wird, etabliert sich doch erst im Zuge dessen, was als schlichte Ausweitung der liberalen Demokratie verstanden werden soll, im Kontext des großen Transformations- und Demokratisierungsprozesses nach dem Zusammenbruch der Sowjetunion (vgl. oben, Abbildungen 1, 5 und 6). In der typischen Art, wie Gründungserzählungen mit den Paradoxien ihrer Selbstsetzung umgehen, soll proleptisch das tatsächliche In-die-Welt-Kommen der liberalen Demokratie nun nur als ihre simple Expansion (oder bei Fukuyama: als ihre triumphale Bestätigung und ihr endgültiger historischer Sieg) erscheinen. Das Modell will seinen Anfang tilgen, es will zum Zeitpunkt seines Beginns schon längst vorgeherrscht haben.

Es ist von besonderer Ironie, dass die Transformation der Länder Ostmitteleuropas so gerne als ›nachholend‹ oder als ›nachahmend‹ (Krastev/Holmes 2019), als »Rückkehr zur Normalität« (Ascherson 1992) charakterisiert wird, als »rückspulende Revolution [...], die den Weg frei macht, um versäumte Entwicklungen nachzuholen« (Habermas 1990, S. 180), »verfassungspolitisch« lediglich als ein Aufschließen zum »Erbe der bürgerlichen Revolutionen« und deswegen auch durch den »fast vollständigen Mangel an innovativen, zukunftweisenden Ideen« charakterisiert (ebd., S. 186). Solche Zuschreibungen sind nur dann plausibel, wenn man den geschichtlichen Hintergrund ignoriert, vor dem sich diese Entwicklung vollzieht. Auch François Furet meinte, 1989 sei »keine einzige neue Idee aus Osteuropa hervorgegangen«.[8] Im Rückblick erscheinen diese Feststellungen als geradezu ängstliche Beschwörung eigener Vorbildhaftigkeit (siehe auch Garton Ash 2019). Es scheint jedenfalls egal, wer gerade am Klavier sitzt, gespielt werden immer nur ›Variationen nach einem Thema von Fukuyama‹. Alles andere als egal ist indes, wo das Klavier stehen soll, nämlich im Westen, wo das Modell der liberalen Demokratie dazu dient, über die politische Reife von Gesellschaften zu befinden, die den Weg, den man selber gegangen sein will, noch vor sich haben.

Allerdings sind *weder* Osten *noch* Westen mit der These von der nachholenden Revolution richtig beschrieben, macht der Osten doch nun gar nicht das durch, was der Westen bereits fünfundvierzig Jahre zuvor durchlaufen hatte. ›Nach 1945‹ folgte im Westen schließlich nur ein einziges Land dem behaupteten allgemeinen Entwicklungsweg der Etablierung einer sich selbst disziplinierenden Demokratie: die Bundesrepublik Deutschland (Hailbronner 2015).[9] Italien, als weiteres Beispiel einer postfaschistischen Konstitutionalisierung (Larsen 2021), gibt sich zwar eine Verfassung (1948) und setzt ein Verfassungsgericht ein (1956), aber das Gericht macht sich als Instanz der Normenkontrolle erst nach dem Zusammenbruch der italienischen Parteiensystems im Zuge des Mani-pulite-Skandals, also Anfang der 1990er Jahre, bemerkbar (Albanesi 2022; Bifulco/Paris 2007). Das österreichische Verfassungsgericht bleibt – insbesondere in den langen Phasen der schwarz-roten Großkoalition zwischen ÖVP und SPÖ mit ihrer häufigen verfassungsändernden Zweidrittelmehrheit – in einer schwachen Position (Grabenwarter 2007). Von ›ausgesprochen starken Einschränkungen‹ der Politik durch Verfassungsrechtsprechung kann für lange Zeit auch hier keine Rede sein. Die skandinavischen Länder kennen bis heute keine Verfassungsgerichte und keine Normenkontrolle. Die Niederlande haben einen Obersten Gerichtshof, ihm ist aber per Verfassung (!) untersagt, Parlamentsgesetze auf ihre Verfassungskonformität zu kontrollieren (das sogenannte ›Überprüfungsverbot‹). Der französische Conseil constitutionnel, ins Leben gerufen 1958, war bis in die 1970er Jahre eher ein Instrument, das einer ohnehin starken Exekutive zur Disziplinierung der Legislative diente, nicht aber eines zur ›Selbstdisziplinierung der Demokratie‹ – erst in den siebziger Jahren gibt es vereinzelte Fälle, in denen der Conseil im Namen individueller Rechte und nicht mit Bezug auf die Verletzung prozedural-technischer Rechtsvorschriften zu Gesetzesvorhaben Stellung bezieht (Jouanjan 2007). Und erst Anfang der 1980er Jahre, als Waffe der oppositionellen Rechten gegen die sozialistische Mitterrand-Regierung, entwickelt er sich – hochumstritten, also keineswegs im Konsens – zu einem bedeutsamen und einflussreichen Vetospieler (Stone Sweet 1992).[10] In England herrscht bis in die 2000er unumschränkte Parlamentssouveränität (und sie wird heute, nun auch gegenüber dem Europäischen Menschengerichtshof, wieder herzustellen versucht, nachdem man durch den Brexit bereits aus dem Entscheidungsbereich des Europäischen Gerichtshofs weitestgehend herausgetreten ist – was überhaupt eines der zentralen Leave-Motive gewesen war).

Von welchem sich ›nach 1945‹ herausbildenden ›gemeinsamen Muster‹ der verfassungsrechtlich beschränkten Demokratie will man da reden? Die demokratischen Nachzügler Südeuropas, Griechenland, Spanien und Portugal, folgen zwar ab Mitte der 1970er Jahre dem Muster der postfaschistischen Konstitutionalisierung (Larsen 2021), das aber vollzieht sich schon im Kontext des Menschrechtsdiskurses dieser Zeit und nicht als Reflex eines antitotalitären Konsenses der unmittelbaren Nachkriegszeit (Eckel/Moyn 2014; Eckel 2014; Moyn 2012; Sarasin 2021). Es ist nun dieser Menschenrechtsdiskurs, der ab den 1970er Jahren dominiert und das neue Verständnis von Demokratie beeinflusst (siehe Abschnitt 4.2).

Die Europäische Union als ›eine Art Erweiterung‹ eines solchen restringierten oder limitierten Demokratiemodells verstehen zu wollen (bzw. als »integrale[n] Bestandteil des neuen ›Verfassungsethos‹« (Müller 2013a, S. 251) erscheint ebenfalls in mehrfacher Hinsicht problematisch. Einerseits trifft es schlicht nicht zu, dass die EU diesem Modell selber folgen würde, weil eine starke Limitierung von Volkssouveränität nur dort erfolgen kann, wo es Volkssouveränität gibt. Aber die EU verfehlt bekanntlich schon das demokratische Grunderfordernis der Besetzung der zentralen exekutiven Ämter durch allgemeine und gleiche Wahlen (wie damit auch das Erfordernis der Möglichkeit zur ›Umbesetzung‹, sprich das, was aus demokratischer Sicht viel wichtiger als die Wahl ist, nämlich die Abwahl).[11]

Meint man mit ›Erweiterung‹ oder ›integralem Bestandteil‹ hingegen, dass die EU, in diesem Fall vor allem eine Behörde (die Kommission) und ein Gericht (der EuGH), als selbst nicht demokratischer Akteur die Demokratien der Mitgliedsländer überwacht und einschränkt,[12] dann wird dabei übersehen, dass dieses Modell, wenn es aus dem nationalen Zusammenhang auf eine suprastaatliche Ebene gehoben wird, aus einem spezifischen politischen Kontext herausgelöst und in einen anderen transplantiert wird und dabei jene Ausbalancierung zwischen Politik und Recht verliert (Haltern 2017, S. 30-34), die unter dem Stichwort ›Autolimitation‹ oben diskutiert wurde (siehe oben Abschnitt 3.3). Die Ausbalancierung war aber für das Funktionieren des Modells in genau den Jahrzehnten von Bedeutung, in denen nun im Rückblick die Etablierung der liberalen Demokratie, als Modell starker rechtlicher Disziplinierung der Demokratie, stattgefunden haben soll.

Hält man Verfassungsgerichte für die Institutionen, die exemplarisch für ein Modell starker rechtlicher Limitierung und damit Wertebindung demokratischer Willensbildung stehen, dann ist ja das Charakteristische der Nachkriegszeit zunächst nicht etwa, wie sehr Verfassungsgerichte die Politik einschränken konnten, sondern wie umgekehrt die Politik – in den wenigen Ländern, in denen es überhaupt Verfassungsgerichte mit Normenkontrollkompetenzen gab – in der Lage war, diese Gerichte in ihre Schranken zu verweisen. Das gilt beispielsweise für Italien mit der hegemonialen Democrazia Cristiana und ihrem sogenannten *ostruzionismo di maggioranza*, ihrer Obstruktion seitens der

Mehrheit,[13] oder für das Österreich der schwarz-roten Großkoalition. Auch in dieser Hinsicht ist die Bundesrepublik der ersten Nachkriegsdekaden wohl eher die Ausnahme als die Regel (Hailbronner 2015).

Das macht zunächst darauf aufmerksam, dass man den Siegeszug der Verfassungsgerichtsbarkeit seit den späten 1980er Jahren nicht allein auf absichtsvolle Institutionenbildung im Lichte der totalitären Erfahrungen in der ersten Jahrhunderthälfte wird zurückführen können, sondern zumindest auch auf generelle, aber weitgehend unbeachtet bleibende Gewichtsverschiebungen zwischen Politik und Gerichten, die der zunehmenden Fragmentierung des Parteiensystems geschuldet sind. Denn diese lässt die politische Drohung mit Verfassungsänderungen in Reaktion auf unliebsame oder überschießende Urteile von Verfassungsgerichten immer unglaubwürdiger erscheinen.

Gegenüber einer solchen schleichenden Gewichtsverschiebung zwischen Politik und Recht bleiben die auf die formalen Rechtskompetenzen abstellenden Indikatoren für Normenkontrolle oder Unabhängigkeit der Justiz blind, und damit zeigen sich die Messungen liberaler Demokratie, die ja gerade auf diese Dimension so besonderes Gewicht legen (Coppedge 2020, Coppedge et al. 2020), in einer weiteren Hinsicht nicht in der Lage, Entwicklung der Liberalisierung oder Entliberalisierung der Demokratie adäquat zu erfassen (messen sie doch in der Regel nur nachgängige formale Entliberalisierung, aber nie vorgängige informelle Liberalisierung; Manow 2023b, vgl. unten, Appendix 1). *Backsliding* kann dann vor allem deswegen diagnostiziert werden, weil man das vorherige *progressing* übersehen hatte – aufgrund eines ›Messinstruments‹, das immer nur zu einer Seite hin ausschlägt, etwa nur (formelle) Begrenzungen, aber nie (informelle) Entgrenzungen der Justiz in den Blick bekommt, weil es auf den jeweiligen Status quo geeicht ist, dem damit automatisch Vernünftigkeit und demokratische Dignität zugeschrieben werden, während das Instrument für dessen schleichende Veränderung keinerlei Sensorium entwickelt: ein Positivismus stärkster Normativität.

Aber was nun schon auf nationalstaatlicher Ebene aufgrund der zunehmenden Fragmentierung der Parteiensysteme immer mehr außer Balance geriet, wird auf europäischer Ebene noch ungleichgewichtiger. Als Interpret einer europäischen ›Verfassung‹, die nur einstimmig, also faktisch gar nicht geändert werden kann (zumal einzelne Länder in solchen Fällen sogar eine Referendumspflicht vorsehen), und ohne ein wirkliches politisches Gegengewicht im Europäischen Parlament, in der Kommission oder in einem politisch ja immer sehr heterogenen Ministerrat, ist der EuGH von Autolimitationsanreizen weitgehend befreit (Schmidt/Manow 2023) und folgt mit ausgeprägtem Sendungsbewusstsein und einem verblüffend geringen Maß an Irritierbarkeit seiner europäischen Pro-domo-Rechtsprechung. Man mag es für einen Kalauer halten – und keinen guten –, dass den Europarichtern das polnische oder bulgarische Familienrecht nicht ›freizügig‹ genug ist (Höpner 2022),[14] aber die enorme Ausweitung des Demokratiebegriffs und seine gleichzeitige enorme Einengung, die beide notwendig sind, um die EuGH-Entscheidung innerhalb und die Position einer tatsächlich durch Wahlen legitimierten Mehrheit außerhalb eines demokratischen Deutungsrahmens zu halten, überzeugt wohl nur die ohnehin Überzeugten.

Dabei bleibt das Gericht ohne Zuständigkeit oder Verantwortlichkeit für den Fall, dass die Mikro-Gerechtigkeit der vielen richterlichen Einzelentscheidungen sich in der praktischen Umsetzung zu Makro-Absurditäten aufschichten (besonders schön zu studieren am Europäischen Asylrecht). Wie gesagt, für materielle Folgenbeseitigung und das Abfangen des politischen Unmuts ist in dieser neuen, höchst undankbaren Arbeitsteilung die nationale Politik zuständig – die deutlichen Unterschiede im Ansehen und Institutionenvertrauen, auf die in den Debatten um Verfassungsgerichtsbarkeit so gerne verwiesen wird, haben also eine klar benennbare Ursache.

Insofern kann man auch in diesem zweiten Sinne nicht von einer schlichten Ausweitung eines Modells liberaler Demokratie auf der Ebene der EU sprechen (selbst wenn man für einen Moment unterstellen würde, dass dieses Modell auf der Ebene des europäischen Nationalstaats nach 1945 tatsächlich als etabliert gelten konnte), da dieser Vorgang mit einem grundlegenden Wandel seiner Funktionslogik verbunden ist, und zwar in Form einer erweiterten Dominanz des Rechts und damit der rechtlich vermittelten Integrationsagenda über die (nationale) Politik. Das manifestiert sich regelmäßig krisenhaft, als konstitutionelle Krise – hauptsächlich zwischen der EU und bestimmten Mitgliedsländern, in der Folge nun aber sogar als EU-interner Konflikt.[15] Auf der Ebene der Europäischen Union stellt sich dann jedoch das *Quis-custodiet-ipsos-custodes*-Problem mit aller Macht, das im Rahmen nationaler politischer Systeme zumindest in den ersten Nachkriegsdekaden in gewissen demokratisch rückgebundenen Grenzen gehalten werden konnte. Nun liefert ein Europäischer Gerichtshof sich und der Kommission ganz verlässlich die rechtlichen Ermächtigungen für die eigene Integrationsagenda, auf die sie sich schon alleine deswegen stützen müssen, weil sie über keine andere Legitimation verfügen. Ihnen bleibt gar nichts anderes übrig, als ihre Illusion einer Integration durch Recht mit der Illusion einer Demokratie durch Recht zu ergänzen.[16]

4.2 *Konsolidierung und Kanonisierung: Was der Menschenrechtsdiskurs der siebziger Jahre mit der liberalen Demokratie zu tun hat*

Schließlich zeigt das europäische Beispiel auch, dass der Entwicklung insgesamt eine andere Chronologie zugrunde liegt, was insbesondere dann klar wird, wenn wir die Verbindung herstellen zwischen dem, was später als liberale Demokratie kanonisiert werden wird, und dem, was man den Menschenrechtsdiskurs der 1970er Jahre nennen kann (vgl. Sarasin 2021, Kapitel 3; siehe auch unten Appendix II).

Die Montanunion, dann die Europäische Wirtschaftsgemeinschaft (EWG) starteten ohne Grundrechtekatalog (wie auch die zeitgleich, 1958, verabschiedete Verfassung der französischen V. Republik keinen solchen Katalog kennt).[17] Als Anfang der 1960er Jahre Franco-Spanien sich um den Beitritt zur EWG bemüht, befürworten das sowohl die Europäische Kommission als auch eine Reihe von Mitgliedsländern, unter ihnen Frankreich und Deutschland (Patel 2018, S. 197-202) – ein antitotalitärer Gründungskonsens des europäischen Einigungsprojekts?[18] Das scheint schon allein deswegen fraglich, weil nicht alle Gründungsmitglieder vor 1945 die Erfahrung des Scheiterns ihrer Demokratien durch totalitäre Bewegungen gemacht hatten – insofern ist eine solche retrospektive Deutung doch wohl sehr deutsch eingefärbt.

Erst Ende der 1960er, Anfang der 1970er entwickelt der EuGH eine europäische Grundrechtsprechung (Urteil »Stauder« [12. November 1969], Urteil »Internationale Handelsgesellschaft« [17. Dezember 1970]; vgl. Haltern 2017, S. 589f.; Schorkopf 2023, S. 174-190), als logische Konsequenz seiner vorherigen großen Ausgreifbewegungen, der Etablierung der direkten Anwendbarkeit und des Vorrangs des Europarechts, aber auch in Konkurrenzstellung zum deutschen und italienischen Verfassungsgericht sowie dem Europäischen Gerichtshof für Menschenrechte, als eifersüchtiges Wahren der eigenen Kompetenzen des EuGH (ebd., S. 591ff., S. 187ff.).[19] Das Fehlen jedes Grundrechtebezugs in den Europäischen Verträgen erklärt sich dabei nicht nur durch die zunächst doch ausschließlich wirtschaftliche Ausrichtung von Montanunion und Europäischer Wirtschaftsgemeinschaft, sondern wohl auch durch nationale Vorbehalte, einer supranationalen Ebene mit Grundrechten ein Instrument unbeschränkter Kompetenzausweitung an die Hand zu geben (ebd., S. 587, S. 189).

Auf *politischer* statt auf juristischer Ebene werden Grundrechte noch später zum Thema – zunächst mit einer Serie rein deklaratorischer Bekenntnisse zu Demokratie und ›fundamentalen Rechten‹: 1977 als gemeinsame Erklärung von EP, Kommission und Ministerrat zu europäischen Grundrechten,[20] neun Jahre später in der Einheitlichen Europäischen Akte (1986) ein Verweis auf die europäische Menschenrechtskonvention, dann in der Präambel des Maastricht-Vertrags von 1992 – mit einem schon höheren Verbindlichkeitsgrad – eine Erklärung, die die unterzeichnenden Länder zur Achtung und Wahrung der Menschenrechte verpflichtet, sowie schließlich mit der Charta der Grundrechte der Europäischen Union, feierlich proklamiert während des

Regierungskonvents von Nizza 2000, nun erstmals ein detaillierter europäischer Grundrechtekatalog.[21]

Die Charta, zunächst Teil des Vertrags über eine europäische Verfassung, erlangt wegen dessen Scheitern erst 2009 Rechtskraft, mit dem Inkrafttreten des Vertrags von Lissabon – also exakt zum Zeitpunkt der endgültigen Kanonisierung der liberalen Demokratie.[22] Kiran Klaus Patel spricht mit Bezug auf das europäische Einigungsprojekt vom »Mythos der langen Vorgeschichte« seiner Wertebasierung und davon, dass die verwendete Vertragssprache der 1980er und 1990er Jahre ganz systematisch über die ursprüngliche »Leerstelle« hinwegzutäuschen versuchte, »welche Werte und Normen in der frühen EG markiert hatten«. Die EU wollte damit ihre Geschichte im Nachhinein »einseitig und hochgradig selektiv durch den Filter dieses Ethos« interpretiert sehen (Patel 2018, S. 215; vgl. Eckel 2014, S. 179-183).[23] Das europäische Verfassungsethos ist also eines von 1990, nicht von 1945, und es ist eines, in dessen Mittelpunkt zunächst die Menschenrechte stehen, nicht die Demokratie, gilt doch Letztere Anfang der 1990er Jahre nun gerade als unbestrittene, unkontroverse Siegerin der Geschichte. Es besteht somit zeitgenössisch gar kein Bedürfnis, eine bestimmte Spielart von Demokratie, etwa die liberale, gegen andere Varianten minderer Dignität abzugrenzen. Es sind die sich erst langsam materialisierenden Folgen des Zusammengehens von Menschenrechten und Demokratie, die Folgen ihrer Konstitutionalisierung selber, die nachfolgend zur Konfliktstellung zwischen der ›nur‹ elektoralen und der liberalen Demokratie führen.

Mit ihr etabliert sich nun auch eine neue historische Herleitung: Die Geschichtsschreibung der liberalen Demokratie möchte sich in die ›monumentalistische‹ Historiografie der Menschenrechte einschreiben: Nachdem die Menschheit in der ersten Hälfte des 20. Jahrhunderts in den Abgrund geschaut habe, so diese Erzählung, habe sie sich dazu entschlossen, politische Herrschaft an die Menschenrechte zu binden, sie auf ihren Schutz zu verpflichten. Und mit dieser Erzählung verbindet sich dann auch das sehr einseitige Geschichtsnarrativ vom ›Europa der Diktaturen‹, so als seien in der ersten Hälfte des 20. Jahrhunderts ausnahmslos alle europäischen Demokratien gescheitert (vgl. Etzemüller 2024) und als hätten sie aus eigener schmerzvoller Geschichte gelernt, warum man die Demokratie vor sich selber schützen müsse. Und dieser Lernerfolg verkörpere sich in der expansiven Sanktionierung der eigenen rechtlichen Grundlagen. Das Credo lautet nun: Die liberale Demokratie definiere sich durch den systematischen Bezug ihres Handelns auf diese Rechte, durch ihre Verteidigung – und unterscheide sich genau in dieser Hinsicht von der nur elektoralen Demokratie.

Die nachträgliche normative Aufladung des Integrationsprojekts bekommt dadurch einen zusätzlichen Impuls, dass das Europäische Parlament 1979 erstmalig durch Direktwahl eigenständig demokratisch legitimiert ist und damit zu einer politischen Stellvertretung auf der Suche nach ihrem Auftrag – und ihrem Auftraggeber – wird. Denn Europa hatte zwar nun ein direkt gewähltes Parlament, aber kein Volk, das es gewählt hatte, und somit eine von der Gesellschaft und ihren konkreten Interessen weitgehend befreite politische Macht. Der leere Raum der Repräsentation wird daraufhin mit Werten aufgefüllt. Ohne konkrete Formen der Rückbindung an eine klar umrissene politische Öffentlichkeit, ohne funktionierende Formen der Interessenvermittlung in die Mitgliedsländer hinein, wenn man vom Brüsseler Lobbyismus einmal absieht, oszilliert das EP seitdem zwischen Regulierung, die von der Kommission in die parlamentarische Agenda eingespeist wird, und kompensatorisch dem moralischen Überschuss. Recht ohne Souveränität (der EuGH) und Repräsentation ohne Rückkoppelung (das Parlament) entdecken schließlich als gemeinsame Basis den Bezug auf Werte.[24]

In diesem Kontext macht nun die Frage der ›Osterweiterung‹, des Beitritts der Transformationsländer, die Formulierung eines Katalogs von Beitrittsbedingungen erforderlich. Folgerichtig legen die sogenannten Kopenhagen-Kriterien 1993 dann unter anderem die »Sicherung der Menschenrechte«, von denen 1957 weder die Rede war noch eigentlich gewesen sein konnte,[25] als eine Grundvoraussetzung für die Mitgliedschaft in einem Klub fest, der sich selbst nun vor allem als Wertegemeinschaft sieht – und auch von außen so gesehen werden möchte. Der *acquis normatif*, den die neuen Mitglieder mit ihrem Beitritt anerkennen, wird also überhaupt erst anlässlich des Beitritts ausformuliert (vgl. Janse 2019), definiert aber zu diesem Zeitpunkt kein spezifisches Demokratiemodell, sondern fixiert den neuen ethischen Konsens in Form der Selbstveredelung eines Projekts.

Die Kopenhagen-Kriterien (1993), die Gründung der

Venedig-Kommission (Europäische Kommission für Demokratie durch Recht [!], 1990) oder des OSZE-Büros für Demokratische Institutionen und Menschenrechte (1991) mit dem Auftrag, die OSZE-Teilnehmerstaaten dabei zu unterstützen, »die uneingeschränkte Achtung der Menschenrechte und Grundfreiheiten zu gewährleisten, die Rechtsstaatlichkeit zu wahren, die Grundsätze der Demokratie zu fördern und«, wie es weiter heißt, »demokratische Institutionen aufzubauen, zu stärken und zu schützen sowie die Toleranz in der gesamten Gesellschaft zu fördern« (Helsinki-Erklärung von 1992): In dieser Form manifestiert sich nun der neue Konsens und schafft sich seinen institutionellen Unterbau. Wobei die geschaffenen Institutionen – wie im Falle der Venedig-Kommission – zugleich zu den Zertifizierungsinstanzen des neuen Konsenses werden.[26] Denn die hehren Ziele brauchen Agenturen zur Überprüfung der Zielerreichung.

Nachdem die Demokratie weitgehend entprozeduralisiert worden ist (kein System der *ruled open-endedness* mehr), stattdessen grundlegend substanzialisiert wurde, muss sie in Hinblick auf den Katalog ihrer Werte beobachtet werden, muss sie unter Beobachtung gestellt werden, durch Gerichte, durch die Demokratie-Monitorings der Demokratie-Audit-Institutionen, der Ranking-Agenturen etc. (Desroisières 2015) im Überschneidungsbereich staatlicher und ›zivilgesellschaftlicher‹ Organisationen.

Und die brauchen für ihren Monitoring-Auftrag Kennzahlen und Indikatoren: Wie ist die Qualität des demokratischen Diskurses zu bewerten?[27] Wie sehr sind in einem Land ›persönliche Autonomie und individuelle Rechte‹ garantiert – unter anderem: Kann man Ehepartner und Familiengröße und Reiseziele frei wählen?[28] In welchem Ausmaß sehen sich Frauen in ihrer politischen Beteiligung gestärkt?[29] Wie steht es um das Sozialkapital der Bevölkerung und wie ›innovativ und flexibel‹ ist die Regierung?[30] Wie transparent ist das Verwaltungshandeln und wie erfolgreich der Lobbyismus[31] (Rottenberg et al. 2015)? Und so weiter und so fort.

Konzepte und Messungen regen sich wechselseitig an, die neue Nachfrage nach Indikatoren, Benchmarks und Rankings generiert deren Angebot, und sie produzieren unser Wissen über den Stand der Demokratie. Um den Punkt erneut zu betonen: »[D]ie Möglichkeiten der Wahrheit und folglich des Ermittelbaren und der Verifikationsmethoden [werden] ihrerseits in der Zeit geformt« – sind also historisch (Hacking 2006a [2002], S. 12). In den frühen neunziger Jahren, als die EU-Kommission ihre Kopenhagen-Kriterien festlegte, wurde noch geklagt, dass man zur Evaluation des Demokratiestatus der Länder nicht über genügend vergleichende Maßzahlen verfüge. Nun aber, dreißig Jahre später, lässt sich die Demokratie mithilfe zahlreicher Parameter und Indikatoren umfangreich vermessen: »Heute sind solche Standards in den zahlreichen Indizes zu Rechtsstaatlichkeit, Demokratie, Menschenrechten und guter Regierungsführung leicht verfügbar.« (Janse 2019, S. 51 f.) Ab 2014 misst das Varieties-of-Democracy-Projekt dann auch die liberale Demokratie mit einem eigenen Indikator (der sogleich bis 1789 retrospektiv angewendet wird, so dass man nun plötzlich auch schon in den 1850er Jahren die liberale Demokratie im historisch-evolutionären Werden beobachten kann).

Die Schwellenwerte und Kennziffern ermächtigen die Aufsichtsagenturen und verengen das Feld politischer Handlungsspielräume. Nun reicht es nicht mehr, dass die Demokratie sich vermittels des Regierung/Opposition-Schemas unter beständige kritische Selbstbeobachtung gestellt hatte. Denn in der substanzialisierten Demokratie beantwortet das nicht die zentrale Frage, ob das, was mehrheitlich gewollt ist, denn auch demokratisch sei – vorbei die naiven, genau genommen ja sogar ›tyrannischen‹ Zeiten, in denen das demokratisch war, was mehrheitlich gewollt wurde. Insofern sind die paternalistischen Ordnungsfantasien eines Philip Pettit (Pettit 2022) von der kompletten Entpolitisierung der Demokratie durch Agenturen der Kontrolle auf ihre ›Vernünftigkeit‹ und Colin Crouchs Lobgesänge auf die Rechnungshöfe und Zentralbanken ganz auf der Höhe ihrer Zeit (siehe oben). Um diesen Paternalismus des ›liberalen‹ Projekts besser zu verstehen, hilft kein ideengeschichtlicher Blick zurück in die vergangenen Jahrhunderte, etwa eine Rückversicherung bei John Stuart Mill oder John Locke. Denn die Entwicklung ist eine andere.

Die liberale Demokratie wird institutionell verwirklicht in den 1990ern, in einem großen Konstitutionalisierungsschub. In ihm kamen zwei Entwicklungen zusammen. Einerseits die sich aus spezifischen Motiven speisende Konstitutionalisierung in den Ländern Ostmitteleuropas (siehe Abschnitte 3.2 und 3.3 oben). Andererseits die enorm intensivierte Konstitutionalisierung Europas selber, bei gleichzeitig erheblicher Kompetenzausweitung dieser europäischen Ebene, die sich natürlich selbst im Schatten der Transformation des Ostblocks vollzog, denn nun ging es vor allem um die Einbindung des größeren wiedervereinigten Deutschlands. Beide Entwicklungen verbinden sich mit dem Bürger- und Menschenrechtsdiskurs der Zeit (aber, so scheint mir, mit je anderen Akzentsetzungen: im Osten eher mit der Betonung der Bürgerrechte, im Westen eher mit der Betonung der Menschenrechte). Das ist der konstitutionelle Moment der liberalen Demokratie. Inmitten der politischen Konflikte, die durch die neue Ordnung provoziert werden, wird die liberale Demokratie dann nachträglich, gut zwanzig Jahre später, hypostasiert: zum Modell (v)erklärt, zurückdatiert, dadurch historisch aufgeladen und normativ verfestigt. Das ist der ideelle Moment der liberalen Demokratie.

Erinnerungspolitisch zeigt sich in dieser Hypostasierung jedoch ein tiefer Riss. Die ganze Problematik ist vielleicht schon in dem kleinen, zunächst ganz unschuldig erscheinenden Satz enthalten, dass sich nach 2010 einige Länder »dramatisch von dem in Nachkriegseuropa entwickelten Demokratieverständnis« abgewendet hätten (siehe oben). Denn die Länder, für die das zunächst konstatiert wird (Polen, Ungarn, Slowakei), können ja nicht zum Kreis dieses ›Nachkriegseuropas‹ gezählt werden, weil sie in dieser Zeit (kommunistische) Diktaturen und keine Demokratien waren. Präzise hätte man also vom Nachkriegs*west*europa sprechen müssen, und in dieser kleinen Präzisierung liegt der ganze Unterschied. Denn »Menschen sind Bürger vieler Nationen und Erben vieler Vergangenheiten« (Arendt 2012 [1957], S. 102).

Die Vergangenheit Ostmitteleuropas spielt also in dem zur Geltung gebrachten ›Demokratieverständnis Nachkriegseuropas‹ ganz offenkundig keine Rolle, und das spiegelt sich in den nach 1990 geradezu beschwörend vorgetragenen ›Im Osten nichts Neues‹-Thesen von Habermas, Garton Ash bis Krastev und Holmes wider. Sie stimmen darin überein, der Region eine eigenständige geschichtliche Erfahrung abzustreiten. Doch in den ostmitteleuropäischen Ländern vollzog sich die Entwicklung eben vor einem anderen Hintergrund.

Wenn man, mit Furet, das 20. Jahrhundert als vom Gegenüber von – auf der einen Seite – »Kommunismus«, als der »neuen Version des Universellen«, und – auf der anderen Seite – »Faschismus« als »der hysterisierten Form der nationalen Leidenschaft« geprägt sieht (2017 [2012], S. 21), dann lässt sich verstehen, dass für die Erben *der kommunistischen* Vergangenheit nach 1990 kein dringendes Bedürfnis bestand, auf ›hysterisierte Formen nationaler Leidenschaft‹ mit einem kräftigen ›Nie wieder‹-Bekenntnis zu antworten. Denn das ist gar nicht ihre Geschichte und ihre Erfahrung, zumindest nicht in vorherrschender Weise. Die ist stattdessen eine des Lebens unter einer ›brutalen Form *universeller* Leidenschaft‹ – unter dem Stalinismus. 1989/90 stand daher in allen Transformationsländern, natürlich mit Abstufungen, unter nationalen Vorzeichen (Ther 2014, S. 70-74). Nationalstaatlichkeit war ein Emanzipationsversprechen. Wenig überraschend bestand und besteht in Ostmitteleuropa, zumindest in großen Teilen der Gesellschaft, kein starker Impuls, das gerade erst erlangte nationale Selbstbestimmungsrecht nun so schnell wie möglich wieder – diesmal in Richtung Brüssel – abzugeben, etwa »um liberaldemokratische Prinzipien ›einzubetonieren‹«. Aus dieser erinnerungspolitisch grundierten Abwehrhaltung speist sich zumindest das politische Projekt unter anderem von PiS oder Fidesz. Auch wer der EUdSSR-Polemik dieser Kreise wenig abgewinnen kann, sollte die historische ›Wahrheit‹ dahinter (an)erkennen, statt sie – bestenfalls – zu ignorieren, oder – wie es weitaus regelmäßiger geschieht – als ›demokratiefeindlich‹ oder antidemokratisch, weil nationalistisch, zu diskreditieren.[32]

5. Konsequenzen

Wenn wir die Argumente der voranstehenden Abschnitte noch einmal zusammenfassen und zuspitzen, dann ergibt sich eine Reihung von je für sich genommen relativ einfachen Einsichten, die uns aber in ihrer Abfolge – so denke ich – über den Stand der Debatte hinausführen können.

Zunächst die *Konflikte*: (1) Was wir als Krise der Demokratie wahrnehmen, ist die Krise eines historisch spezifischen Institutionenensembles, das wir so nennen. (2) Dessen Krise hat vielfältige Gründe, aber ein sehr prominenter Konflikt an der Schnittstelle zwischen ›Recht und Politik‹ erklärt sich daraus, dass Demokratisierung zu einem konkreten Zeitpunkt, aus konkret zu benennenden Gründen und aufgrund von konkret zu identifizierenden Interessen die Form einer spezifischen ›Verfassungsverrechtlichung‹ angenommen hat. (3) In gewisser Weise ist damit das, was wir als gegenwärtige Krise wahrnehmen, die zeitverzögerte Konsequenz der sich in einer besonderen konstitutionalistischen Form vollziehenden Expansion der Demokratie in den späten 1980er und frühen 1990er Jahren. (4) Somit kommt in der gegenwärtigen Krise vor allem zum Ausdruck, dass die Kompromisse der in jenen Umbruch- und Transformationszeiten gefundenen institutionellen Lösungen politisch nicht mehr tragen, dass diese Kompromisse sich momentan als ›dynamisch inkonsistent‹ erweisen. (5) In Europa potenzieren sich die daraus resultierenden Konfliktlagen und Bruchzonen, weil sich dieser Auflösungsprozess hier innerhalb eines suprastaatlichen Rechtsraums vollzieht, oder anders formuliert: weil einerseits die Demokratisierung der ostmitteleuropäischen Länder in diese bestehende europäische Rechtsordnung eingebettet wurde, bzw. ihre Einbettung zum Telos hatte, und weil andererseits die zeitgleich enorme Intensivierung der europäischen Integration, aufgrund ihres spezifisch konstitutionalisierten, man könnte auch sagen: überkonstitutionalisierten Charakters (Grimm 2015), die westeuropäischen Länder ebenfalls fest im Griff hält. (6) Dadurch ist aber die Möglichkeit einer Neuausrichtung von Institutionen aufgrund der sich als brüchig erweisenden politischen Kompromisse, die diesen Institutionen zugrunde liegen, weitgehend verstellt, was zur besonderen Intensität der Krise beiträgt – die Konstitutionalisierung leitet über in die konstitutionelle Krise. (7) Daraus aber folgt, dass eine Rekonstruktion der neuen Konflikte, die sie darstellt als Konflikt zwischen Politik und Rechtsstaat, grob simplifizierend ist, während (8) die Suggestion, die Gegner der Demokratie seien in diesem Konflikt jeweils auf Seiten der Politik zu finden, die Verteidiger der Demokratie hingegen auf Seiten des Rechts, sich als einseitig und damit ideologisch erweist, weil sie den unausweichlich politischen Charakter des Rechts ignoriert und zugleich (9) die elektorale Legitimierung von Politik diskreditiert, diskreditieren muss. Das wiederum passt (10) zu einem dominant gewordenen Konzept der liberalen Demokratie, in der das über Wahlen Veränderliche keine besonders große Rolle mehr spielt, vielmehr selbst zum eigentlichen Ausgangspunkt eines Szenarios einer Selbstgefährdung der Demokratie geworden ist, deren elektorale Dimension man folglich konstitutionell möglichst klein zu halten hat: Die aus der Konstitutionalisierung der Demokratie zu erklärenden Konflikte begründen die weitere konstitutionelle Einhegung und Einengung der Politik. Das aber intensiviert nur den politischen Konflikt.

Dann die *Konzepte*: (1) Was wir als Demokratie (und damit auch als Krise der Demokratie) beobachten, ist abhängig von unseren Konzepten. (2) Unsere Konzepte sind informiert vom institutionellen Kontext, den wir mit ihrer Hilfe beobachten wollen. (3) Dieser Kontext selbst ist änderbar und ändert sich, er hat eine Geschichte, und somit – siehe (2) – haben auch unsere Konzepte ihre Geschichte. Die Konstitution unserer Kategorien und Konzepte »erfolgt in einer wesentlich historisch geprägten Umgebung« (Hacking 2006d [2002], S. 64). Das suchen diese jedoch regelmäßig zu verdecken, weil sie als zeitlos auftreten wollen (und müssen, um die Reichweite ihrer Ansprüche zu maximieren). (4) Diese Zeitgenossenschaft oder Komplizenschaft zwischen Konzepten und institutionellen Kontexten entsteht nicht zuletzt durch die politischen Konflikte, die im Rahmen der Institutionen der Demokratie ausgetragen werden, beeinflusst von dem Konfliktpotenzial dieses spezifischen Institutionensettings unserer gegenwärtigen Demokratie (von dessen Spezifik unsere Konzepte nichts wissen wollen), von der je besonderen Akteurskonstellation, die mit ihr in die Welt kommt. Das ist der Einbruch der Zeit in die Begriffe, mit denen wir diese Zeit verstehen wollen, das ist das ›historische Apriori‹ dieser Begriffe. (5) So bilden sich unsere Konzepte der Demokratie unter dem Eindruck von Konflikten aus, die innerhalb der Demokratie als spezifischer geschichtlicher Form von Herrschaft entstehen und ausgetragen werden. (6) Und so informiert dann die aus diesen Konflikten sich speisende Diagnose einer Krise der Demokratie noch die Konzepte, mit denen wir sie zu messen versuchen, und – wie wir gesehen haben – schließlich auch die Messung selber. In Zeiten, in denen die Vorstellung einer Krise der Demokratie allgemein geworden ist, wirkt diese Vorstellung schließlich auf die Wahrnehmung derjenigen zurück, die diese Krise eigentlich ›objektivieren‹ sollten (Little/Meng 2023, S. 24f.):[1] ›Freuet euch, ihr Patienten, der Arzt ist euch ins Bett gelegt.‹ Wir sind nicht mit der Resilienz der Demokratie – ›Wenn das Thermometer mir Fieber anzeigt, muss es wohl kaputt sein‹ –, sondern mit ihrer Hypochondrie konfrontiert: ›Auf der Suche nach einem Thermometer, das mir endlich das Fieber anzeigt, das ich schon so lange fühle.‹[2]

Schließlich die *Konsequenzen*: (1) Heute herrscht eine andere Wahrheit über die Demokratie als vor fünfzig Jahren – keine bessere oder zutreffendere oder fortschrittlichere Wahrheit, sondern eine andere. (2) Damit herrscht eine andere Demokratie, denn wenn sich die Beschreibungen ändern, ändern sich die Dinge (Hacking 2006d [2002], S. 62).[3] Dadurch ändert sich auch das Wesen unserer Konflikte. Neue Legitimationstheorien kreieren neue Feinbilder, entwickeln ihre eigene Orthodoxie. Hierin liegt der Grund, weswegen die Eingangsfrage dieses Buches, ob es vor 1990 Feinde der liberalen Demokratie gegeben habe, verneint werden musste, weil ihre Feinde erst mit ihr selbst in die Welt gekommen sind. (3) Die heutige Demokratie ist entprozeduralisiert, substanzialisiert, damit aber auch fundamentalisiert, weil sie sich begreift als ›auf Werten basierend‹, sich über die Verteidigung dieser Werte definiert. Zu fragen, was dazu geführt hat, dass die Demokratie offen wurde für die Schließung ihrer elektoralen Offenheit, heißt die Frage nach ihrer Politischen Ökonomie zu stellen. Als Antwort würde es nicht zureichen, auf bestimmte gesellschaftliche Trägergruppen dieses Projekts zu verweisen, obwohl offenkundig ist, dass es erhebliche Verteilungsimplikationen hat, einige besser, andere schlechter mit ihm leben können. Insbesondere trägt es dazu bei, dass das moralisch-symbolische Kapital völlig neu und bestürzend ungleich verteilt wird. Aber in dieser *Cui-bono*-Perspektive geht die Geschichte nicht vollständig auf. Man sollte sich die liberale Demokratie eher als begriffliche Verarbeitung einer sozialen Struktur vorstellen – wobei diese Verarbeitung prominent über Rechtsbegriffe funktioniert, weil die soziale Struktur nichts anderes mehr zulässt.[4] (4) Die Bindung der Demokratie an Werte ist keine unschuldige Übung, zumindest wenn diese Werte, wie in Europa, nicht mehr deklamatorisch sind, sondern Rechtsform erlangt haben (Nettesheim 2022a). Wenn vage Wertebezüge zu Rechtspflichten werden, die zentral angeordnet und durchgesetzt werden können, ist dies zumindest keine Einübung in die Demokratie, sondern der Entzug ihrer

Voraussetzungen. (5) Die vorherrschende Begründung dieser Werte ist eine historische, die von dem ›historischen Apriori‹ ihrer Herleitungen allerdings nur eine verschwommene bis gar keine Vorstellung hat: ›was wir aus der Geschichte gelernt haben‹. Dabei wird allerdings unterschlagen, dass in Europa die »Erben vieler Vergangenheiten« (Hannah Arendt) zusammenleben. *Die* Geschichte erweist sich in diesen Begründungszusammenhängen somit als recht fungible und flexible Größe. Dass wir nun in einer Demokratie leben sollen, die den Demos unter Verdacht und deswegen unter Beobachtung stellen muss, wird nicht jedem historisch gleichermaßen plausibel. (6) Aus der Bestimmung der Demokratie, die aus *der* (tatsächlich aber aus *einer bestimmten*) Geschichte abgeleitet wird, folgt ihre geschichtliche Bestimmung. (7) Ob man der Demokratie gerecht wird, muss nun geprüft werden. Das Erreichen oder Verfehlen der demokratischen Werte wird überwacht durch die neuen Zertifizierungs- und Verifikationsinstanzen (nicht zuletzt durch Gerichte). Die Demokratie steht unter Beobachtung und unter Korrekturvorbehalt. Die Korrektur wird nun allerdings von außen vorgenommen, sie erfolgt nicht mehr als demokratische Selbstkorrektur über Wahlen oder über das Regierung/Opposition-Schema der öffentlichen Debatte. (8) Ebenso und in Konsequenz stehen auch die Demokraten unter Beobachtung und Korrekturvorbehalt. Sind sie es noch? Haben sie die richtigen Werte? Was machen wir mit denen, die die falschen haben? (9) Der politische Konflikt wird kompromissloser, unerbittlicher, weil Konflikte über die Konsequenzen des Rechts/der Werte rasch in

Konflikte *über* das Recht/die Werte umschlagen; zumindest lässt sich immer leicht unterstellen, dass diejenigen, die die Folgen kritisieren, eigentlich die Voraussetzungen ihrer Entstehung und Sanktionierung nicht akzeptieren wollen. (10) Zudem: Die neue Wahrheit über die Demokratie ist eine westeuropäische. Sie versteht sich als Lehre aus der Erfahrung mit dem Faschismus als einem ins Extreme radikalisierten Nationalismus. Deswegen, so heißt es, müsse man die Nation überwinden bzw. die Demokratie disziplinieren – am besten beides. Dabei ist selbst diese westeuropäische Geschichte ausgesprochen einseitig erzählt (Etzemüller 2024) – als ausnahmsloses Scheitern der Demokratien der Zwischenkriegszeit. Die Prominenz dieser Erzählung basiert jedoch wohl ebenso sehr auf ihrer popkulturellen Griffigkeit wie auf der in ihr tatsächlich enthaltenen historischen Einsicht. Die liberale Demokratie, die sich bestimmte Werte wählt, erzählt sich die hierzu passende Geschichte,[5] denn jede Geschichtsschreibung ist gegenwärtige Geschichtsschreibung. (11) Für Ostmitteleuropäer ist das jedoch nicht unbedingt ihre Geschichte. Die ist eher eine der Konfrontation mit dem Stalinismus als einem ins Extreme radikalisierten Internationalismus. (12) »Von den beiden Vorstellungen von Gemeinschaft – Menschheit und Nation –, die die demokratische Vorstellungswelt bevölkern, hat die zweite die erste ausgelöscht«, schreibt François Furet mit Bezug auf die unmittelbare Lehre aus dem Ersten Weltkrieg (Furet 2012, S. 43, meine Übersetzung). Ist es heute umgekehrt? (13) Auf alle Fälle wird heute dem Osten die Geschichte des Westens zum Vorwurf gemacht: ›Wie kann die Demokratie den Wiederaufstieg einer nationalistisch-autoritären Führergestalt verhindern?‹ – ›Indem sie liberal wird.‹ Das aber war 1989/90 gar nicht die Frage gewesen und überzeugt deswegen auch als Antwort viele bis heute nicht.[6] (14) Aus genau dieser Konfliktkonstellation heraus nehmen, Ironie der Ironie, diejenigen politischen Figuren ihren Aufstieg, deren effektive Verhinderung doch eigentlich die Legitimationsgrundlage jenes neuen liberalen, selbstdisziplinierten Demokratiemodells gewesen war. (15) Denn die Proliferation der Werte führt zur Proliferation der Feinde. Feind ist nun auch der mit einer anderen Geschichte, aus der heraus er *die* Geschichte nicht richtig zu verstehen scheint bzw. sich weigert, sie *richtig* zu verstehen, die richtigen politischen Konsequenzen aus ihr zu ziehen.

Aber vielleicht sollten wir mit der Sprache, in der wir über Konflikte sprechen und schreiben, auch die Standpunkte bedenken, die von dieser Sprache erzeugt werden, und uns fragen, ob sie den Problemen gerecht wird oder sie nur mehr intensiviert. Die Konflikte selber, aufgrund ihres grundsätzlichen Charakters, werden aber bleiben, ob wir nun verständig oder unverständig über sie sprechen und mit ihnen umgehen.

Appendix I

Wie erkennt man eine liberale Demokratie, wenn man sie sieht? Oder: Warum der Liberal-Democracy-Index des Varieties-of-Democracy-Projektes den liberalen oder illiberalen Status einer Demokratie nicht verlässlich zu messen vermag.

Technisch gesprochen, bildet sich der Liberal-Democracy-Index des Varieties-of-Democracy-Projekts folgendermaßen (Coppedge et al. 2022):[1]

V2X_LIBDEM = .25 * V2X_POLYARCHY$^{1.585}$ + .25 * V2X_LIBERAL + .5 * V2X_POLYARCHY$^{1.585}$ * V2X_LIBERAL

Und das gliedert sich auf in einerseits:

V2X_POLYARCHY = .5 * (V2X_ELECOFF * V2XEL_FREFAIR * V2X_FRASSOC_THICK * V2X_SUFFR * V2X_FREE_ALTINF) + .5 * (1/8 V2X_ELECOFF + 1/4 V2XEL_FREFAIR + 1/4 V2X_FRASSOC_THICK + 1/8 V2X_SUFFR + 1/4 V2X_FREE_ALTINF)

und andererseits in:

V2X_LIBERAL = V2XCL_ROL * V2X_JUCON * V2XLG_LEGCON * (V2LGBICAM)

Ohne auf die Details jeder einzelnen Variablen und ihrer Gewichtung eingehen zu können, ist klar, dass bei einem solchen Konzept neben basalen ›Grundkonstituenzien‹ der Demokratie wie freien Wahlen (EL_FREFAIR), der durch Wahlen zu erfolgenden Besetzung zentraler Ämter der Exekutive (ELECOFF), der Vereinigungs- (FRASSOC) und Meinungsfreiheit (FREE_ALTINF) sowie des allgemeinen Wahlrechts (SUFFR) institutionelle und normative Zusatzanforderungen gestellt werden, wenn man eine ›liberale‹ von einer nur ›elektoralen‹ Demokratie unterscheiden möchte, insbesondere Rechtsstaatlichkeit (ROL), die Kontrolle bzw. wörtlich die Begrenzungen (*constraints*) der Exekutive durch die Judikative (JUCON) oder durch die Legislative (LEGCON).[2] So berechtigt ein solcher ›erweiterter Demokratiebegriff‹ auch erscheinen mag, der jenseits des rein prozeduralen Wahlverfahrens nach der institutionellen (und möglicherweise auch idealen) Integrität der Demokratie fragt, so komplex stellt sich natürlich die Messung abstrakter Konzepte wie *free expression* oder *judicial constraints* dar. Wie werden nun aber solche hochkomplexen und hochabstrakten Konzepte gemessen? Durch Experten, die entsprechende Items – häufig nach subjektiver Einschätzung – codieren.

Ich will kurz und ohne Anspruch auf Vollständigkeit auf einige grundsätzliche Probleme einer solchen Operationalisierung hinweisen. Sie führen mich zu dem Schluss, dass der Liberal-Democracy-Index von V-Dem keine geeignete Grundlage für die Beurteilung des Zustands auch nur der liberalen Demokratie bietet.

Bei meinen Anmerkungen spare ich dabei die Problematik eines ›Expertensurveys‹ aus, als einer Hybridform zwischen Umfrage und Messung, durchgeführt in einem maximal unrepräsentativen Sample, nämlich als Umfrage vornehmlich unter Politikwissenschaftlern und Politikwissenschaftlerinnen. Das heißt aber nicht, dass nicht auch hier eine ganz grundsätzliche Problematik von Demokratiemessung vorliegt. Eine neuere Untersuchung kommt zu dem Schluss, dass die gegenwärtig ubiquitären Krisendiagnosen, insofern sie sich auf systematische Messung – und nicht einfach nur impressionistische Evidenz – berufen, vermutlich der Dominanz subjektiver Items in den Demokratiekonzepten insbesondere von V-Dem geschuldet sind, die sich dann für ubiquitäre Krisendiagnosen besonders empfänglich zeigen: Es ist sehr wahrscheinlich, dass der in jüngsten Studien festgestellte globale Niedergang der Demokratie »auf Änderungen des Bias der Codierer zurückzuführen« ist (Little/Meng 2023, S. 3), während eine größere Zahl von objektiv-messbaren Demokratie-Indikatoren bislang keine Belege für eine grundsätzliche Krise der Demokratie liefert. In dieser Hinsicht fassen die Autoren ihren Befund zusammen: »Im Großen und Ganzen finden wir kaum Anzeichen für einen Rückschritt bei diesen [objektiven] Variablen in den letzten zehn Jahren. Stattdessen scheint das globale Muster eher das einer demokratischen Stabilität denn das eines Rückgangs zu sein.« (Ebd., S. 3)[3]

Ebenfalls gehe ich nicht darauf ein, dass die Demokratie-Indizes des Varieties-of-Democracy-Projektes nicht die höheren Weihen eines durch Expertise tausendfach bestätigten Messkonzepts beanspruchen können, obgleich genau dieser Eindruck in der Außendarstellung des Projekts genährt wird, wenn Experten und Expertinnen nicht mehr tun, als bestimmte Kategorien innerhalb vorgegebener Konzepte – oftmals nach ihrem subjektiven Dafürhalten – zu codieren.

Zusätzlich zu diesen Einwänden, die die Praxis der Datenerhebung betreffen, lassen sich auf der konzeptionellen Ebene folgende Punkte kritisch anmerken:

– Umstrittene Fragen wie beispielsweise die, ob die starke verfassungsrechtliche (europarechtliche) Kontrolle einer nationalen Regierung ein essenzielles Element des theoretischen Konstrukts ›Demokratie‹ ist (oder ihr nicht sogar möglicherweise entgegensteht; Bellamy 2007; Hirschl 2007; Waldron 2016c, 2016a), lassen sich nicht durch Messungen klären, die auf Konzepten beruhen, die diese Frage für sich immer schon auf eine bestimme Weise entschieden haben.

– Zudem ist festzustellen, dass das verwendete Demokratie-Konzept Demokratie weiterhin als im Wesentlichen nationalstaatliche Veranstaltung begreift, damit aber gerade nicht die heute zunehmend konfliktreich werdende Schnittstelle zwischen nationalstaatlicher Souveränität und suprastaatlichen Institutionen in den Blick bekommt (an der sich die zentralen Konflikte ja gegenwärtig systematisch entzünden; Schäfer/Zürn 2021).

– Damit erweist sich der Liberal-Democracy-Index von V-Dem als spezifisch ungeeignet, eine These wie die von der ›demokratischen Regression‹ zu belegen, gehört zu den integralen Bestandteilen dieser Diagnose doch die Einsicht, dass es der besondere Liberalisierungsschub ist, der sich u. a. auch an der Delegation genuin politischer Fragen an nichtmajoritäre und hier insbesondere supranationale Instanzen manifestiert, der zur gegenwärtigen Krise der Demokratie substanziell beigetragen hat (ebd.).

– Das hat auch unmittelbare Konsequenzen für die Frage der Messung selber, denn es zeigt sich, dass der Liberal-Democracy-Index die konzeptionelle Problematik von V-Dem auf der Messebene wiederholt.

Wenn aufgrund der nationalen Perspektivverengung des Demokratieverständnisses bei der Messung systematisch nicht in den Blick kommt, in einem wie starken Maße beispielsweise nationale Verfassungsgerichte (und nicht nur sie, sondern auch die ›normale‹ Gerichtsbarkeit) durch die Mitgliedschaft ihres Landes in der Europäischen Union gegenüber der Politik autonomer geworden sind,[4] dann misst ein Indikator wie JUDICIAL CONSTRAINTS OF THE EXECUTIVE immer nur (spätere) nationale Entliberalisierung, aber nie (vorausgegangene) supranationale Liberalisierung. Das macht diese Messung zu einer systematisch verzerrten, und der Liberal-Democracy-Index erweist sich als ungeeignet, sowohl um das Ausmaß der gegenwärtigen Krise der Demokratie, gerade wenn sie sich – wie in Ungarn oder Polen – als Konflikt zwischen Exekutive und (Verfassungs-)Gerichtsbarkeit manifestiert, als auch um ihre Ursache zu verstehen.

– In diesem Zusammenhang erscheint es von besonderer Ironie, dass in Europa zentrale Konflikte um Rechtsstaatlichkeit und Demokratie zwischen (einigen) EU-Mitgliedsländern und einer Europäischen Kommission ausgetragen werden, die ja bereits das demokratische Grunderfordernis einer über Wahlen erfolgenden Besetzung exekutiver Ämter verfehlt. Anders formuliert: Warum verortet das Varieties-of-Democracy-Projekt die EU eigentlich nicht auf seinem Liberal-Democracy- oder einem Electoral-Democracy-Index? Und wie würde sich dann fortschreitende Europäisierung auf die Demokratie der Mitgliedsländer auswirken?

– Es stellt sich außerdem das Problem, dass bei dieser Art der Demokratiemessung wesentlich *changes*, aber nicht *levels* in den Blick kommen. Konkret gesprochen: Wir haben in Europa eine Reihe von Staaten, die als völlig konsolidierte Demokratien gelten (etwa die Niederlande und die skandinavischen Länder), in denen die Möglichkeit verfassungsrechtlicher Kontrolle von Parlamentsgesetzen sehr gering entwickelt bzw. gar nicht vorhanden ist.[5] Zugleich haben viele osteuropäische Länder nach 1990, nicht ohne Einfluss US-amerikanischer oder auch deutscher Verfassungsjuristen und mit Rückendeckung durch europäische Institutionen, mächtige Verfassungsgerichte eingerichtet, die umgehend und mit wenig Rücksicht auf eine *political question doctrine* sehr aktivistisch agierten. Methodisch bekommt jedoch eine Variable wie JUDICIAL CONSTRAINTS im V-Dem-Projekt die grundlegend unterschiedlichen Ausgangsbedingungen bezüglich der Rolle verfassungsrechtlicher Normenkontrolle in den europäischen Ländern nicht in den Blick, wenn sie Versuche der Beschneidung verfassungsrichterlicher Zuständigkeiten als demokratiegefährdend wertet, zugleich aber das gänzliche Fehlen verfassungsrichterlicher Normenkontrolle für völlig unproblematisch hält.

– Das schlägt sich auch darin nieder, dass das Varieties-of-Democracy-Projekt in dieser für die Messung einer liberalen Demokratie absolut zentralen Dimension (Müller 2013a) in seinem Codierschema keinen Unterschied macht zwischen einem obersten Gerichtshof, einfach als oberster Instanz der normalen Gerichtsbarkeit, und einem Verfassungsgericht. Codierer werden im V-Dem-Codebook wie folgt angeleitet: »By ›high court‹

we are asking you to consider the country's constitutional court, if one exists. If there is no constitutional court, please consider the court of last resort for constitutional matters. If there is no court in your country with constitutional jurisdiction, please consider the highest ordinary court of the state« (Coppedge et al. 2022, S. 167). Mit anderen Worten: Wenn es in einem Land kein Verfassungsgericht gibt, aber ein ›oberstes Gericht‹ (gibt es irgendwo auf der Welt ein Land, das kein oberstes Gericht hat?), werden Länder mit und ohne Verfassungsgericht in diesem Codierschema als gleich behandelt – es geht jeweils nur darum, wie ›unabhängig‹ ein solches oberstes Gericht ist, wie sehr seine Entscheidungen von der Politik akzeptiert und respektiert werden. Das aber ist völlig absurd. Die Unabhängigkeit eines Gerichts *ohne* starke politische Zuständigkeiten ist für die Politik selbstverständlich viel leichter zu respektieren als die Unabhängigkeit eines Gerichts *mit* sehr starken Normenkontrollkompetenzen (und ihrer dann möglicherweise auch außerordentlich aktivistischen Ausübung, wie im Polen und im Ungarn der 1990er Jahre). In den JUDICIAL CONSTRAINTS ON THE EXECUTIVE-Indikator (JUCON) gehen dann die Indikatoren EXECUTIVE RESPECTS CONSTITUTION, COMPLIANCE WITH JUDICIARY, COMPLIANCE WITH HIGH COURT, HIGH COURT INDEPENDENCE, LOWER COURT INDEPENDENCE ein, während der JUCON-Indikator als Bestandteil des LIBERAL-COMPONENT-Index eine nur elektorale von einer liberalen Demokratie zu unterscheiden helfen soll (Democracy 2022, S. 49). Kann man aber in der Messung der *compliance* der Politik keinen Unterschied machen zwischen Gerichten, die politisch belanglos sind, und Gerichten, die hochpolitische Entscheidungen treffen können, wird die ganze Messung sinnlos, und damit wird auch der Index einer liberalen Demokratie, in den diese Messung eingeht, nur äußerst eingeschränkt aussagekräftig.

– Was hier für die vergleichende Perspektive gilt, wenn man ein Verfassungsgericht mit Normenkontrollkompetenzen nicht von einem ›obersten Gericht‹ unterscheiden kann, gilt exakt so auch für die Betrachtung im Zeitverlauf. Denn wenn man so etwas wie ›Unabhängigkeit der Justiz‹ oder ›Folgebereitschaft der Politik gegenüber den Gerichten‹ misst, ohne die im Zeitverlauf sich stark ändernden Zuständigkeiten und Kompetenzen der Gerichte zu berücksichtigen (siehe oben Abbildung 8), dann kann der Befund, heute werde die Justiz zunehmend von der Politik attackiert und das sei ein klarer Hinweis auf Bodengewinne der Gegner der liberalen Demokratie, auf einer optischen Täuschung beruhen. Übersehen wird: Früher wurde möglicherweise die Unabhängigkeit der Justiz nur deswegen politisch respektiert, weil die Justiz einfach eine viel nachrangigere Rolle spielte. Bildet man aber tatsächlich einen Index, der einerseits den Bedeutungszuwachs der Judikative misst, der aber andererseits misst, wie sehr die Unabhängigkeit der Justiz von der Politik respektiert wird,[6] dann lässt sich nicht bestätigen, dass diese Unabhängigkeit in den letzten zwanzig Jahren zunehmend unter Druck geraten ist – ganz im Gegenteil.

– Weiterhin: Ein Liberal-Democracy-Index mag politische Einschränkungen justizieller Unabhängigkeit

Abb. A.1: Anteil der Regierungsparteien an den Parlamentssitzen in europäischen Demokratien seit 1945

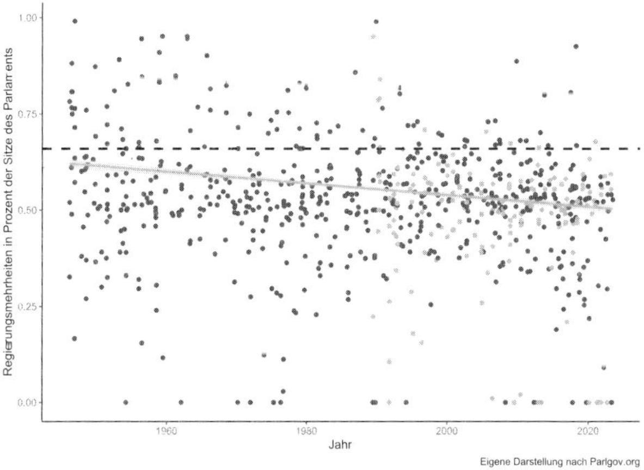

Schwarz = westeuropäische Länder, grau = osteuropäische Länder; horizontale gestrichelte Linie = verfassungsändernde Zweidrittelmehrheit (Länder mit 0 Prozent Regierungsmehrheit sind Technokraten-, Interims- oder Statthalterkabinette)

messen können, kann dabei aber die Faktoren für eine zunehmende justizielle Einschränkung der Politik übersehen. Als ein Beispiel (siehe oben Abschnitt 4.1): In den 1950er und 1960er Jahren konnten Regierungen auf der Grundlage klarer parlamentarischer Mehrheiten politisch überschüssiges Handeln von Verfassungsrichtern häufiger eingrenzen. Je knapper Regierungsmehrheiten werden (unter anderem aufgrund fortschreitender Fragmentierung des Parteiensystems), desto weniger kann die Politik den Richtern entgegensetzen. Wie immer man das normativ bewerten mag, die damit einhergehende zunehmende HIGH COURT INDEPENDENCE wird im Liberal-Democracy-Index nicht abgebildet (siehe Abbildung A.1)

Wie leicht zu erkennen ist, werden parlamentarische Mehrheiten von Regierungen in Europa im Zeitverlauf ›knapper‹. Anders formuliert: In der Tendenz verfügen Regierungen immer seltener über verfassungsändernde Mehrheiten. Mit zunehmender Fragmentierung des Parteiensystems (und damit zunehmender Koalitionsgröße gemessen an der Zahl beteiligter Parteien) wird es auch immer schwieriger, solche Mehrheiten zu bilden oder mit deren Bildung glaubwürdig zu drohen. Dabei ist es durchaus möglich, dass hier Ungleichzeitigkeiten zwischen den ost- und den westeuropäischen Parteiensystemen bestehen. In Westeuropa beobachten wir schon länger anhaltende Prozesse der Fragmentierung, das Ende der Volksparteien, hier daher auch schon länger die zunehmende Dominanz des Rechts. In Osteuropa folgen auf eine Phase der ersten Konsolidierung des Parteiensystems später durchaus deutliche parlamentarische Mehrheiten (in Ungarn insbesondere durch ein sehr disproportionales Wahlsystem begünstigt). Hier werden dann die Konflikte ausgetragen zwischen Regierungsparteien und Richtern mit unterschiedlichen politischen Agenden.

Appendix II

Der Menschenrechtsdiskurs im deutschen Bundestag

Abb. A 2: Anzahl der Nennungen des Begriffs »Menschenrechte« in Plenardebatten des Deutschen Bundestags seit 1949 (vgl. Abrami et al. 2022)

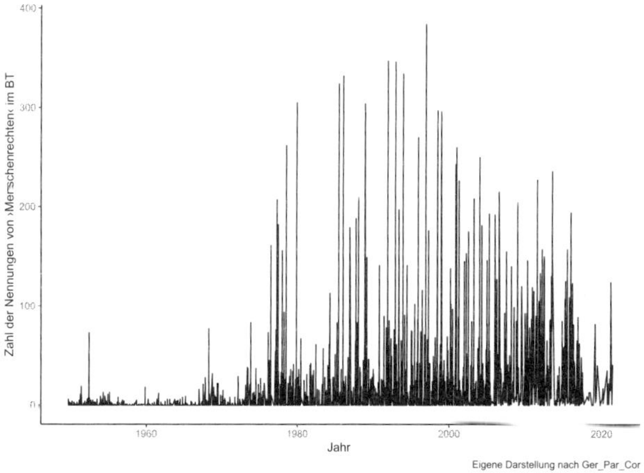

Die Auswertung des kompletten Korpus der Plenardebatten im Deutschen Bundestag seit seiner ersten Sitzung im Jahr 1949 bis 2021 zeigt recht deutlich, dass die Menschrechtsdebatte selbst in einem so stark von einem posttotalitären Konsens charakterisierten Land wie Deutschland im Wesentlichen erst ab den späten 1970er Jahren aufkommt.

Anmerkungen

1. Warum wir die Demokratie, einschließlich unseres Verständnisses von ihr, historisieren müssen

1 Bezeichnend die grobe Kategorisierung bei Jon Elster: »Es ist kein Zufall, dass der Konstitutionalismus eng mit dem Supreme Court verbunden ist, obwohl betont werden sollte, dass die Grenzen der Mehrheitsherrschaft über die richterliche Normenkontrolle hinausgehen. Ganz allgemein gesprochen [...] kann man Demokratie mit der gewählten Versammlung und Konstitutionalismus mit dem Supreme Court (oder Äquivalenten wie dem französischen *Conseil constitutionnel*) assoziieren.« (Elster 1993, S. 4) Aber eigentlich sind weder der US-amerikanische Supreme Court noch der französische *Conseil constitutionnel* besonders gute Beispiele für Konstitutionalismus – es sind viel eher eigenständige, unabhängige Verfassungsgerichte nach dem deutschen Modell, die man hier exemplarisch nennen müsste. Immerhin setzt sich dieses Modell nach 1990 in der Mehrzahl der Länder durch (siehe Abschnitt 3).

2 Und selbstverständlich ist der Begriff selbst auch nicht erst um 1990 in die Welt gekommen. Etwas häufiger findet er sich zunächst in Büchern oder Aufsätzen, die von der totalitären Herausforderung der 1930er und 1940er Jahren handeln (Downie 1964; Salvadori 1957 [1938]). In den 1970er Jahren tritt der Begriff dann vor dem Hintergrund der zeitgenössischen Demokratiekrisendiskussion auf, im Kontext der politischen Konflikte der späten 1960er und frühen 1970er Jahre, also der Studentenrevolte, der Unregierbarkeitsdiagnosen usw. (Levine 1981; Livingston 1979; Macpherson 1977; Sartori 1979). Ein spezifisch auf Rechtsstaatlichkeit, Minderheitenschutz und Gewaltenteilung abstellendes Konzept, und insbesondere eines, das Konstitutionalisierung und Kontrolle dieser Konstitutionalisierung durch Verfassungsgerichte als Apotheose demokratischer Entwicklung versteht, bildete sich jedoch – wie ich insbesondere in Abschnitt 3 zeige – erst deutlich später, in den 1990er Jahren, heraus.

3 Gagnon (2013) identifiziert 63 verschiedene Typen von Demokratie, mit 42 Untertypen.

4 So beispielsweise Nadia Urbinati: »Es gibt keine Demokratie ohne liberale individuelle – bürgerliche wie politische – Rechte. In diesem Sinne ist der Ausdruck ›liberale Demokratie‹ ein Pleonasmus.« (Urbinati 2019, S. 11) Armin Schäfer und Michael Zürn (2021) bezeichnen ›illiberale Demokratie‹ als »Selbstwiderspruch«.

5 »[I]n manchen Fällen wirken unsere Klassifikationen und unsere Klassen zusammen, um Hand in Hand in Erscheinung zu treten und das jeweils andere Element anzustacheln« (Hacking 2006b [2002], S. 126). »Die Art und das Wissen wachsen gemeinsam« (Hacking 2012 [1995], S. 32).

6 Es ist also exakt wie von Thomas S. Kuhn beschrieben: Ein neues Paradigma kommt mit eigenen Messungen und Messkonzepten (Kuhn 1996 [1962]). Als ›Anomalie‹ wird man allerdings vermerken müssen, dass mit dem Konzept der liberalen Demokratie allerlei Vergehen gegen die liberalen Institutionen der Demokratie geltend gemacht werden, ohne dass diese zahlreichen Vergehen sich bislang auf objektiv beobachtbare, messbare Prozessdaten demokratischer Systeme ausgewirkt zu haben scheinen, etwa nicht auf die Häufigkeit, mit der demokratische Wahlen Machtwechsel herbeiführen (Little/Meng 2023). Die Verletzungen der Standards liberaler Demokratie sollen ja aber gerade das Ziel des illegitimen Machterhalts bei Beibehaltung des formellen Eindrucks demokratischer Verhältnisse gehabt haben, mit diesem Konzept wollte man gerade hinter die angeblich mancherorts ›nur‹ formaldemokratische Fassade schauen können (siehe Abschnitt 2.3).

7 »[A]ufgrund der um uns herum gewebten Möglichkeiten von Wahrheit und Falschheit werden wir selbst zu Gegenständen der Erkenntnis« (Hacking 2006a [2002], S. 12).

8 »Verfassungsgerichte und Regierungen können über ideologische Fragen in Konflikt geraten. Aber auch wenn sie nicht durch Ideologie getrennt sind, wollen sowohl Politiker als auch Richter ihre institutionelle Autorität ausweiten. Jeder dieser Konflikte [...] ist ›politisch in dem Sinne, dass er in dem Wunsch wurzelt, Autorität aufrechtzuerhalten oder auszudehnen, und dass er nicht notwendigerweise mit den Normen der Legalität selbst verbunden ist‹« (Maravall/Przeworski 2003, S. 14f.; inneres Zitat von Ferejohn und Pasquino).

9 Im Original: »Perfecting democratic procedures by disabling democratic institutions.« Das englische Verb *to disable* kann in verschiedene Richtungen übersetzt werden: »deaktivieren«, »blockieren«, »unterbinden«, »behindern«, »lähmen« ... Der identische Widerspruch wird vielleicht noch prägnanter von Helmut Ridder auf den Punkt gebracht: »Demokratierettung durch Demokratieverkürzung« (2010 [1977], S. 360).

10 Naiv ist die gegenwärtige politikwissenschaftliche Diskussion auch hinsichtlich der Frage der Geschichtlichkeit ihrer Beobachterposition. Die Einsicht in den unumgänglichen Relativismus von Positionen und die unvermeidbare Selektion von Perspektiven und Themen geht aber doch schon auf die erste Hälfte des 20. Jahrhunderts zurück. Für die Rekonstruktion der Diskussionen in der Soziologie und Geschichtswissenschaft siehe Kittsteiner 2021 (2004); Knöbl 2022. Entsprechende Überlegungen erkenne ich in den aktuellen politikwissenschaftlichen Debatten, insbesondere in der Demokratieforschung, nicht. Ein Beginn ist jedoch nun wenigstens gemacht mit Vogelmann 2022.

11 Dass sich in den 1950er und 1960er Jahre (ordo)liberale Vorstellungen von einer Wirtschafts*verfassung* artikulieren und dass diese Vorstellungen insbesondere im europäischen Wettbewerbsrecht einflussreich werden (Hien/Joerges 2017; Joerges 2001; Joerges/Hien 2018; kritisch Wigger 2017), wäre damit nicht bestritten (Slobodian 2019). Dass aber die Ideen einer *constrained* oder *disciplined democracy*, die in diesem zeitlichen Kontext und Umfeld entworfen werden, einen starken inhaltlichen oder genealogischen Zusammenhang mit den Ideen einer liberalen Demokratie hätten, wie sie ab den 1970er Jahren formuliert werden und sich spätestens ab 1990 dann auch durchsetzen, scheint mir schwerlich argumentiert werden zu können.

12 »Nach unseren Berechnungen sahen 1951 etwa 38 Prozent aller konstitutionellen Systeme die Möglichkeit einer verfassungsrechtlichen Überprüfung vor; 2011 räumten 83 Prozent der Verfassungen weltweit Gerichten die Befugnis zur Überwachung der Umsetzung der Verfassung und zur Aufhebung verfassungswidriger Gesetze ein.« (Ginsburg/Versteeg 2014, S. 587) Schäfer und Zürn sprechen von einer »stillen, aber dramatischen Veränderung der institutionellen Landschaft«: einer »Verlagerung von Entscheidungskompetenzen weg von den Mehrheitsinstitutionen [...] hin zu nichtmajoritären Institutionen« (2021, S. 102), und davon, dass

sich die »Macht der Mehrheitsinstitutionen innerhalb von weniger als 25 Jahren dramatisch reduziert« hat (ebd., S. 113). Zur Empirie dieses Prozesses siehe auch unten, Abschnitt 3.

13 Was mit dem vorliegenden Buch auf alle Fälle *nicht* beabsichtigt ist, ist eine weitere Abhandlung über das Für und Wider des Konstitutionalismus. Beabsichtigt ist eine politikwissenschaftliche, keine rechtstheoretische oder rechtsphilosophische Arbeit.

14 Wobei natürlich das, was zunächst als pathologische Abweichung definiert wurde, später als Identität angeeignet und ›umgewertet‹ werden konnte (man denke hier an das Beispiel der Homosexualität).

15 Hier ist im Zeitverlauf offenkundig eine Umwertung erfolgt. Die Nation als politische Kollektiveinheit führt ja, so der Vorwurf, zu Nationalismus. Das verweist auf interessante Übereinstimmungen zwischen Hackings ›dynamischem Nominalismus‹ sowie seiner ›historischen Ontologie‹ und einer Begriffsgeschichte à la Koselleck (Koselleck 1989 [1975]), insbesondere zu dessen Überlegungen hinsichtlich der ›historisch-politischen Semantik asymmetrischer Gegenbegriffe‹.

16 So beispielsweise Emmanuel Macron in einer Erklärung auf dem von US-Präsident Biden initiierten ›Demokratie-Gipfel‹ im Dezember 2021 in Paris. Darin spricht das französische Staatsoberhaupt von der liberalen Demokratie als derjenigen Ordnung, »die grundsätzlich und in jeder Hinsicht die individuellen und bürgerlichen Freiheiten unserer Mitbürger bewahrt«. Von Wahlen ist bezeichnenderweise keine Rede mehr (Macrons Erklärung ist online verfügbar unter: {https://www.vie-publique.fr/discours/282839-emmanuel-macron-09122021-democratie} [alle URL Stand Februar 2024]).

2. *Die Beobachtung der Demokratie I: Konzepte & Kontexte*

1 Selbstverständlich existiert eine umfangreiche Geschichtsschreibung über den Aufstieg und das Schicksal der Demokratie (als Auswahl Rosanvallon 1998, 2000; Dunn 1992, 2005 a, 2005 b; Stasavage 2021; Kaplan 2014; Keane 2010; im deutschen Kontext zuletzt Richter 2017; Nolte 2012). Gemeinsam ist vielen dieser Beiträge jedoch »erstens die Linearität der Konstruktion und der erzählenden Darstellung, die Beschreibung eines mehr oder weni-

ger langen Weges bis zur Gegenwart. Zweitens die Orientierung am ›Leitfaden eines Prinzips‹, durch welche Geschehnisse und Folgen in einen Zusammenhang gebracht und, mal explizit, mal implizit, auf einen Sinn bezogen werden können. In welcher der Varianten die Geschichte aber auch erzählt wird, die theoretischen Probleme sind dieselben. Die Gegenwart wird als mehr oder weniger vollzogene ›Erfüllung‹ dessen präsentiert, was vom Früheren, dessen Tradition beschworen wird, intendiert, vorbereitet, versucht, begonnen worden sei.« (Hettling 2023, S. 75 f.) Was in unserem Zusammenhang mit Historisierung gemeint ist, wäre allerdings etwas durchaus anderes: nämlich eine *zugleich* vergleichende Institutionen- oder Verfassungsgeschichtsschreibung der *zeitgenössischen* Demokratie *und* ihre Begriffsgeschichte (die beider Wechselwirkungen berücksichtigt). Für ein solches Unternehmen finden sich in der Literatur m.W. schon weitaus weniger Beispiele – und es ist klar, dass im vorliegenden Buch auch nur Teilaspekte einer solchen zu schreibenden Geschichte abgedeckt werden können. Die vergleichende Politikwissenschaft vergisst über dem Querschnittsvergleich regelmäßig die historische Dimension ihrer Gegenstände und Konzepte; Geschichts- und Rechtswissenschaft interessieren sich heute generell weniger für Verfassungsgeschichte und noch viel weniger für eine mit einer Verfassungs*ideen*geschichte der Gegenwart verbundene Verfassungsgeschichte. In den gängigen Geschichten der Demokratie steht häufig die Entwicklung des Wahlrechts im Vordergrund, am Ende seiner säkularen Ausweitung kommen neue Entwicklungen, insbesondere die Konstitutionalisierung der Demokratie, nicht mehr in den politik- und geschichtswissenschaftlichen Blick. Die betreffende Literatur, die den konstitutionalistischen Schub behandelt, ist hingegen überwiegend rechtswissenschaftlich, verfassungsrechtlich, und nimmt damit eine spezifische, oft wenig demokratie- und akteurtheoretisch informierte Perspektive ein.

2 Vgl. Münkler 2022.

3 Steinmeier 2022.

4 AKP und MHP erhielten in der türkischen Parlamentswahl von 2007 46,6 bzw. 14,3 Prozent der Stimmen.

5 Gagnon träumt von einer politikwissenschaftlichen Periodentabelle, die alle Elemente der Demokratie in eine Ordnung bringen könnte (2013, S. 77).

6 Irreführend in ihrer scheinbaren Einfachheit und Statik: »Eigent-

lich ist klar, was Demokratien westlicher Prägung definiert: Rechtsstaatlichkeit, unveräußerliche Grundrechte und Gewaltenteilung. Sie stützen sich auf gewählte Volksvertreter und auf die vernunftgeleitete Teilhabe des Volkes.« (Nida-Rümelin 2020)

7 Der aktuelle Bericht ist online verfügbar unter: {https://idea.int/democracytracker/gsod-report-2022}.

8 Papada et al. 2023; Merkel 2004a, 2004b; Mudde/Kaltwasser 2019; Przeworski 2010, 2018; Skaaning et al. 2015; EIU 2023; Vanhanen 2020.

9 Als beispielhaftes Statement: »Ohne andere Varianten der Demokratie abwerten zu wollen, konzentriert sich der Bericht auf den Liberal-Democracy-Index (LDI), der die elektoralen ›Kern‹-Institutionen mit den liberalen Aspekten – Einschränkung der Exekutive durch die Legislative und hohe Gerichte sowie Rechtsstaatlichkeit und individuelle Rechte – kombiniert. Diese Messung gehört zu den anspruchsvollsten Messungen, die V-Dem anbietet.« (Boese et al. 2022, S. 13) Wie zu zeigen sein wird, ist insbesondere die Dimension ›Einschränkung der Exekutive durch die Legislative und hohe Gerichte‹ sowohl in der Messung als auch im konzeptionellen Verständnis zu unscharf und damit Einfallstor für allerlei arbiträre Wertungen und ›kollektiven Codierungsbias‹ (Little/Meng 2023; siehe insbesondere Abschnitt 2 und Appendix I).

10 Diese Diagnose teilen ja auch Schäfer und Zürn: »In den alltäglichen politischen Auseinandersetzungen stehen sich liberale Globalisten und autoritäre Populisten gegenüber«, und »viele Abgeordnete außerhalb populistischer Parteien neigen den Auffassungen der liberalen Globalisten zu« (2021, S. 80, S. 97).

11 Der neue Democracy Tracker von IDEA misst nun unter anderem auch basale Wohlfahrts- und LGBTQIA+-Rechte. D.h., Länder, die eines von beidem nicht gewähren, können nach dieser Konzeptualisierung nicht als demokratisch gelten.

12 Als Beispiel: Wer z.B. das Diskriminierungsverbot des Europarechts bemüht, verspricht sich davon eine Besserstellung gegenüber der einzelstaatlichen Regulierung. Damit hat aber jede Liberalisierung Verteilungsimplikationen, häufig zulasten kollektiver Akteure wie etwa Gewerkschaften, die ja keine Individualrechte geltend machen können. Recht individualisiert.

13 Die Politikwissenschaft erörtert erschöpfend Messkonzepte, Operationalisierungen, Skalen und Metriken der Demokratiemessung

(Lauth 2004), aber nicht die Genealogie ihrer Konzepte und wie diese Genealogie mit der Entwicklung der Institutionen zusammenhängt.

14 »Das Prinzip der Demokratie bedeutet dann einfach, daß die Zügel der Regierung jenen übergeben werden sollten, die über mehr Unterstützung verfügen als die anderen, in Konkurrenz stehenden Individuen oder Teams. Und dies wiederum scheint die Geltung des Majoritätssystems innerhalb der Logik der demokratischen Methode zu sichern« (Schumpeter 1993 [1942], S. 433).

15 Ähnlich reduktionistisch-minimalistisch mit der Hervorhebung der elektoralen Dimension Vanhanen: »Unter Demokratie verstehe ich ein politisches System, in dem ideologisch und sozial unterschiedliche Gruppen rechtlich berechtigt sind, um die politische Macht zu konkurrieren, und in dem die institutionellen Machthaber vom Volk gewählt werden und dem Volk gegenüber verantwortlich sind.« (2019, S. 2) Lipset definiert Demokratie »als ein politisches System, das regelmäßige verfassungsmäßige Möglichkeiten zum Wechsel der Regierenden bietet, und einen sozialen Mechanismus, der es einem möglichst großen Teil der Bevölkerung ermöglicht, wichtige Entscheidungen durch die Wahl zwischen den Bewerbern um ein politisches Amt zu beeinflussen« (1960, S. 45). Knapp und kurz: »[E]ine Demokratie ist ein Regime, in dem die Regierenden durch kompetitive Wahlen bestimmt werden« (Alvarez et al. 1996, S. 4).

16 »Der wichtigste Punkt ist, dass die sozialen und politischen Kräfte, die diese autoritären Tendenzen zum Ausdruck bringen, *eher innerhalb als außerhalb* der bestehenden Strukturen der rechtsstaatlichen Demokratie entstehen.« (Loughlin 2019, S. 447, meine Hervorhebung)

17 Dass das Varieties-of-Democracy-Projekt nun mit dem Slogan »Global Standards, Local Knowledge« für sich wirbt, wird man als symptomatisch werten dürfen.

18 Etwa: »Demokratie ist und bleibt ein unvollendetes Projekt, das davon lebt, immer wieder aufs Neue dem – über ihren Status quo hinausweisenden – Bestreben institutionell gerecht zu werden. Dazu tragen internationale Organisationen bei, die nach dem Modell der Staatengleichheit gestaltet sind, und darüber hinaus unsere europäische Ordnung, die eigene Ansätze demokratischer Rückbindung im Europäischen Parlament entwickelt hat.« (Steinmeier 2022, S. 23) Was genau internationale Organisationen zur

Demokratie beitragen, bleibt dabei allerdings unklar – und muss es wohl auch (vgl. Cassese 2018).

19 Als weiteres Beispiel, wie man sich ganz im Einklang mit ›den Zeitläufen‹, das heißt ganz einverstanden mit dem Status quo fühlen kann: »Ein Republikanismus, der seine Stärke in einem restaurativen Zurücksetzen der Zeitläufe suchte, sich also gegen Individualisierung, Pluralisierung, Europäisierung und Globalisierung stellte, würde nicht nur die Wucht dieser Entwicklungen völlig unterschätzen, er würde auch sein eigenes Ziel unterlaufen, die Festigung unserer liberalen Demokratie für die Zukunft.« (Steinmeier 2022, S. 33)

20 Man müsse sich von der Vergangenheit lösen, die den »Begriff ›westliche Demokratie‹ [...] viel zu sehr institutionalisiert« habe (Fraenkel 1991 [1964], S. 52).

21 Bei Sartori (1973) zielt das Attribut ›liberal‹ auf die Frage ökonomischer Gleichheit und ›negativer‹ Freiheit als Schutz vor staatlicher Übergriffigkeit – ohne dass damit ein konkretes institutionelles Modell der Demokratie entworfen wäre. Bei Riker (1982) meint der Begriff *liberal democracy* eigentlich *limited democracy*, ganz im schumpeterianischen Sinne einer auf den sporadischen Austausch des politischen Führungspersonals per Wahl beschränkten Demokratie – also bezeichnenderweise genau das reduktionistische Demokratieverständnis, gegen das sich die Sprechweise von der ›liberalen Demokratie‹ heute wendet.

22 Fukuyama will den bemerkenswert weltweiten Charakter der »derzeitige[n] liberale[n] Revolution« (2022 [1992], S. 108) und seine These von einem universellen Prozess der liberalen Demokratisierung auf durchaus überraschende, eigensinnige Art belegen. Obwohl er Demokratie als solche, ohne den Zusatz als liberale, recht minimalistisch-»formal« definiert als immer dann gegeben, »wenn das Volk [in einem Land] das Recht hat, in regelmäßig stattfindenden geheimen, allgemeinen und gleichen Wahlen in einem Mehrparteiensystem seine Regierung« zu bestimmen (ebd., S. 102), zählt er in einer tabellarischen Übersicht zu den »*liberalen* Demokratien« im Jahre 1790(!) Frankreich, die Schweiz und die Vereinigten Staaten und im Jahr 1990 unter anderem Singapur, die Türkei und Mexiko (!). Es bleibt unklar, was diese Länder – damals wie heute – für den Zusatz ›liberal‹ qualifiziert (ebd., S. 110-112). Im Fall von Singapur und Mexiko könnte man gar fragen, was die Länder 1990 überhaupt als Demokratie qualifi-

ziert (Freedom House kategorisiert Singapur als ›teilweise frei‹, laut EIU handelt es sich um eine ›unvollständige Demokratie‹). Alvarez et al. klassifizieren Mexiko 1990 als Bürokratie, aber nicht als Demokratie (1996, S. 26). Haiti, das bereits 1816 das allgemeine Männerwahlrecht einführte, zählt Fukuyama hingegen nicht zu den liberalen Demokratien (2022 [1992], S. 629). In den USA wiederum gilt das allgemeine Wahlrecht bekanntlich faktisch erst seit den 1960er Jahren, wenn man den systematischen Ausschluss der afroamerikanischen Bevölkerung in den Südstaaten in Rechnung stellt. Welches Gemeinwesen genau vor 1805 mit ›Schweiz‹ zu bezeichnen ist, muss ebenfalls unklar bleiben. Usw. usf. Fukuyamas ›Empirie‹ basiert auf einer ganz abenteuerlichen Aufstellung.

23 »Populismus [lässt] sich nicht an spezifischen politischen Inhalten festmachen« (Müller 2016, S. 120). Ein früher Vorgänger von Mudde und Müller ist Taguieff: Der Begriff des Populismus »definiert [keinen] bestimmten politischen Inhalt. Es handelt sich um einen politischen Stil, der sich auf verschiedene ideologische Rahmen anwenden lässt« (Taguieff 1995, S. 9).

24 Christian Neumeier nennt das demokratische Krisenprosa: »Die Demokratie [...] brauche dringend bessere Schulen, mehr Pflichten und einen Stab ökologischer Berater. Sie sei nicht nur auf *public intellectuals*, sondern auch auf ›kompetente und engagierte Bürger und Bürgerinnen‹ angewiesen. [...] Gewiss braucht die Demokratie auch einen anderen Kapitalismus, mehr Orte der Gemeinschaft und mehr Selbstvertrauen.« (2023, S. 53 f.)

25 Pappas (2014, S. 3) definiert liberale Demokratie folgendermaßen: »[C]harakteristisch für liberale Systeme ist das Streben nach einem ›übergreifenden Konsens‹ [...] auf der Grundlage des Konstitutionalismus, d. h. ›die Entwicklung von Gegengewichten zur unausgewogenen Vorherrschaft des Volkes [, u. a.] einklagbare Menschenrechte, Verfassungsgerichte, die territoriale und funktionale Gewaltenteilung und die Autonomie der Zentralbanken‹« (das Zitat im Zitat stammt von Mény/Surel 2002, S. 10). Es ist bezeichnend, dass sowohl Verfassungsgerichte als auch unabhängige Zentralbanken als feste Bestandteile dieser liberalen Demokratiekonzeption auftauchen. Würde man dieser Definition folgen, wäre Schweden keine liberale Demokratie.
ChatGPT gibt folgende Definition einer liberalen Demokratie: »Eine liberale Demokratie ist eine Form der Demokratie, die

auf zwei grundlegenden Prinzipien beruht: Liberalismus und Demokratie. Hier sind die wichtigsten Merkmale einer liberalen Demokratie:

1. **Rechtsstaatlichkeit:** In einer liberalen Demokratie sind alle Bürger, einschließlich der Regierung, dem Gesetz unterworfen. Die Rechtsstaatlichkeit gewährleistet, dass individuelle Rechte und Freiheiten geschützt sind und dass die Macht der Regierung begrenzt ist.
2. **Gewaltenteilung:** Die Gewalten der Regierung – Exekutive, Legislative und Judikative – sind voneinander getrennt, um Machtmissbrauch zu verhindern. Jede Gewalt hat ihre eigenen Aufgaben und kann die anderen Gewalten überwachen.
3. **Menschenrechte und individuelle Freiheiten:** Eine liberale Demokratie legt großen Wert auf die Achtung der Menschenrechte und schützt individuelle Freiheiten wie Meinungsfreiheit, Versammlungsfreiheit, Religionsfreiheit und das Recht auf Privatsphäre.
4. **Pluralismus:** In einer liberalen Demokratie wird die Vielfalt der Meinungen und Lebensstile akzeptiert und geschützt. Es gibt Raum für verschiedene politische, religiöse und kulturelle Überzeugungen.
5. **Marktwirtschaft:** In der Regel basiert eine liberale Demokratie auf einer Marktwirtschaft, die auf freiem Wettbewerb und privatem Eigentum beruht. Die Wirtschaft ist getrennt von der politischen Macht, aber die Regierung hat eine Rolle bei der Regulierung und Gewährleistung des sozialen Ausgleichs.
6. **Wahlen und politische Beteiligung:** Die Bürger haben das Recht, ihre Vertreter durch faire und regelmäßige Wahlen zu wählen. Die politische Teilnahme wird durch demokratische Institutionen gefördert.
7. **Toleranz und Kompromiss:** Liberale Demokratien fördern Toleranz gegenüber verschiedenen Ansichten und Kompromissbereitschaft, um politische Entscheidungen zu treffen.

Diese Merkmale tragen dazu bei, dass eine liberale Demokratie eine Regierungsform ist, die nicht nur auf dem Mehrheitsprinzip basiert, sondern auch die Rechte und Freiheiten der Minderheit schützt und fördert. Es ist wichtig zu beachten, dass die Ausgestaltung von liberalen Demokratien in der Praxis je nach Land variieren kann.«

26 Diese Darstellung findet sich sehr ähnlich auch bei Müller (2013b; siehe unten, 4.1 und 4.2). Sie hält näherer Betrachtung nicht stand. Weder waren Frankreich und Großbritannien die einzigen europäischen Länder mit majoritärem Demokratieverständnis noch war die Unabhängigkeit der Zentralbank oder auch nur der Föderalismus eine ›Lehre‹ aus der Zwischenkriegszeit. Hier geht einiges durcheinander. Selbst die prototypisch unabhängige Bundesbank erlangt erst nach dem Ende von Bretton Woods so etwas wie geldpolitische Handlungsautonomie.

27 Exemplarisch die neue Werbekampagne der EU ›Du bist Europa‹: Die EU ist ›Demokratie, Vielfalt & Klimaschutz‹, oder: ›Freiheit, Frieden & Energieunabhängigkeit‹, oder: ›Menschenrechte, Solidarität & saubere Energie‹ usw.

28 Dieser Begriff wurde von Christoph Schönberger in Hinblick auf das Bundesverfassungsgericht der 1950er Jahre geprägt.

29 Siehe Urteil des Obersten Gerichtshofs vom 9. November 1995 – C.A. 6821/93 »United Mizrahi Bank Ltd. v. Migdal Cooperative Village«, PD 49 (4), 221 (1995); für einen kurzen Abriss dieser Geschichte siehe Navot 2023. Es ist auch schwerlich vorstellbar, dass eine Nation, die so schmerzhaft, als absoluten Horror, die Verletzung von Menschenrechten erfahren hatte, sich nun selbst eine Verfassung geben zu müssen glaubte, die sie daran erinnern würde, die Menschenrechte zu wahren.

30 Zitiert nach einem Interview in der Zeitschrift *Capital* vom 19. Juli 2007; siehe entsprechend für den indischen Supreme Court (Baxi 1980).

31 »Ein nach wie vor instruktives Beispiel ist die Rechtsprechung zur Rundfunkfreiheit, die mit deren allgemeiner Konzeptionierung als ›dienende Freiheit‹ begann, um daraus nach und nach immer neue Sätze mit Verfassungsrang herauszulesen: ein Gebot prinzipieller Staatsferne bei einem gleichzeitigen Mindestmaß an staatlicher Aufsicht, Anforderungen an die Programmgestaltung im Sinne der Ausgewogenheit und Sachlichkeit, eine Existenzgarantie für den öffentlich-rechtlichen Rundfunk als Träger der Grundversorgung. Auf den untersten Stufen der Konkretisierung steht nun ein Katalog von Kriterien für die Festsetzung der Rundfunkgebühren, in deren Folge das Zurückbleiben einer beantragten Erhöhung um einige Cent zur einer Verfassungsfrage wird, zu der man hundertseitige Urteile verfassen kann.« (Volkmann 2023, S. 6).

32 Während ihr die Möglichkeit einer *tyranny of the few* ihr weniger problematisch erscheint.

33 Siehe hierzu auch Mautner 2023; Meier 2023b. Die Androhung ist mittlerweile für einen ersten Teil der Justizreform wahrgemacht worden. Die konstitutionelle Krise, die damit manifest ist, wird nur aufgrund des Gazakriegs momentan (Februar 2024) nicht ausgetragen.

34 Auch aus britischer Perspektive fällt es nicht leicht zu argumentieren, worin genau denn nun das fundamental Antidemokratische und Ruchlose der israelischen Justizreform besteht: Die Reformen »bergen eine tiefe Ironie, zumindest für britische Juristen. Dazu gehört, dass die Ernennung und Beförderung von Richtern, die derzeit von einem neunköpfigen Ausschuss aus Vertretern der Regierung, des Parlaments, der Richterschaft und der Anwaltskammer vorgenommen wird, in die Hände von Politikern gelegt wird, dass die Befugnis der Gerichte, Gesetze für unvereinbar mit den Grundgesetzen zu erklären, eingeschränkt wird und dass der Rat des Generalstaatsanwalts von seinem derzeitigen fast orakelhaften Status auf den einer anfechtbaren Meinung reduziert wird. Die Ironie besteht darin, dass im Vereinigten Königreich, dessen Verfassung aus Common Law, Statuten und Konventionen besteht, der Generalstaatsanwalt sowohl der unabhängige Rechtsberater der Regierung als auch einer ihrer Minister ist [...]. Bis zur Einrichtung einer Kommission für Richterernennungen im Jahr 2006 wurden alle Ernennungen von Richtern im Vereinigten Königreich von einem Politiker, dem Lord Chancellor, persönlich vorgenommen. Was die Möglichkeit betrifft, dass Richter verfassungswidrige Gesetze aufheben, so hat der Oberste Gerichtshof des Vereinigten Königreichs Anfang dieses Jahres bekräftigt: Die grundlegendste Regel des britischen Verfassungsrechts lautet, dass das Parlament, genauer gesagt, *Crown-in-Parliament*, souverän ist und dass die vom Parlament erlassenen Gesetze Vorrang haben – eine vergleichbare Regel würde die Knesset dazu ermächtigen, mit den Grundgesetzen zu machen, was sie will, ohne dass neue Verfassungsbefugnisse erforderlich wären« (Seldey 2023). Argumente, dass es nicht um einzelne Verfassungsregeln, sondern um die in böser Absicht betriebene Kombination je für sich unproblematischer Regeln gehe (Scheppele 2013b; so auch Seldey 2023 selber in der Beurteilung der Justizreform), markieren den Übergang von der Hypothese zum Glaubenssatz.

35 Vgl. auch N. N. (2020), »Droht ein Vertragsverletzungsverfahren gegen Deutschland?«, in: *Legal Tribune Online* (11. Mai), online verfügbar unter: {https://www.lto.de/recht/hintergruende/h/bverfg-urteil-ezb-eugh-ultra-vires-anleihekaeufe-vertragsverletzungsverfahren-deutschland-kommission-polen/}.

36 Wie bei allen anderen auch variiert das je nach Lage: Starke verfassungsgerichtliche Kontrolle wird von den Populisten eher kritisch gesehen, wenn sie an der Macht sind, und positiv bewertet als Schutzinstrument der Minderheit, wenn sie von der Macht ausgeschlossen bleiben.

37 Man kann den Zusammenhang auch umgekehrt formulieren: »Demokratie- und Rechtszerstörung« fallen immer zusammen (Ridder 2010 [1977], S. 360).

38 Eine Erkenntnis, die nun schon über hundert Jahre alt ist (Schmitt 2004 [1922]).

39 So viel zu einem Verständnis von Populismus, das anhand des Appells an das ›wahre‹ oder ›echte‹ Volk (*real, true people*) und damit der entweder impliziten oder expliziten Identifizierung ›falscher‹ Eliten oder anderer ›falscher‹ Bevölkerungsgruppen das präzise Unterscheidungskriterium zwischen legitimen politischen Wir/sie-Entgegensetzungen einerseits und zutiefst illegitimen, antidemokratischen Ausgrenzungen andererseits an der Hand zu haben meint.

40 In diesem Zusammenhang scheint die Beobachtung wichtig, dass »die Einstellungen und Orientierungen der bildungshöheren Gruppen viel deutlicher dem parteipolitischen Konfliktraum [entsprechen], der durch eine recht hohe ideologische Konsistenz gekennzeichnet ist. Angestellte der akademischen Mittelklasse lassen sich viel leichter in gesellschaftlichen Spaltungsstrukturen verorten als Arbeiter und einfach Gebildete.« (Mau et al. 2023, S. 28) Stellen wir die Hegemonie dieser akademischen Mittelklasse in den öffentlichen Diskursen in Rechnung, wird erklärbar, wie effektiv die eigene hohe ideologische Konsistenz als Gegenbild in die Gesellschaft hineinprojiziert werden kann – und welche Spaltungskonsequenzen das für die doch ›eigentlich‹ ganz ›ungespaltene‹ Gesellschaft hat. Im Sinne der hier behandelten *looping effects* bringt dieses Milieu selbstverständlich den entsprechenden Diskurs genauso hervor wie dieser Diskurs das entsprechende Milieu. Aber die Verteilung des moralischen Kapitals ist trotz alledem eine sehr einseitige, und darin liegt ein machtvoller Selbstverstärkungs- und Selbstbestärkungsmechanismus.

41 Um jetzt von einer offen aktivistischen ›Wissenschaft‹ gar nicht zu reden – ein Modus, in dem sich insbesondere Juristen zunehmend wohl zu fühlen scheinen.

42 Eine der zentralen Gründe, warum die Sozialwissenschaften wenig Interesse an ihrer eigenen Geschichtlichkeit entwickeln – der Blick ist nach vorn gerichtet.

43 Beispielhaft aus der 35-seitigen Erklärung des Parlaments: »[I]n der Erwägung, dass unter Sachverständigen zunehmend Einigkeit darüber herrscht, dass Ungarn keine Demokratie mehr ist; in der Erwägung, dass Ungarn laut dem Demokratieindex 2019 der Universität Göteborg (V-Dem) zum ersten autoritären Mitgliedsstaat der EU überhaupt geworden ist; in der Erwägung, dass Ungarn als ›hybrides Regime‹ eingestuft wurde und in dem Bericht ›Nations in Transit 2020‹ der Organisation Freedom House seinen Status als ›halb gefestigte Demokratie‹ verloren hat; in der Erwägung, dass Ungarn im Demokratieindex 2022 der Economist Intelligence Unit als ›unvollständige Demokratie‹ eingestuft wird und unter 167 Ländern den 56. Platz (einen Platz schlechter als 2020) belegt; in der Erwägung, dass laut dem V-Dem-Demokratie-Index 2022 unter den EU-Mitgliedstaaten Ungarn im vergangenen Jahrzehnt eines der Länder war, die sich weltweit am stärksten in Richtung einer Autokratie gewandelt haben [...,] fordert [das Parlament] die Kommission auf, die verfügbaren Instrumente – insbesondere beschleunigte Vertragsverletzungsverfahren und Anträge auf einstweilige Maßnahmen beim Gerichtshof und Klagen wegen unterlassener Vollstreckung von Urteilen des Gerichtshofs – in vollem Umfang zu nutzen, um der eindeutigen Gefahr einer schwerwiegenden Verletzung der Werte, auf die sich die EU gründet, durch Ungarn zu begegnen« (Erklärung des Europäischen Parlaments vom 15. September 2022; P9 TA(2022)0324, S. 7).

3. Die Beobachtung der Demokratie II: Kontrolle & Konflikte

1 Erdoğan war bereits 1998 für mehrere Jahre jegliche politische Tätigkeit untersagt worden – auf Grundlage eines Urteils des türkischen Verfassungsgerichts, das im Zusammenhang stand mit dem Verbot der Wohlfahrtspartei (Refah Partisi, verboten 1998) und später ihrer Nachfolgeorganisation, der Tugendpartei (Fazilet Par-

tisi, verboten 2001). Kaum war Erdoğans Betätigungsverbot aufgehoben, gründete er die AKP und führte sie zum Wahltriumph von 2002. Dass die AKP in den Präsidentschaftswahlen von 2023 die identische Strategie gegen den populären Bürgermeister von Istanbul, Ekrem İmamoğlu (CHP), angewendet hat, ist zweifellos eine un- oder eher antidemokratische Handlung. Für unseren Zusammenhang ist an diesem Vorgang jedoch vor allem von Bedeutung, dass er in einer längeren Linie steht und auf die rechtliche Prämie des politischen Machtbesitzes verweist. Das Rechtliche verbleibt im Schatten des Politischen.

2 Österreich behielt schlicht das Modell seines Verfassungsgerichts bei, das 1920 Teil seiner Verfassung geworden war. Es wandelt sich sukzessive von einem Gericht zur Klärung von Organstreitigkeiten in einem föderalen Land zu einem ›echten‹ Verfassungsgericht.

3 Der griechische Staatsrat ist kein klassisches Verfassungsgericht, seine Möglichkeiten des *judicial review* sind gering, sie beschränken sich eher auf verwaltungsrechtliche Fragen (vgl. http://www.codices.coe.int). »Der griechische Staatsrat ist ein Sonderfall, da er weder eindeutig ein Verfassungsgericht noch ein oberstes Gericht ist. […] [D]as höchste Gericht ist nur selten involviert und übt seine Kontrollbefugnisse mit Bedacht aus. Das Gericht erklärt nicht oft Gesetze für ungültig« (Engst 2021, S. 207, mit Verweis auf Hufen 2008).

4 Implizite Verfassungsverrechtlichung resultiert in diesen Ländern aus der »Übernahme internationaler und trans- oder supranationaler rechtlicher Standards in nationales Recht. Wichtige Beispiele wären hier die Übernahme der Europäische Menschenrechtskonvention in das dänische Recht 1992 sowie in das schwedische 1995 […] und in Großbritannien jüngst die Verabschiedung des Human Rights Act (1998), mit dem die Bestimmungen der EMRK letztendlich in das britische Verfassungsrecht übernommen wurden – die erste Rechte betreffende Gesetzgebung im Vereinigten Königreich seit dreihundert Jahren.« (Hirschl 2004, S. 8)

5 Anders als bei Hirschl (2007) dargestellt, kennt Schweden *kein* systematisches *Judicial-review*-Verfahren. In den Niederlanden heißt es in Artikel 120 der Verfassung bezüglich des Obersten Gerichts: »Der Richter beurteilt nicht die Verfassungsmäßigkeit von Gesetzen und Verträgen.« (Siehe Appendix)

6 Zum serbischen Verfassungsgericht zum Beispiel diese treffende

Beschreibung: »Das Verfassungsgericht nahm seine Arbeit am 15. Februar 1964 auf. Bis zur Verabschiedung der Verfassung der Republik Serbien von 1990 war das Verfassungsgericht *im Rahmen des Systems der Gewaltenteilung tätig, mit der Nationalversammlung als oberstem Organ.* Mit der Verfassung von 1990 wurde das Verfassungsgericht zum autonomen und unabhängigen Staatsorgan, das *im Rahmen des Systems der Gewaltenteilung* agiert.« (codices.coe.int, meine Hervorhebung)

7 »Mit Hilfe externer Organisationen wie der Venedig-Kommission des Europarats (der sogenannten ›Europäischen Kommission für Demokratie durch Recht‹) wurden diese Gerichte zu wichtigen ›Vetospielern‹ in der politischen Landschaft des postkommunistischen Europas.« (Bugarič/Ginsburg 2016, S. 71) »Demokratie durch Recht« – muss man das weiter kommentieren? Es bleibt erstaunlich, dass ein Akteur, der eine wichtige Rolle in den Konstitutionalisierungsprozessen Anfang der 1990er gespielt hat, ja, der exakt zu diesem Zweck gegründet wurde, später ohne jede Qualifizierung als ein objektiver Beobachter der konstitutionellen Entwicklung in Europa erscheint. Quellenkritik war früher einmal fester Bestandteil der Sozialwissenschaften.

8 »Der Zusammenbruch des Kommunismus enthüllt eine Tabula rasa, die einem Sturz ins Leere gleicht. Und so tritt lediglich bereits Bekanntes auf den Plan, nämlich die Grundsätze und Ideen der freiheitlichen Demokratie.« (Furet, in Dahrendorf/Furet/Geremek 1993, S. 48)

9 Vielleicht erklärt dieser Hintergrund den Versuch der polnischen Bürgerplattform, vor der Parlamentswahl im Oktober 2015, angesichts eines wahrscheinlichen Machtwechsels zur PiS noch schnell fünf neue Verfassungsrichter zu bestellen, obwohl die Amtszeit von zwei zu ersetzenden Richtern erst *nach* der Wahl beendet gewesen wäre (und das Nominierungsrecht somit bei dem Wahlsieger gelegen hätte, der – wie die Bürgerplattform richtig ahnte – die PiS sein würde). Das war der Anfang des Konflikts um die Justiz zwischen PiS und Opposition, in die sich bald die EU einschaltete.

10 Eine hierzu parallele Erzählung ist der Aufstieg der Kartellparteien und ihrer ›Politik der eingeschränkten Erwartungen‹ (*the politics of diminished expectations*); siehe hierzu die Rekonstruktion dieses Prozesses bei Hopkins/Blyth 2018. Konstitutionalisierung ist in dieser Darstellung eine Selbstbindungsstrategie, die die neuen Parteien praktizieren, um einer Dynamik der von ihnen

selbst angeheizten ›Anspruchsinflation‹ zu entkommen: »Einmal an der Macht, konnten die Parteien anderen Playern gegenüber ihre Entschlossenheit signalisieren, indem sie institutionelle Lösungen für das Problem einer zahlenmäßigen Einschränkung politischer Maßnahmen entwickelten (und bei der Gelegenheit zugleich eine Erwartungseinschränkung festschrieben), wodurch sie sich glaubwürdig zu einer Kartellisierung des politischen Marktes insgesamt bekannten [...]. Die Logik unabhängiger Zentralbanken ist hier ein anschauliches Beispiel« (ebd., S. 204). Die zentrale Dynamik war aber nicht ökonomisch, sondern juristisch-konstitutionell. Sie beendete nicht die Dynamik der Anspruchsinflation – sondern generierte nur eine andere, eine eigene, eine individualisierte statt wie zuvor kollektive.

11 Es scheint durchaus bemerkenswert, dass mit Ausnahme von Nicolae Ceaușescu keiner der osteuropäischen Diktatoren im Zuge der Umwälzungen von 1989/90 gewaltsam zu Tode kam.

12 »Die verfassungsrechtliche Überprüfung [...] ist eine Lösung für das Problem der politischen Unsicherheit zum Zeitpunkt der Verfassungsgebung. Parteien, die befürchten, in Zukunft die Macht zu verlieren, werden wahrscheinlich eine Verfassungsprüfung durch ein unabhängiges Gericht bevorzugen, weil das Gericht ein alternatives Forum für die Anfechtung von Regierungsmaßnahmen bietet und das Risiko eines Wahlverlusts mindert.« (Ginsburg/Versteeg 2014, S. 595)

13 Inwieweit diese Entwicklung, dieser *global spread of constitutional review*, auch befördert wurde durch personelle Netzwerke, insbesondere durch die Vernetzung unter leitenden Verfassungsrichtern und Verfassungsjuristen etwa im jährlich stattfindenden Yale-Global-Constitutionalism-Seminar, kann hier nicht Gegenstand der Darstellung sein, es erscheint aber naheliegend. Das wäre ein Thema für eine Historiografie der konstitutionellen Landnahme der 1990er Jahre.

14 Anders formuliert: Gegenbewegung in Reaktion auf den *liberal overstretch* der 1990er Jahre, der vor allem die neuen Demokratien, aber im Prinzip auch sämtliche EU-Mitgliedsländer betraf. Auf der Suche nach den Ursachen unserer gegenwärtigen Malaise identifiziert man gerne den Washington Consensus, die neoliberale Hegemonie, und man geht zurück zu Hayek und der Mont Pèlerin Society (Slobodian 2019). Die Zeit seit 1990 unisono als ›neoliberal‹ zu charakterisieren stößt allerdings auf Schwierigkeiten.

Die gegenwärtige schwedische Regierung wird von einer rechtspopulistischen Partei toleriert, die in der letzten Parlamentswahl (2022) 20,5 Prozent der Stimmen erhielt. Man kann jedoch Schwedens Wirtschaftspolitik der letzten 30 Jahre nur unter Aufgabe jeder analytischen Trennschärfe des Begriffs als ›neoliberal‹ kennzeichnen.

15 »Am Ende des Zweiten Weltkriegs gab es nur zwölf etablierte konstitutionelle Demokratien in der Welt. Bis 1987 war diese Zahl auf 66 der 193 Mitgliedsstaaten der Vereinten Nationen angewachsen, und bis 2003 hatte sich die Zahl im Vergleich zu 1987 auf 121 noch einmal fast verdoppelt. Im neuen Jahrtausend sah sich fast jeder Staat, der seine Herrschaft in den Augen seiner Bürger und der Welt legitimieren wollte, gezwungen, eine schriftliche Verfassung zu verabschieden, die Gewaltenteilung, ein Bekenntnis zur Rechtsstaatlichkeit, den Schutz individueller Rechte und die Abhaltung freier und fairer Wahlen beinhaltet.« Es gab nur noch ein »game in town«, und »dieses Spiel war die konstitutionelle Demokratie« (Loughlin 2019, S. 436; siehe Ginsburg/Versteeg 2013, S. 587).

16 Ähnlich Münkler: als geradezu natürliche Entwicklung aus »fortschreitender Demokratisierung und deren regelmäßige[m] Zurückströmen« (2022, S. 58).

17 Dort, wo sie, wie in den USA, die Krise einer der ältesten Demokratien der Welt ist, ist sie dennoch die Krise eines sehr spezifischen Institutionenensembles, das – ironischerweise – nach 1990 vielen Transformationsländern als nachahmenswertes institutionelles Template erschien bzw. ihnen von US-amerikanischen Verfassungsrechtlern so dargestellt wurde. ›Wollt ihr auch einmal auf der Siegerseite der Geschichte stehen, macht es wie wir: Präsidentialismus mit starker Verfassungsgerichtsbarkeit!‹ Im Rückblick lässt sich erkennen, dass das ein eher verhängnisvoller Ratschlag war.

18 Der Kompromisscharakter der im Gründungsmoment getroffenen Verfassungsentscheidungen lässt sich u. a. an der Prominenz semipräsidentieller Systeme in den Transformationsgesellschaften Osteuropas ablesen (Bulgarien, Litauen, Polen, Rumänien, Slowenien, Ukraine). Im konstitutionellen Moment erwartet eine (stimmstärkere) Partei, die Präsidentschaftswahlen gewinnen zu können. Kleinere Parteien rechnen sich hingegen Chancen aus, mit anderen kleinen Parteien eine parlamentarisch gestützte Regierung bilden zu können. Der konstitutionelle Kompromiss lau-

tet ›Semi-Präsidentialismus‹, also ein politisches System, das die Direktwahl eines Präsidenten mit einer dem Parlament verantwortlichen, das heißt auch aus dem Parlament heraus mehrheitlich bestimmten Regierung kombiniert. Die interne Widersprüchlichkeit treibt dann jedoch diese Regierungsform im Zeitverlauf in die eine (Präsidentialismus) oder die andere (Parlamentarismus) Richtung – zumindest haben wir hier eine beständige Quelle der Machtkonkurrenz. Polen unter Duda nach Abwahl der PiS wäre ein Beispiel.

19 »[S]tärkeren politischen Parteien wird weniger an einer unabhängigen verfassungsrechtlichen Aufsicht gelegen sein, da sie ohnehin davon ausgehen, dass sie ihre Interessen in einem postkonstitutionellen Parlament erfolgreich werden durchsetzen können« (Ginsburg/Versteeg 2014, S. 595; übereinstimmend Vanberg 2015).

20 Mit fiskalpolitischen (Katharina Barley: ›finanziell aushungern‹) oder juristischen (Bogdandy 2022) Bestrafungsfantasien.

21 In einer Selbstdarstellung des rumänischen Verfassungsgerichts heißt es dazu: »Die rumänische Verfassung, die am 8. Dezember 1991 durch ein Referendum angenommen wurde, hat *das europäische Modell* in Bezug auf die Verfassungsprüfung eingeführt und das Verfassungsgericht, das als eigenständige und unabhängige Behörde konzipiert ist, mit der Aufgabe betraut, den Vorrang der Verfassung zu gewährleisten.« (codices.coe.int, meine Hervorhebung) In der Selbstdarstellung des slowenischen Verfassungsgerichts heißt es entsprechend: »Das slowenische Modell beruht *auf der europäischen Tradition*, die wichtigsten Befugnisse im Bereich der Verfassungskontrolle bei einem einzigen Gericht zu konzentrieren.« (Ebd., meine Hervorhebung) Was hier als ›Übernahme‹ eines traditionsreichen europäischen Modells gerechtfertigt wird, schafft dieses Modell jedoch eigentlich erst.

22 Martin Loughlin spricht davon, wie der Konstitutionalismus sich ausweitet und dabei die Idee der Demokratie ausweidet: »at the cost of eviscerating the modern idea of democracy« (2022, S. 6).

23 Zu den Ländern, die Verfassungsgerichte mit der Möglichkeit haben, Parteiverbote auszusprechen, gehören: Deutschland, Spanien, die Türkei, die Slowakei, Slowenien, Polen, Kroatien, Estland und Rumänien. Man wird auch für den deutschen Fall eine fatale Neigung identifizieren können, anstelle einer politisch-inhaltlichen Auseinandersetzung mit der AfD im Wesentlichen nur eine Beobachtungs- und Verbotsdiskussion zu führen. In diesem

Zusammenhang ist es frappant zu sehen, dass das ein Diskurs ist, der in Westdeutschland, unter den bundesrepublikanisch Sozialisierten, seine Abschreckungswirkung entfalten mag, in Ostdeutschland, wo ›Karlsruhe‹ weit weniger eine maßgebliche Instanz darstellt, eher Gegenreaktionen provoziert (generell hierzu Bourne 2018). In diesem Zusammenhang wird man auch gewahr, dass der deutsche Rechtspopulismus auf eine Verfassungslage trifft, die den Umgang mit ihm in Europa nahezu einzigartig macht, weil etwa in Skandinavien oder den Niederlanden – aufgrund einer ganz anderen verfassungsrechtlichen Tradition (Larsen 2021) – sich die Auseinandersetzung mit ihm hauptsächlich politisch statt justiziell vollzieht.

24 »Es ist selten, dass eine neue politische Institution die Erwartungen übertrifft, vor allem, wenn eine ihrer Hauptaufgaben darin besteht, Herrscher zur Rechenschaft zu ziehen, die über Macht verfügen und diese ausbauen wollen. Zu diesen bemerkenswerten Erfolgen muss man jedoch die Leistung der neuen Verfassungsgerichte Osteuropas in den letzten zehn Jahren zählen.« (Schwartz 1998, S. 100)

25 »[D]as ungarische Verfassungsgericht war aggressiv und hat im Laufe von nur fünf Jahren 260-mal die Untätigkeit des Gesetzgebers (verfassungswidrig durch Unterlassung) für ungültig erklärt« (Volcansek 2019, S. 70; vgl. Horowitz 2006).

26 »Die Vierte Novelle verbietet es dem Gericht auch, Verfassungsänderungen auf inhaltliche Konflikte mit Verfassungsgrundsätzen zu überprüfen; das Gericht darf nur die verfahrensrechtliche Gültigkeit neuer Änderungen überprüfen. Im Wesentlichen ist die vierte Änderung die ›verfassungsrechtliche Rache‹ der Orbán-Regierung für mehrere ›Niederlagen‹, die sie durch frühere Gerichtsentscheidungen erlitten hat, sowie für das Drängen der EU-Gremien, bestimmte umstrittene Vorschriften zu ändern. Bis auf Weiteres ist das einst mächtige und hoch angesehene ungarische Verfassungsgericht von der politischen Bühne verschwunden.« (Bugarič/Ginsburg 2016, S. 73; Gardbaum 2015)

»Bei den ordentlichen Gerichten senkte die Regierung das Renteneintrittsalter für Richter von 70 auf 62 Jahre, was zur Zwangspensionierung und Ersetzung von mehr als 200 Richtern führte. Das neue Justizgesetz schreibt außerdem vor, dass der Präsident des Obersten Gerichtshofs mindestens fünf Jahre Erfahrung in der ungarischen Justiz haben muss, wodurch der amtierende Präsident, der 17 Jahre lang am Europäischen Gerichtshof für Menschenrechte tätig war, disqualifiziert war. Mit dem Gesetz wurde auch ein Nationales Justizamt geschaffen, das von einer einzigen Person geleitet wird, die befugt ist, die ausscheidenden Richter zu ersetzen, künftige Richter zu ernennen und jeden amtierenden Richter an ein anderes Gericht zu versetzen. Durch die nachfolgende vierte Änderung wurde dieses Amt in der Verfassung verankert, und sein Leiter kann entscheiden, welches Gericht für den jeweiligen Fall zuständig ist.« (Gardbaum 2015, S. 296)

27 »[I]n der Türkei wurde 2010 versucht, die Zusammensetzung, die Zuständigkeit und die Abstimmungsregeln des Verfassungsgerichts zu ändern, nachdem das Gericht 2007 eine ablehnende Entscheidung über die Gültigkeit der sogenannten Kopftuch-Verordnungen getroffen hatte« (Arato 2019, S. 323).

28 Dass uns die Namen dieser Vorsitzenden berichtet werden (Aharon Barak, László Sólyom, Vassilios Skouris, Koen Lenaerts, der aktuelle EuGH-Präsident, usw. usf.), dass sie jeweils ›eine Mission‹ oder Vision hatten oder haben, sich um ihr Vermächtnis für die Nachwelt sorgten, dass sie in der einschlägigen Literatur als machtvolle Spieler mit großem Geltungsdrang aufgeführt werden, müsste eigentlich schon als Alarmzeichen gewertet werden. Der ehemalige Verfassungsrichter Dieter Grimm bezeichnet die Rechtsprechung seines damaligen israelischen Amtskollegen, Aharon Barak, aus den 1990er Jahren als »kühn und mutig« (zit. n. Meier 2023a), und es scheint anerkennend gemeint. Wer aber in gesellschaftspolitischen Fragen gern ›kühn und mutig‹ agieren möchte, sollte dafür in demokratischen Gesellschaften vielleicht zuvor demokratische Legitimität eingeholt haben?

29 Dieser Abschnitt geht auf gemeinsame Forschungen mit Susanne K. Schmidt zurück (Schmidt/Manow 2023).

30 Wenn argumentiert wird, es sei eine Frage einer besonderen politischen und/oder rechtsstaatlichen Kultur, die vorhanden und internalisiert sein müsse, damit die Politik fraglos Folgebereitschaft gegenüber (auch unliebsamen) Gerichtsurteilen übt, setzen solche Argumente einen allgemein gesellschaftlichen Respekt vor der Herrschaft des Gesetzes voraus, den doch die Verfassungsgerichte angeblich erst sichern sollen. Es ist nicht ganz klar, was für einen institutionellen Mehrwert ein Verfassungsgericht dann haben sollte (vgl. Grimm 2021, S. 70); so auch Bellamy 2007.

31 Aus der Sicht von Hirschl (2008, 2009) haben sich mit der umfas-

senden Justizialisierung auch der *core politics* jegliche Debatten über Autolimitation und die *political questions doctrine*, also eine Doktrin, die es Verfassungsgerichten erlaubt, bestimmte Fragen *nicht* zu behandeln, weil sie politische Fragen sind, ohnehin erledigt.

32 Was den *ursprünglichen* außergewöhnlichen Aktivismus der Verfassungsrechtler in den osteuropäischen Transformationsländer anbetrifft, so erklärt er sich vermutlich einerseits aus der Schwäche der potenziell gegenstrebigen Institutionen und Akteure und vielleicht auch dadurch, dass die Richter mit ihrem Interesse an der Ausbildung einer *reputation for toughness* durch Zurufe vom (deutschen, europäischen, US-amerikanischen) Seitenrand kräftig ermuntert wurden. Das Ganze setzte dann eine Aktion-Reaktion-Dynamik in Gang, die später noch durch Milieudifferenzen zwischen einer europhilen, urbanen, liberal-bürgerlichen Richterschaft und den eher integrationsskeptischen ländlichen und frommen Wählern verpflichteten rechtspopulistischen Parteien verstärkt wurde.

33 Mittlerweile hat auch in den Rechtswissenschaften eine Reflexion darüber eingesetzt, ob nicht die Unabhängigkeit des normalen Gerichtswesens und damit die alltägliche Sicherung von Rechtsstaatlichkeit gegenüber mit weitreichenden politischen Interventionskompetenzen ausgestatteten Verfassungsgerichten die weit wichtigere Errungenschaft darstellt und ob Letzteres nicht tendenziell Ersteres geradezu gefährdet. Anders formuliert: Sehr starke Formen der Normenkontrolle, weil sie das Recht in die Konflikte mit der Politik hineinziehen, stehen in Gefahr, gerade jene Unabhängigkeit der Justiz zu kompromittieren, die für eine stabile Demokratie ungleich wichtiger ist als die verfassungsgerichtliche Normenkontrolle selber (Gardbaum 2015).

34 Zumal die Justiz in den Transformationsländern ohnehin kein sonderlich hohes Ansehen genoss. Siehe hierzu die Variable TRUST IN THE LEGAL SYSTEM, erhoben in den sieben Wellen des European Social Surveys, 2002 bis 2020, dokumentiert etwa unter {https://www.gu.se/en/quality-government}. Ein durchgängiger Zug der konstitutionellen Konflikte scheint soziologisch zu sein: Parteien, deren Elektorat vornehmlich fromm und ländlich ist (AKP, Fidesz, PiS, Likud und Schas), treffen auf eine liberal-urban-säkulare Richterschaft (prototypisch Aschkenasim vs. Mizrachim).

35 Siehe den Fall »Portugiesische Richter« (C-64/16): »Der Gerichts-

hof hat die Reichweite des EU-Rechts extrem ausgedehnt und praktisch die gesamte nationale Gerichtsorganisation in seinen Geltungsbereich einbezogen. Die Entscheidung legt nahe, dass Artikel 19 Absatz 1 EUV, in dem es heißt: ›Die Mitgliedsstaaten schaffen die erforderlichen Rechtsbehelfe, damit ein wirksamer Rechtsschutz in den vom Unionsrecht erfassten Bereichen gewährleistet ist‹, alle Rechtsvorschriften, die sich auf die nationalen Richter auswirken, die aufgefordert werden können, das EU-Recht anzuwenden, in den Zuständigkeitsbereich des Gerichtshofs fallen.« (Bonelli/Claes 2018, S. 623)

36 Nicht nur können nationale (Verfassungs-)Gerichte auf Unterstützung durch den EuGH rechnen, wenn sie ihm im Konflikt mit ihrer heimischen Regierung konkrete Verfahren vorlegen, auch Gerichte anderer Mitgliedsstaaten können das Vorabentscheidungsverfahren im Sinne einer *strategic litigation* nutzen, um ihren politisch in Bedrängnis geratenen Kollegen beizuspringen. Als ein Beispiel aus jüngster Vergangenheit ist etwa die 2018 vom irischen High Court den Luxemburger Richtern vorgelegte Frage zu werten, ob man denn nun einen von der polnischen Justiz gegen einen polnischen, in Irland verhafteten Drogendealer erwirkten europäischen Haftbefehl vollstrecken dürfe, da es ja um die Unabhängigkeit der polnischen Justiz bekanntermaßen schlecht bestellt sei (C-216/18 PPU; für das Urteil in dieser Sache siehe {https://eur-lex.europa.eu/legal-content/EN/ALL/?uri=CELEX%3A62018CJ0216}). Die juristische Vorlage dient hier als politische Vorlage.

37 Mal abgesehen von der Frage, ob in einem Konflikt, in dem es regelmäßig um den Vorrang europäischen Rechts vor nationalem Recht geht, mit dem Sieg des europäischen Rechts auch stets *die* Demokratie einen Sieg davonträgt. Das scheint angesichts des europäischen Demokratiedefizits dann doch zweifelhafter, als häufig unterstellt.

38 Variable v362 im Themenkomplex ›Judicial Review‹ des Datensatzes. Die Variable unterscheidet nach: 1. jedem ordentlichen Gericht; 2. dem Verfassungsgericht; 3. dem/einem anderen Höchstgericht; 4. einer bestimmten/besonderen Kammer des Höchstgerichts; 5. der ersten (oder einzigen) Kammer der Legislative; 6. der zweiten Kammer der Legislative; 7. beide Kammern der Legislative sind erforderlich. Wenn man die Optionen 1 bis 4 als juristische und die Optionen 5 bis 7 als politische Interpretationsvormacht kategorisiert, kann man beide ins Verhältnis zueinander setzen.

39 Solche Vorstellungen können unterschiedliche Grade der Elaboriertheit annehmen. Leggewie und Karolewski wollen zwölf Schritte eines »Skripts« der Autokratisierung identifiziert haben (2021, S. 19f.). Die Möglichkeit, dass Übereinstimmungen in den Konflikten vielleicht auf Übereinstimmungen in den institutionellen Akteurs- und damit Konfliktkonstellationen verweisen könnten, die nach 1989/90 geschaffen wurden, kommt diesen eher hermetischen Deutungen nicht in den Blick.

40 »Proteste aus der Zivilgesellschaft stellen für Populisten ein besonderes Problem dar. Sie unterminieren potenziell ihren Anspruch, die alleinigen Repräsentanten des Volkes zu sein. Ihre Lösung ist eine Strategie, die erstmals von Wladimir Putin perfektioniert wurde (in vielerlei Hinsicht ein Vorbild für heutige Rechtspopulisten und ein großer Erfinder und Tüftler, wenn es um den kleptokratischen Werkzeugkasten geht).« (Müller 2021, S. 33) »Autoritäre Rechtspopulisten an der Macht können wechselseitig von ihren Repressions-Drehbüchern abschreiben; das ist ein Grund, warum ihre Regierungsstile oft so ähnlich sind« (Jan-Werner Müller, zit. n. N.N. 2021; siehe auch Grant 2019). Viele andere Beispiele für eine solche Deutung ließen sich anführen.

41 Die entscheidende Hebelwirkung besteht jetzt aus der Verbindung von Rechtsstaatskontrolle und Mittelzuweisungen, etwa aus dem umfangreichen »Next Generation Europe«-Programm. Die Sicht der Kommission unterstellt eine seltsame, aber irgendwie auch ganz folgerichtige Tauschlogik zwischen ökonomischen Wohlfahrtsgewinnen aus Marktzugang plus Strukturmitteln und Aufgabe nationaler Rechtssouveränität: »Der Glaube der EU an ihre Vorrangstellung beruht auf dem Prinzip, dass Länder, die dem Block beitreten, alle Regeln und Verantwortlichkeiten übernehmen, wenn sie auch die Früchte ernten wollen. Polen und Ungarn sind beide 2004 beigetreten und haben ihren wirtschaftlichen Aufstieg aus der kommunistischen Herrschaft zum Teil auf EU-Subventionen und -Hilfen aufgebaut.« (Casert 2021) Das ist ein bemerkenswerter Übergang von Politik zu Recht zu Geld, oder muss die Reihung nicht eigentlich lauten: von Geld zu Recht zu Politik? »Geldwert und Moralwert gehen fließend ineinander über […]. Der operative Kern der europäischen Werteordnung liegt in der korrekten Verwendung von Beihilfen« (Möllers 2022, S. 15). *Who wants to reap the benefits …*

1 »[L]es hommes de lettres tendent à substituer le droit au fait, les principes à l'équilibre des interêts et à l'appréciation des moyens, les valeurs et les fins au pouvoir et à l'action.« (Furet 2009 [1978], S. 66)

2 Auch in der Selbstwahrnehmung der Projektbeteiligten liegt in dieser Index-Bildung ein ganz wesentlicher Beitrag des V-Dem-Projekts (siehe Anmerkung 9 in Abschnitt 2).

3 Hacking hält dann eine neue »Menschenart« für etabliert, wenn gilt: »[E]s gibt mindestens eine Fachvereinigung von Experten, die sich ihrer Erforschung widmet; es gibt reguläre Tagungen, allgemeine und spezialisierte; es existiert mindestens eine kürzlich gegründete Fachzeitschrift, in welcher die Autoritären des Fachs Aufsätze publizieren (und welche bei der Definition behilflich ist, wer die Autoritäten sind)« (Hacking 2012 [1995], S. 24). Für die Demokratie kann man vielleicht sagen: Eine neue Vorstellung von ihr ist dann etabliert, wenn ein Indikator entwickelt wurde, um diese neue Vorstellung zu messen.

4 Als exemplarischer Fall: Im März 2020 verabschiedete die ungarische Regierung in Reaktion auf den Ausbruch der Corona-Pandemie ein Notstandsgesetz. Die damit möglich gemachten weitreichenden Eingriffe in Verfassung und öffentliche Ordnung wurden nicht befristet. Die Opposition, die die Maßnahmen inhaltlich ebenfalls befürwortete (was auch eine Mehrheit der Bürger in Ungarn tat), stimmte aufgrund der fehlenden Befristung gegen das Gesetz. Das Gesetz löste sowohl in Ungarn als auch in Europa vehementen Protest aus. Es war von ›Machtergreifung‹, von ›Ermächtigungsgesetz‹ etc. die Rede, davon, dass die Demokratie in Ungarn von einem Virus befallen sei (als Überblick Wissenschaftliche Dienste des Bundestags 2020). Angesichts der Zweidrittelmehrheit von Fidesz im ungarischen Parlament hätte eine Befristung der Maßnahmen aber gar keinen substanziellen Unterschied gemacht (man könnte ja auch plausibel argumentieren, dass – gerade wenn es um eine schleichende Machtübernahme geht – es insgesamt geschickter gewesen wäre, Fristen vorzusehen, die dann jedes Mal wieder verlängert worden wären). Im Rückblick ist die Lesart plausibel, dass Orbán bewusst auf sie verzichtete, um a) das Gesetz, dessen Maßnahmen in der Bevölkerung mehrheitlich auf Zustimmung stießen, *gegen* die Stimmen der Opposition

verabschieden zu können, und b) dabei auch auf den nationalen wie auch besonders den internationalen Protest spekulierte, den dies auslösen würde und dann ja auch ganz wie erwartet auslöste. Demjenigen, dessen demokratische Haltung bezweifelt wird, kann es zupasskommen, diese Zweifel zu nähren – ›injecting uncertainty‹ als populistisches Kerngeschäft. Die Empörung im Namen der Verteidigung der Demokratie ist dann immer schon einkalkuliert, die Empörung selbst wird Teil des Spiels – was sie aber natürlich beharrlich ignorieren muss. Mittlerweile wurden die Notstandsmaßnahmen aufgehoben, in den Parlamentswahlen von April 2022 erhielt die Fidesz-Partei 54 Prozent der Stimmen und – im Verbund mit der KDNP – erneut eine Zweidrittelmehrheit der Sitze im ungarischen Parlament.

5 Eine englische Übersetzung der Rede, die Viktor Orbán am 26. Juli im ungarischen Ort Băile Tuşnad Rede gehalten hat, ist online verfügbar unter: {https://budapestbeacon.com/full-text-of-viktor-orbans-speech-at-baile-tusnad-tusnadfurdo-of-26-july-2014/}.

6 Für 1858 codiert V-Dem sowohl die Schweiz als auch Australien als liberale Demokratien (Lührmann et al. 2018). Danach steigt ihre Zahl beständig an.

7 In seiner großen Abhandlung über ›Das demokratische Zeitalter‹ ist diese Interpretation der Entwicklung ausführlicher, aber inhaltlich übereinstimmend ausgeführt. Laut Müller »schufen die Europäer« in der zweiten Hälfte des 20. Jahrhunderts »etwas Neues, nämlich eine Demokratie, die – vor allem durch nichtgewählte Institutionen wie etwa Verfassungsgerichte – ausgesprochen starken Einschränkungen unterlag. Das konstitutionelle Ethos, das mit diesen Demokratien einherging, war den Idealen unbegrenzter Volkssouveränität [...] entschieden feindlich gesinnt« (Müller 2013a, S. 13 f.).

8 Zit. n. Krastev/Holmes 2019, S. 40.

9 Wenn man etwas genauer hinschaut, stellen sich die Motive der politischen Akteure auch im bundesrepublikanischen Fall als deutlich vielschichtiger dar (vgl. etwa Schönberger 2011).

10 Dass das weiterhin so ist, weil in Frankreich – anders als in Deutschland, wo das Bürgertum sich ja schon im 19. Jahrhundert gesagt hatte, was brauchen wir Demokratie und Parlamentarismus, wenn wir doch den Rechtsstaat haben – die absolute Souveränität des republikanischen Gesetzes weiterhin als regulative

Idee herrscht, zeigen die Auseinandersetzungen um die Entscheidungen des Conseils zum Migrationsgesetz der Regierung Macron. Der Conseil hatte pikanterweise exakt alle jene Gesetzesänderungen verworfen, die im parlamentarischen Prozess dem Regierungsentwurf hinzugefügt worden waren, um ihm eine Mehrheit in der Assemblée National zu verschaffen – über die Macrons Partei bekanntlich nicht verfügt. Die Reaktionen auf den Entscheid des Conseils fallen vehement aus: »Staatsstreich der Verfassungshüter«, »Putsch der Richter«, »gegen den Willen des französischen Volkes« usw. Dass Laurent Fabius, ehemaliger Premierminister (!) und momentaner Vorsitzender des Conseil, meint, der Rat habe eine »rein juristische Entscheidung« getroffen, ist amüsant (alle Zitate nach Wiegel 2024).

11 »[W]enn die EU um Mitgliedschaft in der EU nachsuchen würde, müsste sie wegen ihres Mangels an demokratischer Ordnung abgewiesen werden« (Dahrendorf 2003, S. 121).

12 So muss man wohl Jan-Werner Müllers Bemerkung verstehen, dass »Institutionen zum Demokratieschutz [...] nicht *direkter* demokratischer Kontrolle unterliegen [müssen] – was ja im Übrigen auch auf nationaler Ebene gilt, denkt man beispielsweise an das Bundesverfassungsgericht, das in Deutschland als einzige Institution Parteiverbote aussprechen kann« (Müller 2013c, S. 38, Hervorhebung im Original).

13 Vgl. Bifulco/Paris 2007.

14 Im vorliegenden Fall geht es u. a. um ein Urteil des EuGH, in dem die Weigerung bulgarischer Behörden, eine Geburtsurkunde für ein Kind eines im Ausland lebenden gleichgeschlechtlichen Paars auszustellen, weil das Paar nicht bereit war mitzuteilen, wer von den beiden die leibliche Mutter war, als im Widerspruch mit dem Grundsatz der Freizügigkeit stehend für europarechtswidrig erklärt wurde. Ohne Geburtsurkunde kein Reisepass, ohne Reisepass keine Freizügigkeit (Höpner 2022). Vielleicht trifft sich im Konzept der ›Freizügigkeit‹ das, was man den ›progressiven Neoliberalismus‹ des europäischen Einigungsprojekts nennen kann? Der EuGH meinte auch, den Versuch der polnischen PiS-Regierung, die Richter am Verfassungsgericht durch vorgezogene Pensionierungen auszutauschen, mit dem europarechtlichen Verbot der Altersdiskriminierung kontern zu können. Der Zweck heiligt immer mehr die europarechtlichen Mittel, die sich damit als völlig fungibel erweisen.

15 Aktuelle Überlegungen von Fraktionen des Parlaments gehen dahin, die Präsidentin der Kommission wegen ihres zu nachgiebigen Umgangs mit Ungarn vor dem EuGH zu verklagen.

16 In einer halb ironischen, halb tragischen Entwicklung ist die europäische Integration dann tatsächlich eine nochmalige Übersteigerung der schon in Deutschland übersteigerten »Besetzung von Politik mit ›Recht‹« (Ridder 2010 [1977], S. 361). Wenn es heißt, die Eurozone sei eine Währungsunion, die entlang deutscher Regeln ausgestaltet wurde (Iversen et al. 2016; Iversen/Soskice 2018), so gilt das in der Entgegensetzung von Rechtsstaat und Politik für die EU in ihrer konstitutionellen Konstruktion als Ganzer noch einmal gesteigert. Es trifft also etwas Nachvollziehbares und Wahres, wenn aus Sicht etwa polnischer PiS-Politiker das europäische Projekt zugleich als ›bundesdeutsches Missionswerk‹ erscheint.

17 Frankreich hatte die Europäische Konvention zum Schutz der Menschenrechte und Grundfreiheiten (EMRK) von 1950 unterschrieben, aber sie erst 1974 ratifiziert und erst 1981 das Recht auf Individualbeschwerde eingeräumt (Schorkopf 2023, S. 176).

18 Es war schließlich vor allem der Widerstand des Europäischen Parlaments, später dann auch der der niederländischen Regierung, der die Aufnahme Spaniens verhinderte (Patel 2018, S. 197f.).

19 Ein »Hineinlesen ungeschriebener Grundrechte in einen völkerrechtlichen Vertrag ohne jede normative Basis« (Haltern 2017, S. 596); »Grundrechtsschutz, den der EuGH selbst und ohne textliche Grundlage ins Leben gerufen hat« (ebd., S. 31).

20 Gemeinsame Erklärung des Europäischen Parlaments, des Rates und der Kommission betreffend die Achtung der Grundrechte sowie der Europäischen Konvention zum Schutz der Menschenrechte und Grundfreiheiten; Dokument 31977Y0427(01).

21 Die in ihrer Präambel unter anderem festhält: »In dem Bewusstsein ihres geistig-religiösen und sittlichen Erbes gründet sich die Union auf die unteilbaren und universellen Werte der Würde des Menschen, der Freiheit, der Gleichheit und der Solidarität. Sie beruht auf den Grundsätzen der Demokratie und der Rechtsstaatlichkeit.« (Charta der Grundrechte der Europäischen Union, 2000)

22 »IN BESTÄTIGUNG ihres Bekenntnisses zu den Grundsätzen der Freiheit, der Demokratie und der Achtung der Menschenrechte und Grundfreiheiten und der Rechtsstaatlichkeit« (Präambel des Maastricht-Vertrags).

23 »Die Suche nach einem eigenen Ethos bekam erst seit den 1970er Jahren wirkliche Bedeutung.« (Patel 2018, S. 189)

24 Daher tut sich das Europäische Parlament auch besonders in der Europäisierung des Holocaust hervor, die zu dieser Zeit ihren Ausgang nimmt (Kucia 2016; Probst 2003; Eckel/Moisel 2008, Eckel 2014). Was dann in den Geschichtsklitterungen eines Robert Menasse seine Übersteigerung erfuhr. Nun wird fantasiert, der erste EU-Kommissionspräsident, Walter Hallstein, habe seine Inaugurationsrede 1958 auf dem Gelände des Vernichtungslagers Auschwitz gehalten.

25 Hätte man ja ansonsten das Verhalten der Franzosen in Algerien oder das der Belgier im Kongo oder das der Italiener im Somali-Mandatsgebiet ansprechen müssen. Zugleich war die Frage der Kolonien, und ihrer möglichen Integration in den Gemeinsamen Markt, Gegenstand intensivster Verhandlungen, also allen Beteiligten völlig präsent (vgl. Brown 2022; Garavini 2012; Schenk 1996; Slobodian 2019). Der ›Wertebezug‹ der Römischen Verträge erklärt sich daher genau umgekehrt. Um nicht für die französischen Kolonien quasi mit zu haften – auch im direkten finanziellen Sinne –, »schmuggelte Walter Hallstein zwei vage Bezugnahmen auf die UN-Charta und ihre Grundsätze der Gleichberechtigung und des Selbstbestimmungsrechts der Völker in die Präambel der Römischen Verträge hinein« (Scholz 2023, S. 20).

26 Es ist insofern konsequent, wenn Tanja Börzel und Michael Zürn die letztgültige Fassung des ›liberalen Scripts‹ mit den Kopenhagen-Kriterien identifizieren oder mit der 1990 veröffentlichten Pariser Erklärung der OSZE: »[D]as liberale Script entstand nach dem Ende des Kalten Krieges und wurde in den Kopenhagener Kriterien der Europäischen Union (EU) oder der Charta von Paris der Organisation für Sicherheit und Zusammenarbeit in Europa (OSZE) festgeschrieben« (2020, S. 14). Die liberale Demokratie lässt sich dann als Instrument der Durchsetzung oder Verteidigung dieses Skripts verstehen.

27 Variable RESPECT COUNTERARGUMENTS: »Inwieweit erkennen und respektieren die politischen Eliten Gegenargumente, wenn wichtige politische Änderungen in Betracht gezogen werden?« (V-Dem)

28 Indikator PERSONAL AUTONOMY AND INVIDUAL RIGHTS: »Die Variable bewertet das Ausmaß der staatlichen Kontrolle über Reisen, die Wahl des Wohnsitzes, der Beschäftigung oder der Hoch-

schuleinrichtungen; das Recht der Bürger, Eigentum zu besitzen und private Unternehmen zu gründen; die Freiheit privater Unternehmen von ungebührlicher Einflussnahme durch Regierungsbeamte, Sicherheitskräfte, politische Parteien oder das organisierte Verbrechen; die Gleichstellung der Geschlechter, die freie Wahl des Ehepartners und der Familiengröße; Chancengleichheit und das Fehlen wirtschaftlicher Ausbeutung.« (Freedom in the World)

29 WOMEN POLITICAL EMPOWERMENT INDEX: »Politisches Empowerment von Frauen wird als ein Prozess definiert, der zu einer größeren Auswahl, Handlungsfähigkeit und Beteiligung von Frauen an gesellschaftlichen Entscheidungsprozessen führt« (V-Dem).

30 »Wie weit sind die soziale Selbstorganisation und der Aufbau von Sozialkapital fortgeschritten?« Oder: »Wie innovativ und flexibel ist die Regierung?« (Bertelsmann Transformation Index)

31 »Die drei Hauptdimensionen, die hier bewertet werden, sind die Rechenschaftspflicht der Exekutive gegenüber den Aufsichtsinstitutionen und der öffentlichen Bediensteten für ihre Leistungen, der Zugang der Zivilgesellschaft zu Informationen über öffentliche Angelegenheiten und die Vereinnahmung des Staates durch partikulare Interessengruppen.« (World Development Indicators)

32 Daraus hatte sich auch schon im Verhältnis Ost- und Westdeutschlands eine fatale Dynamik entwickelt. Zunächst eine Wiedervereinigung, die durch die »Wir sind ein Volk«-Rufe der Demonstrationen ihre Dynamik gewann, mit einer Kohl-Regierung, die jedes Interesse hatte, diese Dynamik als national codiertes Geschehen zu verstärken. Unmittelbar danach, im Kontext auch großer Fluchtbewegungen (insbesondere im Zusammenhang mit dem Jugoslawienkrieg), inmitten einer Situation größtmöglicher wirtschaftlicher und sozialer Verunsicherung in den neuen Bundesländern, die scharfe, antifaschistische Geißelung jeder Referenz aufs Nationale.

5. Konsequenzen

1 Little und Meng gehen davon aus, dass Länderexperten durch »Informationen, die sie zur Entscheidungsfindung verwenden (z.B. verstärkte Medienberichterstattung über Rückschritte)«, eine Art kollektiven Bias ausbilden können, der »zu einer zeitlich variablen Verzerrung führen kann, die Rückschlüsse auf den tatsäch-

lichen demokratischen Wandel erschwert«. Ein solcher »Codiererbias« könne »erklären, warum die von Experten codierten Messungen der Demokratie einen globalen Rückschritt zeigen, während objektive Messungen dies nicht tun« (2023, S. 24). Die *Washington Post*: »Berichte über einen weltweiten Rückzug der Demokratie könnten zum Teil auf eine Rückkopplungsschleife zwischen Medien und Experten zurückzuführen sein. Die Kandidatur und die Präsidentschaft von Donald Trump haben dazu geführt, dass die Presse dem Zustand der Demokratie mehr Aufmerksamkeit geschenkt hat, was wiederum Experten dazu veranlasst hat, politische Systeme in Umfragen strenger zu bewerten. Diese Umfragen wiederum führten zu mehr Medienberichterstattung.« (Willick 2023) *The Economist*: »Angesichts dieser Mehrdeutigkeit ist es umso wahrscheinlicher, dass wenn menschliche Codierer auf demokratische Rückschritte achten, sie auch mehr davon finden. [...] Nehmen wir zum Beispiel Ungarn. Rein objektiv betrachtet scheint die ungarische Demokratie kerngesund zu sein: Wahlen sind kompetitiv, Journalisten werden selten verhaftet, und das BIP pro Kopf ist seit 2008 gestiegen. Doch im vergangenen Jahr erklärte eine Mehrheit der Mitglieder des Europäischen Parlaments, dass das Land zu einer elektoralen Autokratie geworden sei, und begründete dies mit Korruption und einem Mangel an Medienpluralismus oder einer unabhängigen Justiz.« (N.N. 2023) Das wäre auch ein Ausweg aus einer unklaren Lage: demokratisches *backsliding* ist jetzt also, wenn das Europäische Parlament es mehrheitlich so beschließt.

2 Frei nach Marion Fourcade (2022, S. 100).

3 »[D]die buchstäblich konstitutiven Wechselbeziehungen zwischen Macht und Wissen« (Hacking 2006d [2002], S. 64).

4 Diese soziale Struktur ist eine (wenn wir Deutschland als unseren Bezugspunkt wählen), in der heute nicht mehr die Hälfte, wie 1975, sondern nur ein Fünftel der Beschäftigten im Industriesektor arbeiten; in der fast 30 Prozent der Beschäftigen im öffentlichen Sektor tätig sind, und nicht mehr 20, wie vor drei Jahrzehnten (besonders neoliberalisierte Zeiten?); es ist eine, in der ca. 55 Prozent der entsprechenden Alterskohorte studieren, in der heute auf zehn Studenten vier Auszubildende kommen, und nicht mehr 16, wie im Jahr 1975; in der mehr als 20 Prozent der Gesamtbevölkerung einen akademischen Abschluss haben, und nicht mehr 7 (1975); eine Gesellschaft, die sich nicht mehr korporatis-

tisch zusammenhalten lässt, eine Wissensökonomie, keine Industriegesellschaft mehr, eine, in der die akademische Mittelschicht zur dominanten Klasse geworden ist, eine Klasse, der nicht nur der Kollektivakteur ihrer Fortschrittsvorstellungen abhandengekommen ist (die Arbeiterklasse), sondern sich sogar unter der Hand zum Regressionsakteur entwickelt hat – nun müssen es also die Rechte richten; eine zunehmend ent-mediasierte und individualisierte Gesellschaft, usw. usf.

5 Thomas Etzemüller zeigt, wie völlig einseitig die geschriebene Geschichte der Demokratie, und des 20. Jahrhunderts generell, sie als Zeitalter der Diktaturen und des »Höllensturzes« (Ian Kershaw) beschreibt (Etzemüller 2024), weitgehend ohne Berücksichtigung derjenigen Länder, die eben *keinen* Zusammenbruch ihrer Demokratie erlebten (Niederlande, Belgien, die skandinavischen Länder, die Schweiz). Wie die Begriffe und damit das Denken und damit auch die Geschichte verschleifen, lässt sich gegenwärtig vielfältig studieren. Karl Mannheim, so heißt es nun beispielsweise, habe das Konzept der *militant democracy* in den 1930er Jahren in Antwort auf die Zerstörung der liberalen Demokratie durch den Faschismus entwickelt (Leggewie 2024). Bei Mannheim ist aber nirgends von der ›liberalen Demokratie‹ die Rede – sondern nur von der Demokratie, und die *militant democracy* ist bei ihm gerade gegen den Liberalismus in Stellung gebracht (vgl. Mannheim 1943, S. 4-8). Die liberale Demokratie konnte schon deswegen nicht dem Faschismus zum Opfer fallen, weil es sie in den 1930er und 1940er Jahren nicht gab – im Sinne einer Demokratie mit rechtlich verbindlichem Grundrechtekatalog oder einer Verpflichtung auf internationale Menschenrechtskonventionen, deren Geltung dann gerichtlich eingelöst wird.

6 Die Vorstellung einer Konkurrenz zwischen dem kommunistischen und dem liberaldemokratischen Modell, bei der nun die Demokratie gewonnen habe, ist irreführend. Der Osten kollabiert und integriert sich in etwas, das zu diesem Zeitpunkt gar nicht mehr der demokratische Nationalstaat ist.

1 Vgl. Coppedge et al. 2020b.

2 V-Dem führt dazu aus: »Der liberale Grundsatz der Demokratie betont die Bedeutung des Schutzes der Rechte des Einzelnen und der Minderheiten vor der Tyrannei des Staates und der Tyrannei der Mehrheit. Das liberale Modell vertritt eine ›negative‹ Auffassung von politischer Macht, da es die Qualität der Demokratie an den der Regierung gesetzten Grenzen misst. Dies wird durch verfassungsmäßig geschützte bürgerliche Freiheiten, eine starke Rechtsstaatlichkeit, eine unabhängige Justiz und wirksame gegenseitige Kontrollen erreicht, die zusammen die Ausübung der Exekutivgewalt begrenzen.« (Coppedge et al. 2020, S. 44)

3 Der gleiche nichtalarmistische Befund ergibt sich, wenn man repräsentative Bevölkerungsumfragen konsultiert (Wuttke et al. 2022), statt auf die Codierung subjektiver Items in nichtrepräsentativen Expertenbefragungen zu vertrauen.

4 Blickt man etwa auf den Indikator für die Unabhängigkeit der Justiz in Polen, so berichtet das V-Dem-Projekt keinerlei Unterschied zwischen Messungen aus den Jahren 2003 und 2005. Aber mit dem Beitritt zur EU ist bekanntlich auch der Beitritt ins europäische Rechtssystem und damit automatisch auch die Inauguration einer neuen obersten Appellationsinstanz, des EuCH, verbunden. *Uno actu* erhöht sich damit aber auch die Autonomie nationaler Verfassungsgerichte, und überhaupt des Justizsystems, gegenüber (möglicherweise unliebsamen) heimischen politischen Mehrheiten ganz substanziell, denn nun kann ja ein Streitfall immer noch in Luxemburg vorgelegt werden (Alter 2009; Weiler 1991) – und wie dort (Europa-)Recht ausgelegt wird, wissen alle beteiligten Akteure. Damit aber sind die ansonsten im national staatlichen Rahmen mäßigend wirkenden Anreize zur richterlichen ›Autolimitation‹ gegenüber demokratisch legitimierten Mehrheiten deutlich verringert (Stone Sweet 1992, 2004; Vanberg 1998, 2001), ein Umstand, der in den einschlägigen Debatten über die Konflikte zwischen Regierung und Verfassungsgericht in Polen oder Ungarn selten thematisch wird.

5 Vgl. Larsen 2021; Lübbe-Wolff 2021; Wind 2010; vgl. generell für den empirischen Überblick insbesondere Elkins/Ginsburg 2022 oder codices.coe.int.

6 Vermittels der V2X_JUCON-Variablen aus dem V-Dem-Datensatz:

»Inwieweit respektiert die Exekutive die Verfassung und hält sich an Gerichtsentscheidungen, und inwieweit ist die Justiz in der Lage, unabhängig zu handeln? Der Index wird aus den Punktschätzungen eines Bayes'schen Faktorenanalysemodells der Indikatoren für die Achtung der Verfassung durch die Exekutive (v2exrescon), der politischen Folgebereitschaft gegenüber der Rechtsprechung (v2jucomp), der Folgebereitschaft der Politik gegenüber dem Obersten Gerichtshof (v2juhccomp), die Unabhängigkeit des Obersten Gerichtshofs (v2juhcind) und die Unabhängigkeit der unteren Instanzen (v2juncind) gebildet.« (V-Dem 2022)

Literatur

Abrami, Giuseppe/Mevlüt Bagcı/Leon Hammerla/Alexander Mehler (2022), »German Parliamentary Corpus (GERPARCOR)«, in: Nicoletta Calzolari/Frédéric Béchet/Philippe Blache/Khalid Choukri et al. (Hg.), *Proceedings of the Thirteenth Language Resources and Evaluation Conference*, Marseille: European Language Resources Association, S. 1900-1906.

Ackerman, Bruce A. (2014), *We the People*, Band 3: *The Civil Rights Revolution*, Cambridge, Mass.: Harvard University Press.

Albanesi, Enrico (2022), »The equilibrium point between the autonomy of parliament and other constitutional principles, as viewed through the theoretical framework of a system of constitutional justice. Case-study: Italy«, in: *International Journal of Parliamentary Studies* 2/2, S. 122-140.

Alizada, Nazifa/Rowan Cole/Lisa Gastaldi/Sandra Grahn/Sebastian Hellmeier et al. (2021), *Autocratization Turns Viral. Democracy Report 2021*, Universität Göteburg: Varieties of Democracy Institute (V-Dem).

Alter, Karen J. (2009), *The European's Court Political Power*, Oxford: Oxford University Press.

Alvarez, Mike/José Antonio Cheibub/Fernando Limongi/Adam Przeworski (1996), »Classifying political regimes«, in: *Studies in Comparative International Development* 31/2, S. 3-36.

Arato, Andrew (2019), »Populism, constitutional courts, and civil society«, in: Christine Landfried (Hg.), *Judicial Power. How Constitutional Courts Affect Political Transformations*, Cambridge: Cambridge University Press, S. 318-341.

Arendt, Hannah (2012 [1955]), *Menschen in finsteren Zeiten*, München: Piper.

Ascherson, Neal (1992), »1989 in Eastern Europe. Constitutional representative democracy as a ›return to normality‹?«, in: John Dunn (Hg.), *Democracy. The Unfinished Journey. 508 BC to AD 1993*, Oxford: Oxford University Press, S. 221-237.

Baxi, Upendra (1980), *The Indian Supreme Court and Politics*, Lalbagh: Eastern Book Co.

Bechev, Dimitar (2022), *Turkey Under Erdogan. How a Country Turned from Democracy and the West*, New Haven: Yale University Press.

Bellamy, Richard (2007), *Political Constitutionalism. A Republican Defence of the Constitutionality of Democracy*, Cambridge: Cambridge University Press.

Biebricher, Thomas (2013), »Europe and the political philosophy of neoliberalism«, in: *Contemporary Political Theory* 12/4, S. 338-375.

Bifulco, Raffaele/Davide Paris (2007), »§ 100. Der italienische Verfassungsgerichtshof«, in: Armin von Bogdandy/Christoph Grabenwarter/Peter Michael Huber (Hg.), *Handbuch Ius Publicum Europaeum*, Band VI: *Verfassungsgerichtsbarkeit in Europa. Institutionen*, Heidelberg: C.F. Müller, S. 271-356.

Bittner, Jochen (2016), »Raus aus dem Raus. Wie die Briten ihren Austritt noch abwenden könnten«, in: *Die Zeit* (30. Juni), S. 2.

Boese, Vanessa A., Nazifa Alizada, Martin Lundstedt, Kelly Morrison et al. (2022), *Autocratization Changing Nature? Democracy Report 2022*, Universität Göteburg: Varieties of Democracy Institute (V-Dem).

Bogdandy, Armin von (2022), *Strukturwandel des öffentlichen Rechts. Entstehung und Demokratisierung der europäischen Gesellschaft*, Berlin: Suhrkamp.

Bonelli, Matteo/Monica Claes (2018), »Judicial serendipity. How Portuguese judges came to the rescue of the Polish judiciary. ECJ 27 February 2018, Case C-64/16, Associação Sindical dos Juízes Portugueses«, in: *European Constitutional Law Review* 14, S. 622-643.

Börzel, Tanja/Michael Zürn (2020), »Contestations of the liberal script. A research program«, in: *SCRIPTS Working Paper Series* 1, Berlin: Freie Universität Berlin.

Bourne, Angela K. (2018), *Democratic Dilemmas. Why Democracies Ban Political Parties*, Basingstoke: Routledge.

Brennan, Jason (2017), *Gegen Demokratie. Warum wir die Politik nicht den Unvernünftigen überlassen dürfen*, Berlin: Ullstein.

Bricker, Benjamin/Jakub Wondreys (2018), »Public opinion and opposition party success. Evidence from the European constitutional courts«, in: *Justice System Journal* 39/2, S. 123-138.

Brown, Megan (2022), *The Seventh Member State. Algeria, France, and the European Community*, Cambridge: Cambridge University Press.

Brown, Wendy (2015), *Die schleichende Revolution. Wie der Neoliberalismus die Demokratie zerstört*, Berlin: Suhrkamp.

Brunner, Georg (1993), »Die neue Verfassungsgerichtsbarkeit in Osteuropa«, in: *Zeitschrift für ausländisches öffentliches Recht und Völkerrecht* 53/4, S. 819-870.

Ders. (1997), »Grundrechtsschutz durch Verfassungsgerichtsbarkeit in Osteuropa«, in: Joachim Burmeister (Hg.), *Verfassungsstaatlichkeit. Festschrift für Klaus Stern zum 65. Geburtstag*, München: C.H. Beck, S. 1041-1058.

Bryan, James D. (2023), »What kind of democracy do we all support? How partisan interest impacts a citizen's conceptualization of democracy«, in: *Comparative Political Studies* 56/10, S. 1597-1627.

Bugarič, Bojan/Tom Ginsburg (2016), »The assault on postcommunist courts«, in: *The Journal of Democracy* 27/3, S. 69-82.

Casert, Raf (2021), »EU court. Poland's disciplining of judges breaches EU law«, in: *AP* (15. Juli), online verfügbar unter: {https://apnews.com/article/europe-poland-courts-1fc3c963fa5b62a8f36e4bd7fabbfa} (alle URL Stand Februar 2024).

Cassese, Sabino (2018), »Globale Dimensionen der Demokratie«, in: Friedrich Wilhelm Graf/Heinrich Meier (Hg.), *Die Zukunft der Demokratie. Kritik und Plädoyer*, München: C.H. Beck, S. 265-291.

Castillo-Ortiz, Pablo (2019), »The illiberal abuse of constitutional courts in Europe«, in: *European Constitutional Law Review* 15/1, S. 48-72.

Coppedge, Michael (2020), »Dimensions and concepts of democracy«, in: Michael Coppedge/John Gerring/Adam Glynn/Carl Henrik Knutsen et al. (Hg.), *Varieties of Democracy. Measuring Two Centuries of Political Change*, New York: Cambridge University Press, S. 90-129.

Coppedge, Michael/John Gerring/Adam Glynn/Carl Henrik Knutsen/Staffan I. Lindberg et al. (2020), *Varieties of Democracy. Measuring two Centuries of Political Change*, New York: Cambridge University Press.

Coppedge, Michael/John Gerring/Carl Henrik Knutsen/Staffan I. Lindberg et al. (2022), *V-Dem Codebook v12*, Universität Göteburg: Varieties of Democracy Instute (V-Dem).

Crouch, Colin (2023), »Post-democracy and civil society«, in: *Electra* 19, *The State of Democracy* (Winter 2022/23), S. 109-120.

Dahrendorf, Ralf (2003), »Liberale Ordnung unter Druck. Demokratische Dilemmas«, in: ders., *Auf der Suche nach einer neuen Ordnung. Eine Politik der Freiheit für das 21. Jahrhundert*, München: C.H. Beck, S. 106-130.

Dahrendorf, Ralf/François Furet/Bronislaw Geremek (1993), *Wohin steuert Europa? Ein Streitgespräch*, Frankfurt am Main/New York: Campus.

Davidson, Arnold (2001), »Closing up the corpses. Diseases of the mind and the emergence of the psychiatric style of reasoning«, in: ders., *The Emergence of Sexuality. Historical Epistomology and the Emergence of Concepts*, Cambridge, Mass.: Harvard University Press, S. 1-29.

Derpanopoulos, George/Erica Frantz/Barbara Geddes/Joseph Wright (2016), »Are coups good for democracy?«, in: *Research and Politics* 3/1, S. 1-7.

Desroisières, Alain (2015), »Retroaction. How indicators feed back onto quantified actors«, in: Richard Rottenberg/Sally E. Merry/ Sung-Joon Park/Johanna Mugler (Hg.), *The World of Indicators. The Making of Governmental Knowledge Through Quantification*, New York: Cambridge University Press, S. 329-353.

Diamond, Larry (2020), »Democratic regression in comparative perspective. Scope, methods, and causes«, in: *Democratization* 28/1, S. 22-42.

Di Lorenzo, Giovanni (2016), »Wie viel Volk darf's denn sein?«, in: *Die Zeit* (30. Juni), S. 1.

Döring, Holger/Philip Manow (2008), »Electoral and mechanical causes for divided government in the European Union«, in: *Comparative Political Studies* 41/10, S. 1349-1370.

Downie, Robert S. (1964), *Government Action and Morality. Some Principles and Concepts of Liberal-Democracy*, London: Macmillan.

Dryzek, John S. (2016), »Can there be a human right to an essentially contested concept? The case of democracy«, in: *Journal of Politics* 78/2, S. 357-367.

Dunn, John (Hg.) (1992), *Democracy. The Unfinished Journey. 508 BC to AD 1993*, Oxford: Oxford University Press.

Ders. (2005a), *Democracy. A History*, New York: Atlantic Monthly Press.

Ders. (2005b), *Setting the People Free. The Story of Democracy*, New York: Atlantic Book.

Eckel, Jan (2014), *Die Ambivalenz des Guten. Menschenrechte in der internationalen Politik seit den 1940er Jahren*, Göttingen: Vandenhoek & Ruprecht.

Eckel, Jan/Claudia Moisel (Hg.) (2008), *Universalisierung des Holocaust? Erinnerungskultur und Geschichtspolitik in internationaler Perspektive*, Göttingen: Wallstein.

Eckel, Jan/Samuel Moyn (2014), *The Breakthrough. Human Rights in the 1970s*, Philadelphia: University of Pennsylvania Press.

Economist Intelligence Unit (EIU) (2023), *Democracy Index 2022. Frontline Democracy and the Battle for Ukraine*, London et al.: Economist Intelligence, online verfügbar unter: {https://www.eiu.com/n/wp-content/uploads/2023/02/Democracy-Index-2022_FV2.pdf?li_fat_id=f1fbad7e-a282-4b9e-9f8f-6a6d5a9fe6b8}.

Elkins, Zachary/Tom Ginsburg (2022), »Characteristics of national constitutions. Version 4.0«; in: *Comparative Constitutions Project*, online verfügbar unter {https://comparativeconstitutionsproject.org/}.

Elster, Jon (2000), *Ulysses Unbound. Studies in Rationality, Precommitment, and Constraints*, New York: Cambridge University Press.

Ders. (1993), »Introduction«, in: Jon Elster/Rune Slagstad (Hg.), *Constitutionalism and Democracy*, New York: Cambridge University Press, S. 1-17.

Elster, Jon/Rune Slagstad (Hg.) (1993), *Constitutionalism and Democracy*, New York: Cambridge University Press.

Engst, Benjamin G. (2021), *The Two Faces of Judicial Power. Dynamics of Judicial-Political Bargaining*, Cham: Palgrave Macmillan.

Etzemüller, Thomas (2024), »Demokratie in der Zwischenkriegszeit – die Mär eines europäischen Scheiterns. Eine irritierte Intervention«, in: *Merkur* 897/78, S. 5-16.

Europäisches Parlament (2022), »Bestehen einer eindeutigen Gefahr einer schwerwiegenden Verletzung der Werte, auf die sich die Union gründet, durch Ungarn«, in: *Europäisches Parlament. Angenommene Texte*, S. 1-35, online verfügbar unter: {https://www.europarl.europa.eu/doceo/document/TA-9-2022-0324_DE.pdf}.

Finkel, Jodi (2008), *Judicial Reform as Political Insurance. Argentina, Peru and Mexico in the 1990s*, Notre Dame: University of Notre Dame Press.

Foa, Roberto S./A. Klassen/M. Slade/A. Rand/R. Williams (2020), *The Global Satisfaction With Democracy Report 2020*, Cam-

bridge: Centre for the Future of Democracy, online verfügbar unter: {https://www.cam.ac.uk/system/files/report2020_003.pdf}.
Forst, Rainer (2015), »Transnationale Gerechtigkeit und Demokratie. Zur Überwindung von drei Dogmen der politischen Theorie«, in: ders., *Normativität und Macht. Zur Analyse sozialer Rechtfertigungsverhältnisse*, Berlin: Suhrkamp, S. 214-233.
Foucault, Michel (1988), *Die Geburt der Klinik. Eine Archäologie des ärztlichen Blicks*, Frankfurt am Main: S. Fischer.
Ders. (1994 [1975]), *Überwachen und Strafen. Die Geburt des Gefängnisses*, Frankfurt am Main: Suhrkamp.
Fourcade, Marion (2022), *Zählen, benennen, ordnen. Eine Soziologie des Unterscheidens*, Hamburg: Hamburger Edition.
Fraenkel, Ernst (1991 [1964]), *Deutschland und die westlichen Demokratien*, erweiterte Ausgabe, herausgegeben von Alexander von Brünneck, Frankfurt am Main: Suhrkamp.
Fraser, Nancy (2023), *Der Allesfresser. Wie der Kapitalismus seine eigenen Grundlagen verschlingt*, Berlin: Suhrkamp.
Freedom House (2019), *Democracy in Retreat. Freedom in the World 2019*, Washington D.C.
Dass. (2021), *Democracy under Siege. Freedom in the World 2021*, Washington D.C.
Dass. (2023), *Marking 50 Years in the Struggle for Democracy*, Washington D.C.
Frowein, Jochen Abr./Thilo Marauhn (Hg.) (1998), *Grundfragen der Verfassungsgerichtsbarkeit in Mittel- und Osteuropa*, Berlin/Heidelberg: Springer.
Fukuyama, Francis (1989), »The End of History?«, in: *The National Interest* 16, S. 3-18.
Ders. (1991), »Liberal democracy as a global phenomenon«, in: *Political Science and Politics* 24/4, S. 632-667.
Ders. (2022 [1992]), *Das Ende der Geschichte*, Hamburg: Hoffmann und Campe.
Furet, François (1989 [1978]), *1789. Jenseits des Mythos*, Hamburg: Junius.
Ders. (1998), *Das Ende der Illusion. Der Kommunismus im 20. Jahrhundert*, München/Zürich: Piper.
Ders. (2009 [1978]), *Penser la Révolution française*, Paris: Gallimard.
Ders. (2012), *Inventaires du communisme*, Paris: Les Éditions de l'EHESS.
Ders. (2017 [2012]), *Inventare des Kommunismus*, Wien: Passagen.

Gagnon, Jean Paul (2013), *Evolutionary Basic Democracy. A Critical Overture*, Basingstoke: Palgrave Macmillan.
Gallie, W. B. (1956), »Essentially contested concepts«, in: *Proceedings of the Aristotelian Society* 56 (1955-1956), S. 167-198.
Garavini, Guiliono (2012), *After Empires. European Integration, Decolonization, and the Challenge from the Global South 1957-1986*, Oxford: Oxford University Press.
Gardbaum, Stephen (2001), »The new commonwealth model of constitutionalism«, in: *The American Journal of Comparative Law* 49/4, S. 707-760.
Ders. (2015), »Are strong constitutional courts always good thing for new democracies?«, in: *Columbia Journal of Transnational Law* 53/2, S. 285-320.
Ders. (2020), »The counter-playbook. Resisting the populist assault on separation of powers«, in: *Columbia Journal of Transnational Law* 59/1, S. 1-64.
Gargarella, Roberto (2003), »The majoritarian reading of the rule of law«, in: José María Maravall/Adam Przeworski (Hg.), *Democracy and the Rule of Law*, New York: Cambridge University Press, S. 147-167.
Garton Ash, Timothy (2019), *Ein Jahrhundert wird abgewählt. Europa im Umbruch 1980-1990*, München: Hanser.
Geulen, Christian (2023), »Bundesrepublikanismus. Überlegungen zur Vorgeschichte der Gegenwart«, in: *Merkur* 77/893, S. 18-33.
Ginsburg, Tom (2009), »The global spread of constitutional review«, in: Keith E. Whittington/R. Daniel Kelemen/Gregory A. Caldeira (Hg.), *Oxford Handbook of Law and Politics*, Oxford: Oxford University Press, S. 81-98.
Ginsburg, Tom/Míla Versteeg (2014), »Why do countries adopt constitutional review?«, in: *The Journal of Law, Economics & Organization* 30/3, S. 587-622.
Ginsburg, Tom/Aziz Z. Huq (Hg.) (2018), *How to Save a Constitutional Democracy*, Chicago: University of Chicago Press.
Göztepe, Ece (2021), »Über die Verteidigung der Demokratie und Rechtstaatlichkeit in der Türkei«, in: *Zeitschrift für Politik* 68/3, S. 323-336.
Grabenwarter, Christoph (2007), »§ 102. Der österreichische Verfassungsgerichtshof«, in: Armin von Bogdandy/Christoph Grabenwarter/Peter Michael Huber (Hg.), *Handbuch Ius Publicum*

Europaeum, Band VI: *Verfassungsgerichtsbarkeit in Europa. Institutionen*, Heidelberg: C.F. Müller, S. 413-470.

Grande, Edgar/Hanspeter Kriesi (2012), »The transformative power of globalization and the structure of political concflict in Western Europe«, in: Hanspeter Kriesi/Edgar Grande/Martin Dolezal/Marc Helbling et al. (Hg.), *Political Conflict in Western Europe*, New York: Cambridge University Press, S. 3-35.

Grant, Kevin Douglas (2019), »Seven steps by populists worldwide to undermine the democracies that elected them«, in: *The Groundtruth Project* (17. Oktober), online verfügbar unter: {https://thegroundtruthproject.org/the-authoritarians-playbook-seven-steps-populists-worldwide-are-taking-to-undermine-the-demo cracies-that-elected-them/}.

Grimm, Dieter (2015), »The democratic costs of constitutionalisation. The European case«, in: *European Law Journal* 21/4, S. 460-473.

Ders. (2021), *Verfassungsgerichtsbarkeit*, Berlin: Suhrkamp.

Habermas, Jürgen (1990), »Nachholende Revolution und linker Revisionsbedarf«, in: ders., *Die nachholende Revolution. Kleine Politischen Schriften VII*, Frankfurt am Main: Suhrkamp, S. 179-204.

Ders. (1992), *Faktizität und Geltung. Beiträge zur Diskurstheorie des Rechts und des demokratischen Rechtsstaats*, Frankfurt am Main: Suhrkamp.

Hacking, Ian (1995), »The looping effects of human kinds«, in: Dan Sperber/David Premack/Ann James Premack (Hg.), *Causal Cognition. A Multidisciplinary Debate. A Fyssen Foundation Symposion*, Oxford: Clarendon Press, S. 351-394.

Ders., (2002), »Making up people«, in: ders., *Historical Ontology*, Cambridge, Mass.: Harvard University Press, S. 99-114.

Ders. (2006a [2002]), »Historische Ontologie«, in: ders, *Historische Ontologie*, Zürich: Chronos, S. 9-38.

Ders. (2006b [2002]), »Leute erfinden«, in: *Historische Ontologie*, a.a.O., S. 119-113.

Ders. (2006c [1981]), »Foucaults Archäologie«, in: *Historische Ontologie*, a.a.O., S. 89-103.

Ders. (2006d [2002]), »Fünf Parabeln«, in: *Historische Ontologie*, a.a.O., S. 39-64.

Ders. (2012 [1995]), *Menschenarten. The Looping Effects of Human Kinds*, Zürich: Sphères.

Ders. (2023 [1990]), *Die Zähmung des Zufalls*, herausgegeben von Peter Schneider, Zürich: Edition Patrick Frey.

Hailbronner, Michaela (2015), *Traditions and Transformations. The Rise of German Constitutionalism*, Oxford: Oxford University Press.

Haltern, Ulrich (2017), *Europarecht. Dogmatik im Kontext*, Band II: *Rule of Law, Verbunddogmatik, Grundrechte*, Tübingen: Mohr Siebeck.

Hanson, Russell L. (1989), »Democracy«, in: Terence Ball/James Farr/Russell L. Hanson (Hg.), *Political Innovation and Conceptual Change*, New York: Cambridge University Press, S. 68-89.

Hawkins, Kirk A./Christobál Rovira Kaltwasser (2019), »Introduction. The ideational approach«, in: Kirk A. Hawkins/Ryan E. Carlin/Levente Littway/Christobál Rovira Kaltwasser (Hg.), *The Ideational Approach to Populism. Concept, Theory, and Analyses*, New York: Routledge, S. 1-24.

Hegel, Georg Wilhelm Friedrich (1986 [1807]), »Wer denkt abstrakt?«, in: ders., *Werke in 20 Bänden mit Registerband*, herausgegeben von Eva Moldenhauer und Karl Markus Michel, Band 2: *Jenaer Schriften 1801-1807*, S. 575-581.

Herre, Bastian (2022), »Democracy data. How sources differ and when to use which one« (17. Juni), online verfügbar unter: {https://ourworldindata.org/democracies-measurement}.

Hettling, Manfred (2023), »Nutzen und Nachteil monumentalistischer Demokratiegeschichte«, in: *Merkur* 77/893, S. 75-84.

Hien, Josef/Christian Joerges (Hg.) (2017), *Ordoliberalism, Law and the Rule of Economics*, Oxford: Hart Publishing.

Hirschl, Ran (2007), *Towards Juristocracy. The Origins and Consequences of the New Constitutionalism*, Cambridge, Mass.: Harvard University Press.

Ders. (2008), »The judicialization of mega-politics and the rise of political courts«, in: *Annual Review of Political Science* 11, S. 93-118.

Ders. (2009), »The judicalization of politics«, in: Gregory A. Caldeira/R. Daniel Kelemen/Keith E. Whittington (Hg.), *Oxford Handbook of Law and Politics*, Oxford: Oxford University Press, S. 120-141.

Ders. (2010), *Constitutional Theocracy*, Cambridge, Mass.: Harvard University Press.

Hirschman, Albert O. (1974 [1970]), *Abwanderung und Widerspruch. Reaktionen auf Leistungsabfall bei Unternehmungen, Organisationen und Staaten*, Tübingen: Mohr.

Holmes, Stephen (1993), »Precommitment and the paradox of democracy«, in: Jon Elster/Rune Slagstad (Hg.), *Constitutionalism and Democracy*, New York: Cambridge University Press, S. 195-240.

Hont, Istvan (2010), »The permanent crisis of divided mankind. Nation-State and nationalism in historical perspective«, in: ders. (Hg.), *Jealousy of Trade. International Competition and the Nation-State in Historical Perspective*, Cambridge, Mass.: Harvard University Press, S. 447-528.

Hooghe, Liesbet/Gary Marks (2009), »A postfunctionalist theory of European integration. From permissive consensus to constraining dissensus«, in: *British Journal of Political Science* 39/1, S. 1-23.

Dies. (2017), »Cleavage theory meets Europe's crises. Lipset, Rokkan, and the transnational cleavage«, in: *Journal of European Public Policy* 25/1, S. 109-135.

Hopkin, Jonathan/Mark Blyth (2018), »The global economics of European populism. Growth regimes and party system change in Europe (The Government and Opposition/Leonard Schapiro Lecture 2017)«, in: *Government and Opposition* 54/2, S. 193-225.

Höpner, Martin (2022), »Überdreht. Integration durch Recht«, in: *Merkur* 76/875, S. 56-63.

Horowitz, Donald L. (2006), »Constitutional courts. A primer for decision makers«, in: *Journal of Democracy* 17/4, S. 125-137.

Hufen, Friedhelm (2008), *Beschränkung von Urteilswirkungen im Falle der Feststellung der Verfassungswidrigkeit von Rechtsnormen. Rechtsvergleichende Untersuchung über die Rechtslage in den Mitgliedstaaten der Europäischen Union im Auftrag des Bundesministeriums für Finanzen*, Berlin: Bundesministerium der Finanzen.

Huntington, Samuel P. (1991), »Democracy's third wave«, in: *Journal of Democracy* 2/2, S. 12-34.

Hutter, Swen/Hanspeter Kriesi (2019), »Politicizing Europe in times of crisis«, in: *Journal of European Public Policy* 26/7, S. 996-1017.

Illouz, Eva (2017), »Vom Paradox der Befreiung zum Niedergang der liberalen Eliten«, in: Heinrich Geiselberger (Hg.), *Die große Regression. Eine internationale Debatte über die geistige Situation der Zeit*, Berlin: Suhrkamp, S. 93-116.

Issacharoff, Samuel (2011), »Constitutional courts and democratic hedging«, in: *Georgetown Law Journal* 99/4, S. 961-1012.

Iversen, Torben/David Soskice (2018), »A structural-institutional explanation of the Eurozone crisis«, in: Philip Manow/Bruno Palier/Hanna Schwander (Hg.), *Welfare Democracies & Electoral Politics. Explaining Electoral Dynamics in Times of Changing Welfare Capitalism*, Oxford: Oxford University Press, S. 257-280.

Iversen, Torben/David Soskice/David Hope (2016), »The Eurozone and political economic institutions«, in: *Annual Review of Political Science* 19, S. 163-185.

Janse, Ronald (2019), »Is the European Commission a credible guardian of the values? A revisionist account of the Copenhagen political criteria during the Big Bang enlargement«, in: *International Journal of Constitutional Law* 17/1, S. 43-65.

Joerges, Christian (2001), *Das Recht im Prozeß der Konstitutionalisierung Europas*, EUI Working Paper 07, European University Institute/Department of Law.

Joerges, Christian/Josef Hien (2018), *Dead Man Walking. Current European Interest in the Ordoliberal Tradition*, EUI Working Paper LAW 03, European University Institute/Department of Law.

Jones, Garrett (2020), *10 % Less Democracy. Why You Should Trust Elites a Little More and the Masses a Little Less*, Stanford: Stanford University Press.

Jouanjan, Olivier (2007), »§ 99. Verfassungsrechtsprechung in Frankreich«, in: Armin von Bogdandy/Christoph Grabenwarter/Peter Michael Huber (Hg.), *Handbuch Ius Publicum Europaeum*, Band VI: *Verfassungsgerichtsbarkeit in Europa. Institutionen*, Heidelberg: C.F. Müller, S. 207-270.

Kaplan, Temma (2014), *Democracy. A World History*, Oxford: Oxford University Press.

Keane, John (2010), *The Life and Death of Democracy*, New York: Simon & Schuster.

Kittsteiner, Heinz Dieter (2021 [2004]), *Out of Control. Über die Unverfügbarkeit des historischen Prozesses*, Hamburg: Europäische Verlagsanstalt.

Klenk, Lars (2020), *Die Grenzen der Grundfreiheiten*, Tübingen: Mohr Siebeck.

Knöbl, Wolfgang (2022), *Die Soziologie vor der Geschichte. Zur Kritik der Sozialtheorie*, Berlin: Suhrkamp.

Kopecký, Petr/Maria Spirova (2008), »Parliamentary opposition in post-communist democracies. Power of the powerless«, in: *The Journal of Legislative Studies* 14/1-2, S. 133-159.

Koselleck, Reinhart (1989 [1975]), »Zur historisch-politischen Semantik asymmetrischer Gegenbegriffe«, in: ders., *Vergangene Zukunft. Zur Semantik geschichtlicher Zeiten*, Frankfurt am Main: Suhrkamp, S. 211-259.

Ders. (1989 [1977]), »›Neuzeit‹. Zur Semantik moderner Bewegungsbegriffe«, in: ders., *Vergangene Zukunft. Zur Semantik geschichtlicher Zeiten*, Frankfurt am Main: Suhrkamp, S. 300-348.

Krastev, Ivan/Stephen Holmes (2019), *Das Licht, das erlosch. Eine Abrechnung*, Berlin: Ullstein.

Kriesi, Hanspeter/Swen Hutter (2020), »Crises and the transformation of the national political space in Europe«, in: Swen Hutter/Hanspeter Kriesi (Hg.), *European Party Politics in Times of Crises*, New York: Cambridge University Press, S. 3-32.

Kriesi, Hanspeter/Edgar Grande/Romain Lachat/Martin Dolezal et al. (2006), »Globalization and the transformation of the national political space. Six European countries compared«, in: *European Journal of Political Research* 45/6, S. 921-956.

Dies. (2008), *West-European Politics in the Age of Globalization*, New York: Cambridge University Press.

Kriesi, Hanspeter/Edgar Grande/Martin Dolezal/Marc Helbling et al. (2012), *Restructuring Political Conflict in Western Europe*, New York: Cambridge University Press.

Kucia, Marek (2016), »The Europeanization of Holocaust memory and Eastern Europe«, in: *East European Politics and Societies and Cultures* 30/1, S. 97-119.

Kuhn, Thomas S. (1996 [1962]), *Die Struktur wissenschaftlicher Revolutionen*, Frankfurt am Main: Suhrkamp.

Larsen, Signe Rehling (2021), »Varieties of constitutionalism in the European Union«, in: *Modern Law Review* 84/3, S. 477-502.

Lauth, Hans Joachim (2004), *Demokratie und Demokratiemessung. Eine konzeptionelle Grundlegung für den interkulturellen Vergleich*, Wiesbaden: VS Verlag für Sozialwissenschaften.

Leggewie, Claus (2024), »Noch einmal: Kämpferische Demokratie. Wie der Soziologe Karl Mannheim sich gegen den Faschismus wappnen wollte«, in: *Frankfurter Allgemeine Zeitung* (31. Januar), S. N4.

Leggewie, Claus/Ireneusz Pawel Karolewski (2021), *Die Visegrád-*

Connection. Eine Herausforderung für Europa, Berlin: Wagenbach.

Levine, Andrew (1981), *Liberal Democracy. A Critique of its Theory*, New York: Columbia University Press.

Levitsky, Steven/Lucan Way (2015), »The myth of democratic recession«, in: *Journal of Democracy* 26/1, S. 45-58.

Levitsky, Steven/Daniel Ziblatt (2018), *Wie Demokratien sterben. Und was wir dagegen tun können*, München: DVA.

Linzer, Drew A./Jeffrey K. Staton (2015), »A global measure of judicial independence, 1948-2012«, in: *Journal of Law and Courts* 3/2, S. 223-256.

Little, Andrew T./Anne Meng (2023), »Measuring democratic backsliding« (18. Juli), online verfügbar unter: {https://osf.io/preprints/osf/n32zk}.

Livingston, William S. (Hg.), (1979), *A Prospect of Liberal Democracy*, Austin: Texas University Press.

Loughlin, Martin (2019), »The contemporary crisis of constitutional democracy«, in: *Oxford Journal of Legal Studies* 39/2, S. 435-454.

Ders., (2022), *Against Constitutionalism*, Cambridge, Mass.: Harvard University Press.

Lübbe-Wolff, Gertrude (2021), *Beratungskulturen. Wie Verfassungsgerichte arbeiten, und wovon es abhängt, ob sie integrieren oder polarisieren*, Berlin: Konrad Adenauer Stiftung.

Dies. (2023), *Demophobie. Muss man die direkte Demokratie fürchten?*, Frankfurt am Main: Vittorio Klostermann.

Lührmann Anna/Seraphine F. Maerz/Sandra Grahn/Nazifa Alizada et al. (2020), *Autocratization Surges – Resistance Grows. Democracy Report 2020*, Universität Göteburg: Varieties of Democracy Institute (V-Dem).

Macpherson, Crawford B. (1977), *The Life and Times of Liberal Democracy*, Oxford: Oxford University Press.

Mair, Peter (2013), *Ruling the Void. The Hollowing of Western Democracy*, London: Verso.

Manow, Philip (2018), *Die Politische Ökonomie des Populismus*, Berlin: Suhrkamp.

Ders. (2020), *(Ent-)Demokratisierung der Demokratie. Ein Essay*, Berlin: Suhrkamp.

Ders. (2021), *The Political Economy of Populism in Europe. Hyperglobalization and the Heterogeneity of Protest Movements* (Research Paper), Chatham House: Europe Programme (Dezember), online verfügbar unter: {https://www.chathamhouse.org/sites/default/files/2021-12/2021-12-15-political-economy-populism-europe-manow.pdf}.

Ders. (2023a), »Der Geist der Gesetze«, in: *Merkur* 77/891, S. 5-14.

Ders. (2023b), »Eine Beobachtung der Demokratiebeobachtung. Zur Diagnose demokratischer Regression«, in: Peter Niesen (Hg.), *Zur Diagnose demokratischer Regression*, *Leviathan* Sonderband 40, S. 83-101.

Maravall, José María/Adam Przeworski, (2003), »Introduction«, in: dies. (Hg.), *Democracy and the Rule of Law*, New York: Cambridge University Press, S. 1-16.

Matthes, Claudia-Y. (2022), »Judges as activists. How Polish judges mobilise to defend the rule of law«, in: *East European Politics* 38/3, S. 468-487.

Mau, Steffen/Thomas Lux/Linus Westheuser (2023), *Triggerpunkte. Konsens und Konflikt in der Gegenwartsgesellschaft*, Berlin: Suhrkamp.

Mautner, Menachem (2023), »›Politische Probleme können nicht durch Gerichte gelöst werden.‹ Interview mit dem Staatsrechtler Menachem Mautner«, in: *Frankfurter Allgemeine Zeitung* (27. März), S. 5.

Mayer, Franz C. (2020), »Der Ultra vires-Akt. Zum PSPP-Urteil des BVerfG v. 5. 5. 2020 – 2 BvR 859/15 u. a.«, in: *Juristenzeitung* 75/14, S. 725-734.

Meier, Christian (2023a), »Ein Schiff, gebaut auf hoher See. Der Jurist Aharon Barak hat das System richterlicher Kontrolle aufgebaut, das Israels Regierung demontieren will«, in: *Frankfurter Allgemeine Zeitung* (24. Juli), S. 3.

Ders. (2023b), »Eine klaffende Lücke seit 1948. Warum der Staat Israel bis heute keine Verfassung hat«, in: *Frankfurter Allgemeine Zeitung* (27. Februar 2023), S. 8.

Mény, Yves/Yves Surel (2002), »The constitutive ambiguity of populism«, in: dies. (Hg.), *Democracies and the Populist Challenge*, Houndsmill: Palgrave, S. 1-21.

Merkel, Wolfgang (2004a), »Die ›eingebettete‹ Demokratie. Ein analytisches Konzept«, in: *WZB-Mitteilungen* 106, S. 7-10.

Ders. (2004b), »Embedded and defective democracies«, in: *Democratization* 11/5, S. 33-58.

Möllers, Christoph (2022), »Unsere Werte«, in: *Merkur* 76/883 (Dezember), S. 5-16.

Mor, Shany (2019), »Demokratie verstehen«, in: *Merkur* 73/846, S. 67-77.

Moulin-Doos, Claire (2017), »Populismen in Europa. Nicht per-se antidemokratisch, sondern antiliberal«, in: Dirk Jörke/Oliver Nachtwey (Hg.), *Das Volk gegen die (liberale) Demokratie*, Baden-Baden: Nomos, S. 303-321.

Mounk, Yascha (2018), *Der Zerfall der Demokratie. Wie der Populismus den Rechtsstaat bedroht*, München: Droemer.

Moyn, Samuel (2012), *The Last Utopia. Human Rights in History*, Cambridge, Mass.: Harvard University Press.

Mudde, Cas (2004), »The populist zeitgeist«, in: *Government and Opposition* 39/4, S. 542-563.

Ders. (2018), »How populism became the concept that defines our age«, in: *The Guardian* (22. November).

Mudde, Cas/Cristóbal Rovira Kaltwasser (2017), *Populism. A Very Short Introduction*, Oxford: Oxford University Press.

Mudde, Cas/Cristóbal Rovira Kaltwasser (2019), *Populismus. Eine sehr kurze Einführung*, Bonn: Dietz.

Müller, Jan-Werner (2013a), *Das demokratische Zeitalter. Eine politische Ideengeschichte Europas im 20. Jahrhundert*, Berlin: Suhrkamp.

Ders. (2013b), »Militant democracy«, in: Michael Rosenfeld/András Sajó (Hg.), *Oxford Handbook of Comparative Constitutional Law*, Oxford: Oxford University Press, S. 1253-1269.

Ders. (2013c), *Wo Europa endet. Ungarn, Brüssel und das Schicksal der liberalen Demokratie*, Berlin: Suhrkamp.

Ders. (2016), *Was ist Populismus? Ein Essay*, Berlin: Suhrkamp.

Ders. (2019), *Furcht und Freiheit. Für einen anderen Liberalismus*, Berlin: Suhrkamp.

Ders. (2021), *Freiheit, Gleichheit, Ungewissheit. Wie schafft man Demokratie?*, Berlin: Suhrkamp.

Münkler, Herfried (2022), *Die Zukunft der Demokratie*, Wien: Brandstätter Verlag.

Navot, Suzie (2023), »Demokratie und Rechtsstaatlichkeit in Israel. Ein Blick in Israels Verfassungsgeschichte«, in: *Aus Politik und Zeitgeschichte* 18-19, S. 18-24.

Nettesheim, Martin (2021), »Kompetenzkonflikte zwischen EuGH und Mitgliedstaaten. Einrichtung eines Vertragsklarstellungsverfahrens«, in: *Zeitschrift für Rechtspolitik* 54/8, S. 222-226.

Ders. (2022a), »Die ›Werte der Union‹. Legitimitätsstiftung, Einheitsbildung, Föderalisierung«, in: *Europarecht* 57/5, S. 525-545.

Ders. (2022b), »Europäische Werte und mitgliedsstaatliche Verfassungsautonomie. Über einen Machtkampf in der EU«, in: Till Patrick Holterhus/Fabian Michl (Hg.), *Die schwache Gewalt*, Tübingen: Mohr Siebeck, S. 111-126.

Neumeier, Christian (2023), »Demolalie. Krise und Kritik der repräsentativen Demokratie«, in: *Merkur* 77/894, S. 51-63.

Nickel, Carsten (2023), »Das Trilemma des bürgerlichen Politikbegriffs. Eine Skizze«, in: *Berliner Debatte Initial* 2, S. 104-115.

Nida-Rümelin, Julian (2020), *Die gefährdete Rationalität der Demokratie. Ein politischer Traktat*, Hamburg: werkstatt edition.

Niesen, Peter (Hg.) (2023), *Zur Diagnose demokratischer Regression*, *Leviathan* Sonderband 40.

N. N. (2020), »Droht ein Vertragsverletzungsverfahren gegen Deutschland?«, in: *Legal Tribune Online* (11. Mai), online verfügbar unter: {https://www.lto.de/recht/hintergruende/h/bverfg-urteil-ezb-eugh-ultra-vires-anleihekaeufe-vertragsverletzungsverfahren-deutschland-kommission-polen/}.

N. N. (2021), »Jan-Werner Mueller says more …«, in: *Project Syndicate* (19. Oktober), online verfügbar unter: {https://www.project-syndicate.org/onpoint/an-interview-with-jan-werner-mueller-2021-10}.

N. N. (2023), »Global democratic backsliding seems real, even if it is hard to measure«, in: *The Economist* 448 (16. September) (9363), S. 76-77.

Nolte, Paul (2012), *Was ist Demokratie? Geschichte und Gegenwart*, München: C. H. Beck.

Norris, Pippa/Margaret L. Inglehart (2019), *Cultural Backlash. Trump, Brexit, and Authoritarian Populism*, New York: Cambridge University Press.

Papada, Evie/David Altman/Fabio Angiolillo/Lisa Gastaldi et al. (2023), *Defiance in the Face of Autocratization. Democracy Report 2023*, Universität Göteburg: Varieties of Democracy Institute (V-Dem).

Pappas, Takis S. (2014), »Populist democracies. Post-authoritarian Greece and post-communist Hungary«, in: *Government and Opposition* 49/1, S. 1-23.

Patel, Kiran Klaus (2018), *Projekt Europa. Eine kritische Geschichte*, München: C. H. Beck.

Patel, Kiran Klaus/Hans Christian Röhl (2020), *Transformation durch Recht. Geschichte und Jurisprudenz Europäischer Integration 1985-1992*, Tübingen: Mohr Siebeck.

Petrov, Jan (2022), »(De-)judicialization of politics in the era of populism. Lessons from Central and Eastern Europe«, in: *The International Journal of Human Rights* 26/7, S. 1181-1206.

Pettit, Philip (2022), »Depolitizing democracy«, in: *Politikos. Journal of Social and Political Philosophy* 1/1, S. 28-40.

Plummer, Kenneth (1981), *The Making of the Modern Homosexual*, New York: Hutchinson.

Probst, Lothar (2003), »Founding myths in Europe and the role of the Holocaust«, in: *New German Critique* 90 (Herbst), S. 45-58.

Przeworski, Adam (2010), *Democracy and the Limits of Self-Government*, New York: Cambridge University Press.

Ders. (2018), *Why Bother with Elections?*, Cambridge: Polity.

Ders. (2020), *Krisen der Demokratie*, Berlin: Suhrkamp.

Richter, Hedwig (2017), *Moderne Wahlen. Eine Geschichte der Demokratie in Preußen und den USA im 19. Jahrhundert*, Hamburg: Hamburger Edition.

Ridder, Helmut (2010 [1977]), »Vom Wendekreis der Grundrechte«, in: Dieter Deiseroth/Peter Derleder/Christoph Koch/Frank-Walter Steinmeier (Hg.), *Helmut Ridder. Gesammelte Schriften*, Baden-Baden: Nomos, S. 355-415.

Riker, William (1982), *Liberalism Against Populism. A Confrontation Between the Theory of Democracy and the Theory of Social Choice*, Prospect Heights: Waveland Press.

Rodrik, Dani (2018), »Populism and the political economy of globalization«, in: *Journal of International Business Policy* 1/1, S. 12-33.

Rosa, Harmut (2021), »Demokratischer Begegnungsraum oder lebensweltliche Filterblase? Resonanztheoretische Überlegungen zum Strukturwandel der Öffentlichkeit im 21. Jahrhundert«, in: Martin Seeliger/Sebastian Sevignani (Hg.): *Ein neuer Strukturwandel der Öffentlichkeit?*, *Leviathan* Sonderband 37, S. 252-274.

Rosanvallon, Pierre (1998), *Le Peuple introuvable. Histoire de la Représentation démocratique en France*, Paris: Gallimard.

Ders. (2000), *La Démocratie inachevée. Histoire de la Souverainité du Peuple en France*, Paris: Gallimard.

Rottenberg, Richard/Sally E. Merry/Sung-Joon Park/Johanna Mugler (Hg.) (2015), *The World of Indicators. The Making of Govern-*

mental Knowledge Through Quantification, New York: Cambridge University Press.

Runciman, David (2020), *So endet die Demokratie*, Frankfurt am Main/New York: Campus.

Saar, Martin (2019), »Ohnmacht und Unfreiheit. Demokratische Politik nach der Postdemokratie«, in: Ulf Bohmann/Paul Sörensen (Hg.), *Kritische Theorie der Politik*, Berlin: Suhrkamp, S. 473-493.

Sadurski, Wojciech (2014), *Rights Before Courts. A Study of Constitutional Courts in Postcommunist States of Central and Eastern Europe*, Berlin: Springer.

Sajó, András (1995), »Reading the invisible constitution. Judicial review in Hungary«, in: *Oxford Journal of Legal Studies* 15/2, S. 253-267.

Salvadori, Max (1957 [1938]), *Liberal Democracy*, Garden City, NY: Doubleday.

Sarasin, Philipp (2021), *1977. Eine kurze Geschichte der Gegenwart*, Berlin: Suhrkamp.

Sartori, Giovanni (1973), *Democratic Theory*, Westport: Greenwood Press.

Ders. (1979), »Liberal democracy in Western Europe«, in: William S. Livingston (Hg.), *A Prospect of Liberal Democracy*, Austin: University of Texas Press, S. 199-214.

Saward, Michael (1998), *The Terms of Democracy*, Cambridge: Polity Press.

Schäfer, Armin/Michael Zürn (2021), *Die demokratische Regression*, Berlin: Suhrkamp.

Schenk, Catherine R. (1996), »Decolonization and European economic integration. The free trade area negotiations, 1956-58«, in: *The Journal of Imperial and Commonwealth History* 24, S. 444-463.

Scheppele, Kim Lane (1999), »The new Hungarian constitutional court«, in: *East European Constitutional Review* 8/4, S. 81-87.

Dies. (2013a), »Not your father's authoritarianism. The creation of the ›Frankenstate‹«, in: *Newsletter of the European Politics and Society Section of the American Political Science Association* (Winter), S. 5-9.

Dies. (2013b), »The rule of law and the Frankenstate. Why governance checklists will not work«, in: *Governance* 26/4, S. 559-562.

Schmidt, Manfred G. (1995), *Demokratietheorien. Eine Einführung*, Opladen: Leske + Budrich.
Ders. (1997), *Demokratietheorien*, Opladen: Leske + Budrich.
Ders. (2010[3]), *Wörterbuch zur Politik*, Stuttgart: Körner.
Schmidt, Susanne K. (2018), *The European Court of Justice and the Policy Process*, Oxford: Oxford University Press.
Schmidt, Susanne K./Philip Manow (2023), »Europe's crisis of law as the failure of autolimitation« (unveröffentlichtes Manuskript).
Schmitt, Carl (2004 [1922]), *Politische Theologie. Vier Kapitel zur Lehre von der Souveränität*, Berlin: Duncker & Humblot.
Schönberger, Christoph (2011), »Anmerkungen zu Karlsruhe«, in: Matthias Jestaedt/Oliver Lepsius/Christoph Möllers/Christoph Schönberger (Hg.), *Das entgrenzte Gericht. Eine kritische Bilanz nach sechzig Jahren Bundesverfassungsgericht*, Berlin: Suhrkamp, S. 9-76.
Schorkopf, Frank (2023), *Die unentschiedene Macht. Verfassungsgeschichte der Europäischen Union, 1948-2007*, Göttingen: Vandenhoeck & Ruprecht.
Schumpeter, Joseph A. (1993 [1942]), *Kapitalismus, Sozialismus und Demokratie*, Tübingen/Basel: Francke Verlag.
Schwartz, Herman (1998), »Eastern Europe's constitutional courts«, in: *Journal of Democracy* 9/4, S. 100-114.
Ders. (2000), *The Struggle for Constitutional Justice in Post-Communist Europe*, Chicago: University of Chicago Press.
Seldey, Stephen (2023), »Cloudy horizon«, in: *London Review of Books* 45/8 (13. April), S. 29-30.
Selk, Veith (2023), *Demokratiedämmerung. Eine Kritik der Demokratietheorie*, Berlin: Suhrkamp.
Skaaning, Svend-Erik/John Gerring/Henrikas Bartusevičius (2015), »A lexical index of electoral democracy«, in: *Comparative Political Studies* 48/12, S. 1491-1525.
Slobodian, Quinn (2019), *Globalisten. Das Ende der Imperien und die Geburt des Neoliberalismus*, Berlin: Suhrkamp.
Smithey, Shannon Ishiyama/John Ishiyama (2000), »Judicious choices. Designing courts in postcommunist politics«, in: *Communist and Post-Communist Studies* 33/2, S. 163-182.
Stasavage, David (2021), *The Decline and Rise of Democracy. A Global History from Antiquity to Today*, Princeton: Princeton University Press.
Steinmeier, Frank-Walter (2022), »Wir sind eine Republik! Wie wir

die Demokratie zu unserer Zukunft machen«, in: ders. (Hg.), *Zur Zukunft der Demokratie. 36 Perspektiven*, München: Siedler, S. 11-33.

Stiegler, Barbara/Christophe Pébarthe, (2023), »Democracy and neoliberalism«, in: *Electra* 19, *The State of Democracy* (Winter 2022/23), S. 123-133.

Stone Sweet, Alec (1992), *The Birth of Judicial Politics in France. The Constitutional Council in Comparative Perspective*, New York: Oxford University Press.

Ders. (1996), »Constitutional politics and malaise in France«, in: John Keeler/Michael Schain (Hg.), *Chirac's Challenge. Liberalization, Europeanization, and Malaise in France*, New York: St. Martins.

Ders. (2004), *The Judicial Construction of Europe*, Oxford: Oxford University Press.

Streeck, Wolfgang (2021), *Zwischen Globalismus und Demokratie. Politische Ökonomie im ausgehenden Neoliberalismus*, Berlin: Suhrkamp.

Taguieff, Pierre-André (1995), »Political science confronts populism. From a conceptual mirage to a real problem«, in: *Telos. Critical Theory of the Contemporary* 103, S. 9-43.

Tate, C. Neal/Torbjörn Valänder (Hg.) (1995), *The Global Expansion of Judicial Review*, New York: New York University Press.

Tatham, Allan F. (2013), *Central European Constitutional Courts in the Face of EU-Membership. The Influence of the German Model in Hungary and Poland*, Boston/Leiden: Martinus Nijhoff Publishers.

Taylor, Charles/Patrizia Nanz/Madeleine Beaubien-Taylor (2022), *Das wird unsere Stadt. Bürger:innen erneuern die Demokratie*, Hamburg: Edition Körber.

Ther, Philipp (2014), *Die neue Ordnung auf dem alten Kontinent. Eine Geschichte des neoliberalen Europa*, Berlin: Suhrkamp.

Tortarolo, Eduardo (1988), »Interview mit Reinhart Koselleck«, (deutschsprachiges Original), stark gekürzte italienische Fassung in: *L'Indice* 1/1988.

Tsebelis, George (1990), *Nested Games. Rational Choice in Comparative Politics*, Berkeley: University of California Press.

Ders. (1995), »Decision making in political systems. Veto players in presidentialism, parliamentarism, multicameralism and multipartyism«, in: *British Journal of Political Science* 25/3, S. 289-325.

Ders. (2002), *Veto Players. How Political Institutions Work*, Princeton: Princeton University Press.
Tushnet, Mark/Bojan Bugarič (2021), »Populism and constitutionalism. An essay on definitions and their implications«, in: *Cardozo Law Review* 42/6, S. 2345-2394.

Urbinati, Nadia (2019), *Me the People. How Populism Transforms Democracy*, Cambridge, Mass.: Harvard University Press.
Uscinski, Joseph D./Adam Ender/Casey Klofstad/Michelle Seelig/Hugo Drochon/Kamal Premaratne/Manohar Murthi, (2022), »Have beliefs in conspiracy theories increased over time?«, in: *PLoS ONE* 17/7, S. 1-19.

Vanberg, Georg (1998), »Abstract judicial review, legislative bargaining, and policy compromise«, in: *Journal of Theoretical Politics* 10/3, S. 299-326.
Ders. (2001), »Legislative-judicial relations. A game-theoretic approach to constitutional review«, in: *American Journal of Political Science* 45/2, 346-361.
Ders. (2005a), *The Politics of Constitutional Review in Germany*, New York: Cambridge University Press.
Ders. (2005b), »Verfassungsgerichtsbarkeit und Gesetzgebung: Zum politischen Spielraum des Bundesverfassungsgerichts«, in: Steffen Ganghof/Philip Manow (Hg.), *Mechanismen der Politik. Strategische Interaktion im deutschen Regierungssystem*, Frankfurt am Main: Campus, S. 183-213.
Ders. (2015), »Constitutional courts in comparative perspective. A theoretical assessment«, in: *Annual Review of Political Science* 18, S. 167-185.
Vanhanen, Tatu (2020), *Polyarchy Dataset*, online verfügbar unter: {https://www.prio.org/data/20}.
Van Reybrouck, David (2016), *Gegen Wahlen. Warum Abstimmen nicht demokratisch ist*, Göttingen: Wallstein.
Visser, Maartje de (2015), *Constitutional Review in Europe. A Comparative Analysis*, Oxford/Portland: Hart Publishing.
Vogelmann, Frieder (2022), *Die Wirksamkeit des Wissens. Eine politische Epistemologie*, Berlin: Suhrkamp.
Volcansek, Mary L. (2019), »Judicialization of politics or politicization of the courts in new democracies«, in: Christine Landfried (Hg.), *Judicial Power. How Constitutional Courts Affect Political*

Transformations, New York: Cambridge University Press, S. 66-81.
Volkmann, Uwe (2023), »Der Populismus der Mitte«, in: *Frankfurter Allgemeine Zeitung* (10. August), S. 6.

Wahl, Rainer (2001), »Das Bundesverfassungsgericht im europäischen und internationalen Umfeld«, in: *Aus Politik und Zeitgeschichte* 37-38, S. 45-54.
Waldron, Jeremy (2006), »The core of the case against judicial review«, in: *The Yale Law Journal* 115/6, S. 1346-1406.
Ders. (2016a), »The core of the case against judicial review«, in: ders., *Political Political Theory. Essays on Institutions*, Cambridge, Mass.: Harvard University Press, S. 195-245.
Ders. (2016b), »Separation of powers and the rule of law«, in: ders., *Political Political Theory. Essays on Institutions*, Cambridge, Mass.: Harvard University Press, S. 45-71.
Ders. (2016c), »Constitutionalism. A skeptical view«, in: ders., *Political Political Theory.*, a. a. O., S. 23-44.
Warren, Mark E. (2017), »A problem-based approach to democratic theory«, in: *American Political Science Review* 111/1, S. 39-53.
Weiler, Joseph H. H. (1991), »The transformation of Europe«, in: *The Yale Law Journal* 100/8, S. 2403-2483.
Ders. (1994), »A quiet revolution. The European court of justice and its interlocutors«, in: *Comparative Political Studies* 26/4, S. 510-534.
Weyland, Kurt (2024a), »Why democracy survives populism«, in: *Journal of Democracy* 35/1, S. 43-58.
Ders. (2024b), *Democracy's Resilience to Populism's Threat. Countering Global Alarmism, New York/London: Cambridge University Press.*
Wiegel, Michaela (2024), »Rechtsstaat unter Beschuss«, in: *Frankfurter Allgemeine Zeitung* (29. Januar), S. 5.
Wigger, Angela (2017), »Debunking the myth of the ordoliberal influence on post-war European integration«, in: Josef Hien/Christian Joerges (Hg.), *Ordoliberalism, Law and the Rule of Economics*, Oxford: Hart Publishing, S. 161-177.
Wilkinson, Michael A. (2021), *Authoritarian Liberalism and the Transformation of Modern Europe*, Oxford: Oxford University Press.
Willick, Jason (2023), »What if the crisis of democracy is (mostly) in

our heads?«, in: *Washington Post* (30. Januar), online verfügbar unter: {https://www.washingtonpost.com/opinions/2023/01/30/democratic-more-resilient-than-expected/}.

Wind, Marlene (2010), »The Nordics, the EU and the reluctance towards supranational judicial review«, in: *Journal of Common Market Studies* 48/4, S. 1039-1063.

Wissenschaftliche Dienste des Bundestags (2020), *Zum Umgang mit der Corona-Pandemie in Ungarn. Maßnahmen in den Monaten März und April 2020*, WD 9-3000-027/20.

Wuttke, Alexander/Konstantin Gavras/Harald Schoen (2022), »Have Europeans grown tired of democracy? New evidence from eighteen consolidated democracies, 1981-2018«, in: *British Journal of Political Science* 52/1, S. 416-428.

Zerubavel, Eviatar (2012), *Time Maps. Collective Memory and the Social Shape of the Past*, Chicago: University of Chicago Press.

Zifcak, Spencer (1996), »Hungary's remarkable radical constitutional court«, in: *Journal of Constitutional Law in East and Central Europe* 3/1, S. 1-56.

Zürn, Michael/Alexandros Tokhi/Martin Binder (2021), »International Authority Database«, Harvard Dataverse, V., online verfügbar unter: {https://doi.org/10.7910/DVN/VA6RQV}.

Dank

Die Arbeit an diesem Buch begann am Hamburger The New Institute während meines Fellowjahres 2021/22. Ich bin den Kollegen und Kolleginnen der »Future of Democracy«-Gruppe – insbesondere Christoph Möllers, Jan-Werner Müller, Erika Kiss, Ronan Kaczynski, Jonathan White, Nicole Deitelhoff – und nicht zuletzt dem überaus großzügigen Mäzen, Erck Rickmers, sehr dankbar für die Gelegenheit, in diesem anregenden Umfeld über den aktuellen Zustand der Demokratie und ihre Zukunft nachdenken und diskutieren zu dürfen. Dank auch an die Universität Bremen und die dortigen Kolleginnen und Kollegen, die einer Freistellung für dieses Fellowship zugestimmt haben. Begonnen hatte das Buch als ein Projekt, das danach fragt, wie einerseits die Demokratie (per Umfragen) sich selbst beobachtet und wie andererseits wir die Demokratie beobachten. Auf halbem Wege stellte sich heraus, dass es doch sinnvoll ist, beide Fragen getrennt voneinander zu behandeln. Der Siegener Sonderforschungsbereich 1472 ›Transformationen des Populären‹ wird nun hoffentlich der Ort, an dem ich meine Beobachtung der Selbstbeobachtung der Demokratie weiterführen kann.

Ich schulde darüber hinaus einer Reihe von weiteren Kollegen und Kolleginnen Dank. Jörg Trempler verdanke ich den wichtigen Hinweis auf die Arbeiten Ian Hackings. Dank an Nick Borgwardt für die Analyse des extrem umfangreichen German Parliamentary Corpus (GerParCor; siehe Abbildung A.2). Erneut habe ich außerordentlich profitiert von der intensiven, konstruktiv-kritischen Lektüre verschiedener Manuskriptfassungen durch Susanne K. Schmidt, Florian Meinel, Georgios Chatzoudis, Alexandra Quaas, Sebastian Huhnholz und Felix Keller. Besonders stehe ich in der Schuld von Michael Neumann, der den Text umfassend kommentiert wie auch an unzähligen Stellen um so vieles eleganter gemacht hat. Teile des Buches sind eingeflossen in den Aufsatz »Der Geist der Gesetze« im *Merkur* (77/891, S. 5-14). Ich danke Christian Demand und Ekkehard Knörer für die Erlaubnis zum Wiederabdruck. Abschnitt 3.3 geht auf gemeinsame Forschung mit Susanne K. Schmidt zurück (Schmidt/Manow 2023). Bei Suhrkamp hat Heinrich Geiselberger die Arbeit am Buch einmal mehr in seiner gewohnt professionellen und akribischen Weise begleitet.